丛书顾问

（以姓氏拼音字母为序）

顾明远　裴娣娜　史宁中　宋乃庆
田正平　叶　澜　钟秉林　朱小蔓

丛书编委会

主　任：张斌贤
委　员：（以姓氏拼音字母为序）

陈时见　程斯辉　褚宏启　杜成宪
范国睿　傅维利　高宝立　郭　戈
贺国庆　侯怀银　黄甫全　郝二军
靳玉乐　贾　娟　柳海民　刘贵华
刘海峰　刘立德　刘志军　楼世洲
马晓红　马云鹏　孟繁华　戚万学
司晓宏　石　鸥　石中英　孙杰远
田慧生　涂艳国　王建新　王嘉毅
王维平　吴康宁　肖　朗　徐小洲
徐　勇　余文森　翟　博　张民选
周洪宇　周作宇

罗振玉教育治学启示录

教育薪火书系·第一辑

黄耀明 ◎ 著

山西出版传媒集团
山西人民出版社

图书在版编目（CIP）数据

罗振玉教育治学启示录/黄耀明著.—太原：山西人民出版社，2018.5

（教育薪火书系/张斌贤主编）

ISBN 978-7-203-10341-7

Ⅰ.①罗… Ⅱ.①黄… Ⅲ.①罗振玉（1866-1940）-教育思想-研究 Ⅳ.①G40-092.6

中国版本图书馆 CIP 数据核字（2018）第 036094 号

罗振玉教育治学启示录

| 著　　　者：黄耀明
| 责任编辑：贾　娟
| 复　　审：赵虹霞
| 终　　审：员荣亮
| 装帧设计：李尚斌　张国仁

| 出 版 者：山西出版传媒集团·山西人民出版社
| 地　　址：太原市建设南路 21 号
| 邮　　编：030012
| 发行营销：0351-4922220　4955996　4956039　4922127（传真）
| 天猫官网：http://sxrmcbs.tmall.com　电话：0351-4922159
| E - mail：sxskcb@163.com　发行部
| 　　　　　sxskcb@126.com　总编室
| 网　　址：www.sxskcb.com

| 经 销 者：山西出版传媒集团·山西人民出版社
| 承 印 厂：山西出版传媒集团·山西人民印刷有限责任公司

| 开　　本：787mm×1092mm　　1/16
| 印　　张：14.5
| 字　　数：300 千字
| 印　　数：1—3000 册
| 版　　次：2018 年 5 月　第 1 版
| 印　　次：2018 年 5 月　第 1 次印刷
| 书　　号：ISBN 978-7-203-10341-7
| 定　　价：69.00 元

如有印装质量问题请与本社联系调换

教育薪火　传承不息（总序）

钟秉林

在人类的历史长河中，教育一直伴随人类的文明进程在不断发展进步，那些弥足珍贵的教育著作、教育思想、教育人物和事迹，无时无刻不在拨动着教育工作者的心弦。我们永远无法忘记那些给我们留下宝贵思想财富的教育家，他们的思想、言论和实践，依然是激励我们教育工作者前进的动力。时至今日，教育的发展与变革更成为世界各国应对日趋激烈的国际竞争的重要战略。在科教兴国战略的指导下，党和国家对教育工作给予了高度的重视，深刻认识到教育家对教育事业的重要性。《国家中长期教育改革和发展规划纲要（2010—2020年）》就明确提出："创造有利条件，鼓励教师和校长在实践中大胆探索，创新教育模式和教育方法，形成教学特色和办学风格，造就一批教育家，倡导教育家办学。"

要想成长为教育家或者在教育实践中能够起到扛鼎作用并非易事，需要我们教育工作者吸收过往教育家留下来的丰富教育营养，清晰地认识什么是真正的教育家，教育家应该具备什么样的素质和条件，做到融会贯通，大胆实践，自成一家。与此同时，在教育改革的大背景下，普通教师同样迫切需要能够在教书育人过程中得到启迪和突破的催化剂，教育家的思想和实践是经过检验的真理，是教学启迪催化剂的最佳选择。

然而，在浩瀚的书海中，以教育家为主线、囊括中外、跨越古今、自成体系的书系并没有面世。山西的《新课程》杂志社和《现代职业教育》杂志社，在教育的广袤园地上深耕多年，熟知一线教师的需求，希望为普通教师策划一套教育理论普及读物，以使广大中小学教师能够"近距离"地接触中外历代教育家的教育思想、实践经验和办学理念，促进教育理论水平的提高，从而更好地开展教育教学实践。书系的策划人与张斌贤教授为理事长的中国教育学会教育史分会的夙愿不谋而合，合作编写一套大规模的、以教育家为主线的书系的想法随之形成。

策划团队把书系命名为"教育薪火"，是希望教育家的教育思想能够薪火相传，不断推动人类文明的发展。"教育薪火"书系拟分为三辑出版，按照中国古代、中国近现代、外国古代和外国近现代分类。第一辑共选择了一百余位中外教育家，一位教育家一本书，规模宏大，应该说能够在中国教育出版史上留下浓墨重彩的一笔。所选教育家都是经过书系编委会认真研究、充分论证而定的，他们在教育史上有较大的影响，能够启迪或者感染教育工作者，推进教育和教学的发展。当然，其中有的教育家更为名声在外的不是在教育上，但是他们在教育上的贡献毫不逊色于其他方面的贡献，比如我们熟知的一些革命家；另外，还包括了一些具有地方特色的教育家以及还没有被人们真正认识的教育家。

必须提及的是，中国教育学会教育史分会非常荣幸地邀请到我国著名的教育学者顾明远教授、叶澜教授、史宁中教授、宋乃庆教授、田正平教授、裴娣娜教授和朱小蔓教授等担任书系的顾问，成立了由40位教育学界具有重要影响的学者组成的编委会，为书系的质量保驾护航。

还需提及的是，《新课程》杂志社和《现代职业教育》杂志社为物色学有专长的作者付出了巨大的辛劳。书系的作者地域和院校分布广泛，既有北京师范大学、华东师范大学、东北师范大学、华中师范大学、陕西师范大学、南京师范大学、首都师范大学等师范院校的学者，也包括武汉大学、四川大学、南京大学、南开大学、天津大学、河北大学、河南大学等综合大学的教师。作者以教育史专业的中青年教师为主力军，他们朝气蓬勃、时代感强，研究范围涉猎较广，能大胆地探索和怀疑，一些新的教育研究成果不断涌现，为书系注入了难得的新鲜气息；他们与一线中青年教师同处一个频道，其思维模式很容易被接受。

客观而言，现在每年出版的教育类图书很多很多。一类为实践性强和操作性强的教学类图书，教师拿来就可以在课堂上使用；另一类为理论性强和学术性强的图书，印数少，流通范围小，普通教师往往望而却步。然而，教育理论只有指导教育实践才有存在的价值。在我看来，书系最具特色的价值就是秉承了教育理论通俗化这一理念，在教育理论研究者和普通教师之间架起了一道桥梁。书系以教育家为主线，坚持学术性与普及性并重，用通俗化的语言，或阐述教育家的教育思想精华，或叙写教育家的精彩教育事迹和教育实践，力图"润物细无声"，让教师喜欢读，在读中提高素养，深刻理解教育家，形成自己的理论，推进"教育家办学"。

当然，书系在真实性上也颇下功夫。以史料为依据，实事求是叙述，客观全面评价，不有意拔高教育家的贡献，注重教育家闪光点的挖掘和传播，是教育家历史画卷现代版的呈现。书系成规模、系统化，学术性和可读性强，具有较强的收藏价值，非常适合各中小学图书室和大学图书馆选择配置。

中国教育学会教育史分会为教育事业做了一件好事，张斌贤理事长请我作序，我觉得理应支持，欣然应允。

希望广大教育工作者能够认真阅读这套图书，为自己的教育职业生涯发展打下坚实基础，为成长为新时期的教育家而不懈努力。

丁酉年正月于北京
（作者系中国教育学会会长、北京师范大学原校长）

前　言

晚清民国时期,我国出现了一位"书圣"教育家罗振玉。这里的"书圣"不是杰出书法家的称号,而是笔者总结的他有别于其他教育家的突出特点,是指在编辑、出版图书以及撰写著作方面有极高成就的人。罗振玉的教育生涯乃至一生都离不开书,更重视图书,且著作超身。他是与王国维齐名的国学大师,也是王国维的老师,却不以师自居。我们先简单回顾一下他的一生。

罗振玉(1866—1940),初名宝钰,参加童子试时改名为振玉,字叔宝、式如、叔蕴、叔言,号雪堂、贞松,晚年自号贞松老人、松翁、永丰乡人、仇亭老民等。浙江上虞永丰乡人。被誉为近现代著名的教育家、语言文字学家、农学家、考古学家、金石学家、敦煌学家、文献学家、目录学家、校勘学家、收藏家,中国现代农学的开拓者,中国近代考古学的奠基人。对我国教育学、语言学、农学、考古学、历史学、文献学等多个学科都有很大贡献,他的成就主要有改革晚清教育(被誉为"晚清教育改革的先行者"),从事甲骨文字的保存、传播和研究(被誉为"甲骨四堂"之首),开展汉晋木简的研究,普及农业科学,保存内阁大库明清档案,倡导古明器研究,整理敦煌文书等。一生出版的著作多达130多种(一说189种),整理校刊书籍642种。著名的代表作有《殷墟书契考释》《流沙坠简》《殷墟书契前编》《殷墟书契后编》《殷墟书契菁华》《三代吉金文存》《鸣沙石室佚书》《鸣沙石室古籍丛残》等。

1866年8月8日(清同治五年六月二十八),罗振玉生于江苏省淮安府山阳县,祖籍浙江省上虞县永丰乡。其曾祖父罗敦贤是迁入上虞后的第十九代,以经商兴家。祖父罗鹤翔从政,历任泰兴、赣榆、高淳、江宁等县知县及高邮州知州,为官廉洁爱民、干练多能,43岁①卒于任上。所以贤淑的祖母方氏携子女回到夫家,之后因曾祖父罗敦贤过世而大家族瓦解,方氏携子女迁到淮安府山阳县。父亲罗树勋,弃商为官,历任江宁县县丞、海州州判、徐州经历、清河县县丞。母亲范氏生有五子六女,罗振玉排行第三。

罗振玉在祖母方氏和母亲范氏的教导下成长起来。5岁进入私塾,开始读《诗经》,7岁开始学《尚书》,8岁开始学《周易》,13岁读完《诗经》《尚书》《周易》三经,15岁读完《礼记》《春秋》二经。16岁在童子试中以全县第七名的成绩考中秀才。18岁精读《皇清经解》3遍。19岁开始专门研究古碑帖,并出版了的两部专著《读碑小笺》《存拙斋札疏》,从而赢得了清末名家的赞赏。

25岁以后,罗振玉就开始致力于教育事业了。1890年到1895年,在江苏省山阳县、丹徒县做了5年的私塾教师,在当地是很有名气、颇有才学的老师,期间继续深入研究碑帖。1896年,在上海与蒋爷共同创办了我国第一个农业学校"学农社",从事农业教育,呼吁振兴农业;后来创办了中国最早的农学刊物《农学报》,编译日本和西方农学著作,出版《农学丛书》,开始受到政府的重视和重用。1898年,在上海开办了第一个日语学校"东文学社"(后为外语学校,兼开设物理、化学、数学、英语等课程)。1900年秋,在武昌任湖北农务局总理兼湖北农务学堂监督(相当于校长)。1901年,在武昌创办了我国第一本教育杂志《教育世界》,并发表了《教育五要》等一系列重要文章。同年12月,罗振玉去日本考察了教育和农业。1902年初,回国后出版了考察笔记《扶桑两月记》。之后,他草拟学制,发表了《学制私议》,对我国第一个付诸实施的学制《奏定学堂章程》的出台做出了巨大贡献。4月任上海南洋公学虹口分校东文科监督。1903年11月,在广州任两粤教育顾问。1904年7月,罗振玉任江苏教育顾问,在苏州创建江苏师范学堂并任监督(即校长),在《教育世界》发表了《江苏教育办法说帖》和《设师范急就科议》两篇文章。1905年年底,学部(相当于教育部)成立,此前罗振玉已经发表了《学部建立后之教育管见》,提出了22条全面振兴我国各项教育事业的措施。1906年,罗振玉赴北京任学部参事厅行走。同年8月,罗振玉在《教育世界》发表了《京师创设图书馆私议》,这是我国真正第一个创建京师图书馆的详细建议,架

---

① 为表述方便,与罗继祖、罗琨等学者的著作的用词保持一致,本书所有的"岁"均指虚岁。

构了我国早期公共图书馆独具特色的管理体系。同年10月,他去直隶、山西两省视察教育事务。1907年又视察了河南、山东、江西、安徽四省的教育事务,随后发表了《山东学务调查总说》《安徽学务调查总说》等教育调查报告。同年,罗振玉还提出一个建设国学馆的提案,并计划大规模地整理经学图书。1908年,任殿试襄校官、学部考试襄校官。本年冬,奏署参事官。1909年3月,任京师大学堂农科监督,6月去日本考察农科大学教育,之后出版了考察记录《扶桑再游记》,回国后即申请拨地并积极筹建京师大学堂农科(北京农业大学的前身),多次到建设工地检查指导。1910年,任学部考试提调官。1911年,编辑出版《国学丛刊》,为国学传播做出了贡献。同年6月,在北京成立全国教育会并举行会议,罗振玉作为会员参与了新教育的讨论。

由此可以看出,从1890年到1911年,罗振玉专门从事学校教育工作长达21年。我们会发现,他在这段教育生涯中至少创造了5个第一:筹办了我国第一所农业学校,创办了中国第一本农学刊物,开办了上海第一所日语学校,创办了我国第一本教育杂志,提出了我国第一个创建京师图书馆的详细建议。此外,在建设国学馆、筹建农业大学、制定第一个实施的学制等方面也都是很早的。他发表了很多有关教育的论文,至今都有重要的参考价值。他还做过5所学校的管理者:学农社、东文学社、湖北农务学堂、南洋公学虹口分校、江苏师范学堂,且两次考察日本教育,在学部工作了7年,所以他积累了丰富的教育管理经验。可见罗振玉是尽心尽力地为振兴我国教育事业而努力,并取得了巨大的成就。所以说,罗振玉是我国近代名副其实的著名教育家,同时也是近代教育的奠基人。但他这个方面的功绩往往被忽略,这是不应该的。

我们仅从以上经历就可以想见,罗振玉一生一定有许多令人受益匪浅的教育启示。本书就着重从这个方面进行详细的述论。

同时,我们也应该看到,罗振玉不仅是著名的教育家,还是著名的国学大师,他的一生在国学方面的治学成就非常突出,从1910年到1940年,罗振玉在这30年中一直专注国学的研究和传播工作,取得了很大的成就。其著作宏富之程度令人难以想象,他一生究竟共出版了多少著作?整理校刊的书籍共有多少种?这些问题恐怕还需要不少人进行一番深入细致的搜寻和统计工作才能得出符合实际的答案。我们仅考察一下这些年他出版或发表的著名著作就可以体会到他的不俗成绩。1910年他撰成《殷商贞卜文字考》。1911年写成《殷墟书契前编》(出版了前三卷)。1912年重编并出版了《殷墟书契前编》八卷。1913年出版《鸣沙石室佚书》。1914年出版《流沙坠简》《殷墟书契考释》《殷墟书契菁华》等。1915年出版《铁云藏龟之余》。1916年出版《殷墟书契后编》。1917年出版《鸣沙石室古籍丛残》三十种。1927年出版《增订殷墟书契考释》。1928年出版《增订碑别字》。1933年出版《殷墟书契续编》。1936年出版《三代吉金文存》。

在教育之外，罗振玉所从事的学术活动同样值得我们重视，因为他至少创造了9个第一、2个第二。

罗振玉是我国第一次报道敦煌文书的情况的人，他还设法保存、整理、刊印这些敦煌文书。他是我国第一次发现甲骨的真实出土地的学者，也是我国第一个进行实地考察并发掘甲骨的考古学家。他还是我国保存汉晋木简的第一人。他是抢救保存清代内阁大库档案的第一功臣，后来又整理出版这些档案，为我们保存了很多珍贵的史料。此外，他搜集、整理、刊布古代珍稀书籍，例如《古写本隶古定尚书真本残卷》《经史正音切韵指南》《济生续方》《备急灸法》《番汉合时掌中珠残卷足本》《唐写本世说新书残卷》《唐写本文选集注》等。他还提出了一个建设国学馆的提案以及刊刻六类经书的设想。他曾任法国大学的东方通讯员，成立东方学会来振兴国学。他建议皇室建立图书馆和博物馆以保存故宫宝物。

罗振玉深入的治学工作主要体现在他研究殷商甲骨、著录甲骨文、考释甲骨文、考释汉晋木简文字上。在这些方面，他又至少创造了4个第一、2个第二。他第一次证明那些甲骨为殷王室的遗物，并推断出安阳小屯村即殷墟遗址。在20世纪50年代以前，罗振玉公布的甲骨文拓片数量和质量在全世界范围内都是最多的、最好的，又创造了一个世界第一。他著录甲骨文的著作至少有6部：《殷墟书契前编》《殷墟书契菁华》《铁云藏龟之余》《殷墟书契后编》《殷墟古器物图录》《殷墟书契续编》。其中《殷墟书契前编》(又名《殷墟书契》)是世界第二部著录甲骨文的著作，其影响远超第一部著作《铁云藏龟》。他考释甲骨文的初步成果是《殷商贞卜文字考》，是世界第二部研究甲骨文的著作。继而写成甲骨文研究名著《殷墟书契考释》，考释出了540多个甲骨文，从而基本破译了甲骨文字的秘密,真正奠定了甲骨文研究的基础,开创了一门新学科"甲骨学",被誉为"早期甲骨学中第一部成功之作"。如果加上后面考释出来的字,罗振玉总共至少考释出了600多个甲骨文。他考释我国西北荒漠所埋简牍的文字的成果是《流沙坠简》(与王国维合著),这是我国第一部考释研究出土简牍的著作,是一部划时代的名著,开辟了我国简牍整理和研究的先河。这些著作不但在国内声誉很高,受到了鲁迅、王国维、陈梦家等诸多大家的赞誉,而且在国际上也产生了巨大影响,当时俄国、法国、日本等多国学者都争相向他请教。

可见,罗振玉是名副其实的、著作超身的国学大师。所以笔者以"精诚笃进秀河山"来概括他的精神内核和治学成就。毫无疑问,他的治学之道值得我们好好学习。而治学不仅是大学教学的内容,还是教育进步的助推器。现在很多大学都在努力向综合性的研究型大学发展,研究生教育越来越受到重视,所以笔者也专门谈谈罗振玉不凡的研究经历所蕴含的启示。他的治学启示会对我们的青年教师自我成长、研究生学习非常有帮助,尤其是在大力倡导国学的今天,这一点尤其值得重视。

基于上述考虑,笔者分为以下七个专题(分别对应于本书七个章节)叙述罗振玉的经历和主张,并在每节内得出启示,每个专题的内容大体上以时间先后的顺序编排。

一、对学校教育的启示。通过罗振玉创办语言学校、教育杂志、学堂及做学校教育管理工作等方面来说明。这侧重于教育管理。

二、对志趣教育的启示。通过幼儿教师的因材施教、各类人的支持鼓励进行说明。这也是学校教育的重要内容。

三、对农学教育的启示。通过罗振玉创办农业学校、农业杂志、学堂及从事农业管理等方面进行展示。这里聚焦专门的农业学校教育。

四、对友爱教育的启示。通过罗振玉的7位友人的经历进行说明。这属于社会交往方面的教育。

五、对道德教育的启示。通过罗振玉的主张和实际行动予以展示。

六、对苦难教育的启示。通过罗振玉一生多次受苦、受骗、受屈的经历来揭示。这属于情商教育。

七、对国学教育和国学研究的启示。通过罗振玉保存、刊印古籍,创办刊物、学会,保存古器物,抢救文书,搜集甲骨、木简并考释甲骨文和简牍文字以及提出一些很好的振兴国学的设想等方面来展示。

为了让更多的人明白这些启示,笔者尽可能地用通俗易懂的话进行表达。这当然会大大影响文章的文采,但我想这也是对孟子"不以辞害志"理论的实践吧。

另外,为了避免引起误解,这里交代一下本书的注释体例,注释共有四类:1.前面标有"译文参考"的注释表示这些内容是笔者根据罗振玉、王国维、罗继祖等先生的古文或难懂的话而做的翻译。2.前面标有"参考"的注释表示这些内容是笔者根据前辈时贤的文章整理而来的,有时包含对古文的翻译。3.对文内词语的解释说明。4.除了前三类之外,都是直接标明引文信息的注释,表示这些是对原文的引用。

目 录

第一章 强国首要抓教育,学校管理扛大旗   1

第一节 校成上海编杂志   3

第二节 日本考察书教制   9

第三节 执教江苏师范兴   22

第四节 调职学部谋邦事   25

第二章 学校教育重趣志,实践探索成大师   33

第一节 施教因材早有成   35

第二节 考中秀才展志趣   38

第三节 透察科举写人生   41

第三章 爱国救世整乾坤,独扶农教立本根   47

第一节 振兴农业固国基   49

第二节 编印丛书恰得宜   55

第三节 整顿校风兴鄂教   59

第四节　考察日本望平齐　　64

第四章　交友诚挚须同志，团结合作济大事　　69

　　第一节　正直爱国路山夫　　71

　　第二节　欲整吏治邱崧生　　74

　　第三节　醉心西学刘梦熊　　77

　　第四节　英雄所见刘铁云　　78

　　第五节　同舟共济蒋伯斧　　81

　　第六节　终生知己王国维　　83

　　第七节　成人之美藤田君　　89

第五章　修德立身万事基，孝亲忠君千载奇　　91

　　第一节　道德教育最为要　　93

　　第二节　学部任职酬壮志　　95

　　第三节　效忠废帝似前朝　　99

第六章　吃苦受累多磨砺，锤炼坚毅成大器　　107

　　第一节　白日持家夜燃灯　　109

  第二节 维持学社兼报馆   **112**

  第三节 执教江苏却被逐   **115**

  第四节 废寝忘食释契文   **117**

  第五节 观堂自沉诬逼迫   **120**

第七章 存书刊书为大家，国学国宝放光华   **133**

  第一节 珍稀古本集成版   **135**

  第二节 提议建成芸帙馆   **147**

  第三节 构想国学愿复兴   **154**

  第四节 古籍编纂推发展   **161**

  第五节 档案保存功可嘉   **165**

  第六节 石室文书筹款买   **171**

  第七节 搜刊甲骨耀中华   **177**

  第八节 考释契文功被疑   **186**

  第九节 流沙坠简释而发   **206**

参考文献   **209**

后 记   **213**

第一章

强国首要抓教育,学校管理扛大旗

青年罗振玉

罗振玉的第一个社会职业应该是私塾教师（或者说是私人幼儿教师）。从1890年在江苏省淮安府山阳县刘氏私塾做私塾老师开始，到1895年在上海创办学农社结束，他共做了5年幼儿教师。中间还换了两个地方：在1893年去山阳县邱氏私塾，1894年去丹徒县（今属镇江市）刘氏私塾。25岁到30岁的他，为了谋生而走上了幼儿教育的道路，也取得了一些成就，在淮安府已经小有名气了，因为1895年淮安府打算开设西学书院，计划只聘请两位老师，其中一位就是他，让他讲授地理和时事政治两门课。当时他也正在探索适合自己的人生之路，所以听到这个消息非常高兴，但是因为政府无法筹措到足够的经费而无法受到聘用。

这让他认识到经济对教育发展的重要制约作用。无法做国办学校教师的他就开始思索以后的路：政府不请我做老师，我自己不能坐以待毙，不能一辈子在县城做私塾教师，自己尝试创业吧，说不定可以开辟出一个新天地来！于是他就在1896年和蒋斧去了经济发达的上海创办了我国最早的农业学校"学农社"及《农学报》，通过后者翻译介绍日本和西方先进的农业技术。

就办学目的而言，自幼就有"致君尧舜上"志向的罗振玉考虑问题总能把自己的人生道路与振兴中华联系起来，创建"学农社"的目的就是为了发展农业，为振兴中华打好基础。此时的他已经深刻认识到当时的日本农业很发达，我国需要向日本学习农业技术才能有较快的发展。要引进日本的农业技术，首先要过语言关，要先学习日语，所以开办日语学校势在必行。

第一节 校成上海编杂志

1898年6月19日,罗振玉在上海新马路的梅福里创办了上海最早的日语学校"东文学社"。制订了学社的招生简章,办学的目的是培养日语翻译人才,最终可以翻译日语农业书籍;也是为了培养中日友谊,加强双方的沟通。

先聘请邱崧生负责学校的校务,请藤田丰八负责教务。因为当时上海还没有传授日语的学校,这第一个日语学校开创了学日语的风气,报考的学生很多,学生多教师少,所以就聘请田冈岭云任助教,聘请上海日本领事馆副领事诸井六郎、书记船津辰一郎任义务教员。

东文学社的经费原计划由学农社、《农学报》馆筹集,但是因为9月21日慈禧太后发动戊戌政变,囚禁了光绪皇帝,戊戌变法失败。学农社、《农学报》馆都面临着倒闭的危险,所以东文学社没有了经费,学生也离开了三分之一,邱崧生、蒋斧先后回家了,而罗振玉却一个人借钱把学社维持了下来。

1899年,东文学社第一届学生中王国维、樊炳清等人已经结业,罗振玉就聘任他们为译员,组织他们把学校所用历史、地理、物理、化学等讲义翻译为中文,并筹款印刷出来,因为很畅销,所以很快就解决了经费问题。就这样,在罗振玉的精心经营下学校不但办了下去,而且招生越来越多。以至于不得不把学校迁到更大的地方——制造局前面的桂墅中,还聘任王国维为学监[①]。

1900年秋天,罗振玉受湖广总督张之洞的邀请,去湖北武昌任湖北农务局总理兼湖北农务学堂监督。于是就把《农学报》报馆的事务委托给沈纮[②]。也因此

[①]学监:旧社会学校里监督、管理学生的人员。
[②]沈纮:生卒年不详,大概与王国维(1877—1927)相近,日文翻译家,东文学社的主要成员,也是罗振玉、王国维、樊炳清等人的好友。

他才有时间进一步思索教育问题。

要了解世界上先进的教育学说和农业技术,就需要大批翻译人才。为了适应这种社会需要,罗振玉最初兴办的是语言学校,但对于中国发展教育事业来说,仅培养外语人才是不够的,还要通过他们翻译国外教育学说、规章、经验,为我们的教育提供借鉴。为此,罗氏仿效学农社和《农学报》的办法,在1901年创办了《教育世界》杂志。这时湖北农务学堂已步入正轨,樊炳清、王国维所任译员工作并不繁重,因而可利用闲暇时间翻译国外教育资料。这样这个刊物就在武昌创办了,寄到上海印行,最初是旬刊,专载译文,从第70期开始改为半月刊,有论说、学理、教授、训练、学制、传记、小说、国内外学事等栏目,在5年的时间里共出版了116期。这是我国教育界最早的专门刊物,《教育世界》的名称可以反映出办刊宗旨:让我国人民了解和学习世界各国的教育经验。[1]

《教育世界》的内容很丰富,罗振玉曾经梳理过,他想汇集20多期内刊发的文章、书籍等编成《教育丛书》,我们可以从罗琨、张永山整理的《教育世界》第22期的《教育丛书》广告看出个大概:

《教育丛书》共三集三十七种。初集有《国内外教育小史》、《国民教育资料》、《教育学》、《学校管理法》、《学校卫生法》、《算数条目及教授法》、《法国乡学章程》、《十九世纪教育史》、《日本教育家福泽谕吉传》、《日本文部省沿革》等十一种;第二集有《家庭教育法》、《简便国民教育法》、《社会教育法》、《实业教育》、《子女教育论》、《心理教授原则》、《小学教授法》、《理科教授法》、《教育法沿革史》、《欧美教学观》、《日本近世教育概览》、《孔门之德育》、《读书法》、《二十世纪之家庭》等十五种;第三集十一种,有西额微克氏著《西洋伦理学》、《幼稚教育恩物图说》、斯迈尔斯氏著《自助论》、《心理记忆术》、卢骚(今译卢梭)著教育小说《爱美尔》(今译《爱弥儿》)、《日本现实教育》、《费尔巴图派之教育》、《日本高等学校规划要览》、《视学提要》、《日本海军学校章程汇纂》、《学校卫生书》等。以上是《教育世界》主要内容的大类。[2]

---

[1] 参考罗琨、张永山:《罗振玉评传》,南昌:百花洲文艺出版社,2015年版,第32页。
[2] 罗琨,张永山:《罗振玉评传》,南昌:百花洲文艺出版社,2015年版,第33页。因为是丛书书名,所以本书引用时增加了书名号。此外还修改了几处小错误。

从这些书目可以看出,《教育世界》内容主要有中外教育史、教育学及教育论、伦理学、心理学、记忆术、教育小说、教育家、学校管理学、学校章程、学校卫生学等,确实很全面。

现在所知的《教育世界》的栏目有:(1)"文牍"栏目。主要是国内教育界进行交流的教育信息,曾经刊发的文章有罗振玉的《江苏教育办法说帖》《学部为学堂考试事札各省提学司文》《学部为饬议罗署正振玉草案剖各省提学司文》《北洋大臣袁南洋大臣端会奏调用留学生变通旧章折》等。(2)"文篇"栏目。这个栏目占的篇幅较大,主要登载国内学者在教育方面的论文,例如罗振玉的《教育五要》。(3)"译篇"栏目。不但有日本文部省下达的《师范学校简易科章程》《发布实业补习学校规程训示》等可以借鉴的国外文件,还有《论英普小学之优劣》《记阐族博物馆》等可以开阔我国教育工作者眼界的译文。(4)"杂纂"栏目。有《留声机教授法之利害》,该文介绍了国外学者讨论把原始录音机引入课堂教学的意见。

《教育世界》还登载了王国维的论文,例如《哲学辨惑》。而罗振玉的文章刊登的就更多了,他关于教育的论述很多都是在这个刊物发表的。据罗琨、张永山整理,有《教育私议》《学制私议》《设师范急就科议》《各省立寻常小学议》《与友人论中国古代教育函》《拟定寻常小学校课程表》《高等小学校课程表》《寻常中学校课程表》。视察学务的报告有《山东学务调查总说》《安徽学务调查总说》等。

这些文章应该在中国教育史上占有一定地位,也是研究中国教育史的必不可少的资料。而《教育丛书》中的书很多都有借鉴价值,有的直到现在还在畅销,如《爱弥儿》。可见罗振玉当时是很懂教育的教育家。我们也可以通过这些资料来研究罗振玉的教育思想。下面介绍一下罗振玉1901年9月发表在《教育世界》第9期的一篇重要文章《教育五要》,从中可以窥见罗振玉的教育思想之一斑。

第一,教育首先要翻译国外的资料来借鉴学习。他用打比方的手法说明这一主张:教育犹如建造房屋,教师就像木匠,学生就像木料,学校章程就像打直线的墨绳,课本就像斧头、锯子等工具。没有工具是建造不了房屋的,所以办教育第一个要做的就是翻译教科书,其次要翻译教育法规,第三要翻译农业、工业、商业、矿业、医术、法律、军事等各科专业图书,第四要翻译宗教、风俗、哲学等书籍以便学生认识世界。这四类书应该联合政府和民间的力量依次印刷发行,待到用三年时间准备好那些应用类的书籍后,政府的教育管理部门才能着手安排教育,这样学生跟随老师学习才能取得好成绩,否则不但学生会在求学路上迷失方向,政府教育部门也拿不出好的解决办法,这就搞不好教育。

第二,教育学生要使用我国的宗教、语言和文字,因为这些是中华民族的精神支柱,凝聚着我国人民的民族情感。考察俄国彼得大帝改革礼乐制度的历史就会发现,只有他们的语言、文字、宗教没有改变。俄国兼并波兰时,先禁用波兰语,以后改用俄语,这是外交家擅长的手段。他认为:中国应该把儒教定为国教,其他各国的宗教以及我国其他宗教,如果不妨碍法令的推行,也可以自由信奉,但是不能让其他宗教高于儒教的地位。学校授课要用官方语言说教和书写,外语应该是中等教育的科目,是研究专门学科和外教用的,普及阶段的教育不应该用国外的书作教材和讲授。

第三,教育的权力不能给外国人。他认为:现在我国政府每建设一所学校,一定会聘请外国人主持学校的事务;民间办学校也愿意与外国人合作办学,反而不愿与本国的人合作。这种现象是不应该的。教育与开矿、修路一样,是国家的主权,把这个权力授予外国人是不可以的。

第四,不能办不合乎教育规律、规则的学校。小学、中学等不同级别的学校都有不同的宗旨和学科,但都应该有一定的规律和规则。现在很多学校的教育不是循序渐进的,也只是教外语和数学,而教育管理人员对别的学科都不了解。这样的学校只能培养买办或翻译,而我们所做的国民教育事业应该改变这种情况。

第五,要把德行教育放在教学的首要位置。他指出:"任何人不管才能多么高,如果他没有道德,那么这个人会对国家有利吗?还是对国家不利呢?这个道理是没有智慧的人都明白的。"在培养德行方面,公德最为重要,要反复教育学生要修养身心、培养良好的品行并且时刻为公共利益着想。如果教育偏于技术,而德行教育只是作为一个学科,甚至不设德行教育这门课,从长远看,培养很多有才无德的人是对国家不利的。①

从上述5点来看,罗振玉办《教育世界》的想法与办《农学报》很相近,就是通过编杂志,把自己的研究成果奉献给国家和人民,让政府和更多的有志之士共同为振兴中华而努力。

在这些观点中,虽然有些观点在现在看来不合时宜或者说还值得讨论一番,如把儒教定为国教的看法,但是绝大部分观点至今仍有一定的借鉴价值,如德行教育现在尤其应该加强;教育要合乎规律的观点也能给我们不少启示,比如幼儿园教育应该把重点放在写字、算数上,还是应该放在诵读经典上呢?我认为应该放在诵读经典上来,因为幼儿园阶段的孩子记忆力很强、说话的能力更可以突飞猛进,这是这个年龄段孩子的优势,也是规律,我们应该抓住这个规律,并运用到课堂之中,让孩子多听经典、多背经典,多听故事、多说话。

这个规律古代早就知道并有意识地运用了,而我们现在有的幼儿园却天天让孩子学写字、算数②,4岁的孩子拿笔都拿不稳,如何能写好字?我曾经花了很大力气教我4岁的女儿黄雅婷握笔,但是由于她刚开始学时老师没有教正确的握笔姿势,所以养成错误的握笔习惯,我无论如何都纠正不过来。而且孩子的手指太过柔软无力,根本无法正确握笔,每次写几个字之后孩子都是很痛苦的样子,很难坚持写几个字。由此我认识到:4岁的孩子不能学写字,这时不写字也就可以避免养成错误的握笔习惯,坏习惯一旦养成是很难改过来的。他们的形象思维发达而逻辑思维尚待开发,所以学习算数花费很大力气也学不好,我女儿到现在都五六岁了,她的手心算可以算两个5以上数字的加法,而且很快,但是两个5以下的加法却不会。而手心算也是利用孩子的形象思维才做到的。我们可以认真思考一下,经过3年幼儿园的写字、算数教学,孩子最终可以写几个字呢?能算几位数以内的加减法呢?教这些是费力不讨好的做法。

如果让孩子多听经典、多背经典会怎么样呢?我专门实践过,女儿黄雅婷三

---

① 参考罗琨、张永山:《罗振玉评传》,南昌:百花洲文艺出版社,2015年版,第34页。
② 笔者女儿所在的幼儿园就是这样。

四岁时,我和夫人乔玲艳都想办法让她背诵《三字经》,而女儿的表现令我们很吃惊,我们俩往往读了很多遍都难以背诵下来,而她却能很轻松地记住并背诵出来。记得2015年教师节4岁的黄雅婷为我的硕士研究生导师党怀兴①教授以及在座的研究生背诵《三字经》,当时背诵到全篇的一半左右,背得非常熟练,字正腔圆,声音优美,博得了党先生和研究生们热烈的掌声和夸赞,还奖励给她一些好吃的食品。我对她那次当众背诵的印象非常深刻,一口气背诵了那么多,我们很多研究生都难以做到。所以我主张要根据幼儿的身心特点实施教学,抓住他们的善于记诵的优势进行教学。传统的儿童诵读经典课本《三字经》《百家姓》《千字文》等都应该用到幼儿园教学上。

---

① 党怀兴(1962—):陕西合阳人,文学博士,陕西师范大学教授,博士生导师,现任陕西师范大学党委常委、副校长,主要从事文字学、文献学研究,著作有《宋元明六书学研究》《〈六书故〉研究》《中国家训经典》《中国古典文献学》《十三经辞典·周易卷》《十三经导读》等。

第二节 日本考察书教制

1901年12月14日,罗振玉奉张之洞、刘坤一两位总督之命去日本考察,除考察农业之外,还主要考察了教育事务。当时罗振玉是考察团的团长,成员有两湖书院监院刘洪烈和自强学堂教师陈毅、胡钧、田吴炤、左全孝、陈问咸等6人。这次考察共访谈了教育界的知名人士8人,其中请东京高等师范学校校长嘉纳治五郎讲日本明治维新以后的教育行政发展,每天听1小时,共听了7天。考察了学校11所,有东京的农科大学、高等师范学校、高等工业学校、中学校、府立师范学校、私立女子职业学校,京都的第三高等学校、师范学校、高等女子学校、美术工艺学校、济美寻常小学校。

这次共访问了68天,罗振玉每天晚上把凡是日本人重视的事情都记录下来,这些日记后来由他的老朋友张绍文抄写好,以《扶桑两月记》发表。翻阅这些日记可以发现,罗振玉每天都有记录,从没有间断,最少的一天写了17个字,最多的一天写了约1550个字。这个记日记的习惯值得我们学习。有了这个习惯,我们才能看到当时的教育考察资料。下面分享两则考察日记。

他1902年1月3日的日记翻译为现代汉语就是:

> 我听人说,去年日本一所商船学校的学生毕业时,有几十个学生一起学驾驶轮船,结果没有行驶多远就沉没了,几十个学生都淹死了,这对于学校来说是很不好的成绩,然而后来这所学校招生时,报考的人数竟然比以前还多。由此可见日本人是勇猛奋进的,虽然遭到失败但是丝毫没有畏惧,这是值得尊敬也令人畏惧的。①

---

① 译文参考罗振玉:《扶桑两月记》,罗振玉著,文明国编:《罗振玉自述》,合肥:安徽文艺出版社,2013年版,第67页。

我想这种精神也值得我们现在的中国人学习。

1月16日的日记说：

> 我与冯先生回去拜访伊泽先生，伊泽先生又详细谈到了翻译书的事，他想汇合中日两国学人的力量翻译印刷教科书，并且要制定著作权法规。并拿出十几种教科书赠给我，并说："中国人学习外语，日语学起来比较简单，而日本现在重要的教科书已经都有了，而且我们翻译这些书走的是个捷径。英语则不是几年可以精通的。"还说："现在的中国不能忘记或忽略道德教育，将来在中等学校以上，一定要讲《孝经》、《论语》、《孟子》，然后学其他所有儒家经典书籍。"他说的话很有道理。

现在看来，日本人伊泽说的日语比英语好学，确实是实情。英语不是几年就可以精通的观点更是正确。日本人都很强调道德教育，而我们现在更应该好好学习儒家经典。他所说的3本儒家经典，恐怕现在很多研究生都没有认真读过。

罗振玉回国后，立即草拟学制①，并呈交给了张之洞和刘坤一，他们都很赞同，准备在江鄂会奏中商讨，罗振玉在给父亲的信中说："儿这次在湖北被湖广总督张之洞接见了5次，在教育事务方面都很顺手了。让我在总督衙门教育事务处给衙门和各学堂的提调、教师、郡守和县令就教育事务演讲了10大，我所草拟的教育制度被准许在江督会奏上商讨，征求意见，看能否在全国实行。到了南京以后，两江总督刘坤一因为病倒了不能接见我面谈，让他的幕僚施先生传话，也很同意这件事。"②

罗振玉草拟的《呈两帅之学制》已经丢失，但是《教育世界》1902年4月第24期上刊登了他的《学制私议》，这篇文章能反映他的观点。其中的内容，罗琨、张永山整理后说："全文共十二条，列有教育宗旨，义务教育年限，自小学至大学的学制，教育设置（包括学区、校舍、教学用具、学生、班数等），各种学校应立学科

---

①学制：国家对各级各类学校的组织系统和课程、学习年限的规定。
②译文参考罗继祖：《我的祖父罗振玉》，天津：百花文艺出版社，2007年版，第56—57页。

及其课时、教材,学校管理(包括机构、学费、规则及簿籍等),关于考试、毕业、名位及任用,关于图书馆、博物馆、植物园、动物园的设立,为贫民和工人设立简易学校,为盲哑人设立残疾人学校,提倡民间创立各种学会、商埠设商品陈列所,进行实业教育等等。内容十分具体细致,有的注明一时条件不成熟可稍事缓办,但必不可少。"①

罗振玉草拟的学制很重要,在近现代教育史上有开创之功,是他充分吸收国外教育制度之后结合我国的情况以及自己的办学经验写成的,非常有价值。所以我们把他的《学制私议》全文转引在下面:

第一条 教育宗旨,其目凡三,列之如左(下):

一、守教育普及之主义。先教道德教育、国民教育之基础及人生必须之知识技能(即小学教育),驯而进之以高等普通教育(即中等教育),再进之以国家必要之学术技能之理论与精奥(即大学教育),循序渐进,勿紊其序。定小学前四年为义务教育。

二、守儒教主义,使学与教合一。(他宗教皆主神道福利之说,故宜教与学分。儒教主伦理致用,故宜学与教合。)

三、以本国语言文字为主,而辅之以外国文字。小学教育全用本国文字语言。至中学校始授外国语,为受专门学科之预备,专门教育然后以外国文字语言教授,但不得专尚外国语言。

第二条 定六岁至十二岁七年间为义务教育年限,于此期内必授寻常小学教育四年,不得违犯。

第三条 教育之阶级列左(下):

---

① 罗琨、张永山:《罗振玉评传》,南昌:百花洲文艺出版社,2015年版,第42页。

一、由六岁至九岁受寻常小学（亦称蒙学）四年，十岁至十二岁受高等小学二年。（将来必立幼稚园，以三岁至五岁为保育年限。此刻女学未兴，无保姆，姑缓之。）

二、由十三岁至十六岁受中等学四年，或受寻常师范学四年。

三、由十七岁至十九岁受高等学三年，或受专门学三年，或受高等师范学四年。

四、由二十岁至二十二岁入分科大学三年。

五、由二十三岁至二十七岁入大学院凡五年。

以上所陈，为将来正当办法。现为权宜之计，先立小学、中学、专门学校，令十岁上下者入小学校，二十岁内外者入中学校、寻常师范学校，但照以上所定年限增补习科一年，令补习高等小学校应修之普通学，而后入本科。三十岁内外中学校优、普通学略有门径者，令受高等学及高等师范及专门学，但须照前列年限加补习科二年，令补习中学校应修之学科，而后入本科，修学三年，至大学校则宜稍待再图之。

第四条　教育设置之事，分四端，分列如左（下）：

一、学区　于京师立大学校外，以每一省为一大学区，立高等学校一（亦称各省大学堂），武备学校一，高等师范学校一（将来更须立女子高等师范学校，现姑从缓），高等农工学校各一，方言学校一，更于各府、厅、州、县每一处立师范学校一。又分每府、厅、州、县之地，约五百家立寻常小学校一，千家立女子寻常小学校一，二千家立高等小学校一（乡间则每一、二村落共立寻常小学一所，不问户口之疏密。将来学事盛，再议立高等小学校，今姑缓），万家立中学校一。先须预划定学区，逐渐兴办。至商埠附近之处，则须立商业学校（先立商埠，后及内地）；矿产盛处，则立矿务学校；警察、商船等学校，则将来相宜立之。

二、校地及校舍　校地务须定于每学区适中之地,以便学童往来。校舍宜干燥轩敞,多设窗户,以通光气。教室中每人占地必在六平方尺以上。校地之制,有礼堂(设万岁牌及孔子木主,为诸生参谒及行卒业典礼之处,或别辟室祀孔子亦可),有宾舍,有校长室,有教员室,有舍监室(无寄宿舍者,则此可省),有学生聚集所(即将上教室时,于此听号钟之处),有休憩室(学生吃茶之所),有账房,有教室,有体操教场,有雨中体操场,有体操器具收贮所,有标本室,有理化器具室,有庖,有厕,有阍者室,有佣舍,有盥濯所,有饭厅,有自修室。于师范学校则有植物园(小学校或有之),农事试验场,有寄宿舍(小学校不设寄宿舍,女子学校则设之),将来更须于小学校设手工教室,今无教员,姑待之。

三、用具　学校用具中以桌椅为最要,与卫生大有关碍,必折衷东西洋学校用之桌椅,相中国人体段尺寸,而颁为定式。又于理化等教室学生座位,必用阶级式,令在后者之座位递高于前面者,以便观览。

四、学生及班数　小学校人数以五百人为满额,分为十教室,每五十人为一班,每班设正教长一人。中学校以上之学校人数班数略同小学校,相宜定之。

第五条　各学校之教科及每日教授时数,定之如左(下):

一、寻常小学校之教科八:曰修身,曰读书,曰作文,曰算法,曰习字,曰体操,曰地理,曰历史。每日教授时间四点钟。

二、高等小学校之教科十:曰修身,曰读书,曰算术,曰作文,曰图画,曰地理,曰历史,曰习字,曰体操,曰理科。每日教授时间五点钟。

三、寻常中学校之教科十一:曰读书,曰作文,曰伦理,曰外国语(宜定用一国语或日或英或德,但不得一校中用数国语),曰数学,曰历史,曰地理,曰理科,曰图画,曰体操,曰习字。其每日教授时间五点钟内外。

四、寻常师范之学科与寻常中学校同，而增入教育一科（中贼教育教授、管理行政等）。其每日教授时间五点钟内外。

五、高等师范分文理两科。文科分五门：曰教育，曰文字，曰外国语，曰历史，曰地理。理科分为理科、数学、博物学三门。其细目临时订之。

六、高等学校为分科大学之预科，分类六：曰理，曰医，曰农，曰工，曰法，曰文。其各科细目临时定之。（日本高等学校六，第一第二第四为医学预科，第三为法学、医学、工学预科，第五为医学、工学预科。今各省所设高等学或仅一科，或兼数科，相宜为之。又日本近来教育家有裁去高等学校、由寻常中学卒业即宜入分科大学以省岁月之说，则中国此时裁去高等学校亦可。）

七、分科大学分六门：曰法，曰医，曰工，曰文，曰理，曰农。其各科纲目等临时定之。

八、大学院之门类如前，乃研究科而非讲授科。此刻姑缓，俟分科大学开办后，再议定之。

第六条　关教科书之事列左（下）：

一、奉《圣谕广训》为修身道德之纲领，令全国学校一律遵守。

二、将"五经"、"四子书"分配大、中、小各学校，定寻常小学第四年授《孝经》《弟子职》，高等小学校授《论语》《曲礼》《少仪》《内则》，寻常中学授《孟子》《大学》《中庸》，并仿汉儒专经之例，专修一经。其余诸经为高等及大学校研究科，不得荒弃，以立修身道德之基础。

三、依前列之教科目编译各教科书，悉以日本教科书为蓝本（以国体相近故，若西洋各国，则国体与中国颇异，不能仿用），或译用全书（如算术、图画、体操、理科之类），或依其体例编辑（如本国历史、地理之类），或译日本书而修改用之(如博物之类,宜改其与中国不合者),泐为定本,颁行各处,以期一律,仍随其教育之程度而时时修改,以谋改良。民间有编教科书善本,得由官鉴定,一律行用。

第七条 关教员之事列左(下):

一、培养 培养教员分三法:一寻常师范本科,二速成科,三讲习科。今定本科三年卒业,速成科二年卒业,讲习科五月至一年卒业。讲习科虽短期,然必全修教育各学,至普通学,则选三科以下,一科以上习之。本科为将来正教员,速成科为现在权教员。权教员之任用期,讲习科为五年,速成科为十年。

二、礼遇 教员所受礼遇:一、在校时,国家为任学费;二、教育有功,得相其劳绩而加俸金。(外国优礼教员,凡供职十五年以上年六十者,有退隐费,身后有遗族赡助费。今中国暂未能仿行,姑缓之。)

三、特别教员 普通教员外更须养成特别教员,如农、工、商业学校必附设农、工、商教员养成所之类。现在体操一门为中小学必修科,宜立体操传习所以养成之(三年至半年可卒业),此为急务。

第八条 学校管理之事列左(下):

一、职员 小学校职员,曰校长一人,事务员一人,教习、班长无定员。有寄宿舍之校则有舍监,无定员。(每校千人者,约舍监四五。)在中等以上之学校,则增书记。至大学校、高等学校之教官、职员等,则临时定之。

二、束修 自小学校起至大学校,必出束修,每月自半圆(小学校束修)起至三圆(大学及高等学校)止;惟师范生则不出束修及食宿费,以官费助之。又寻常小学为国家义务教育,理宜免束修,以公费任之;然此刻尚未能,且援日本之例,权行征收,随后豁除。

三、规则及簿籍　各学校必立规则及簿籍。规则遵定章订之,簿籍亦预颁式样。其种类,曰学则,曰生徒规则,曰事务内规,曰寄宿舍规则,曰家庭规则,曰休业中规则,曰教员修职簿,曰生徒籍,曰卒业生名簿,曰生徒体格簿,曰每学期成绩簿,曰报告书(由学校报告地方官者),曰学生请假簿,曰学生家庭通问簿。其形式别定之。

第九条　关考试及卒业任用等项列左(下):

一、考试　考试分三项,曰临时考试(随教习之意行之,无定期),曰定期考试(每年末行之),曰卒业考试,皆由教习主之,由校长核验。其考试之法,就其已授之普通学课书中发题征问,以试其学。

二、卒业　卒业考试及第者,在各地方小学、中学、专门、高等各学,由校长向督抚请文凭给之。在京师大学及高等、专门各学,则由管学大臣及礼部给以文凭。

三、名位　小学、中学、高等及师范各学校卒业者,依东西各国例,无授以名位者,但称某学校卒业生。至大学校卒业者,始授学士。(农科称农学士,法科称法学士,其他工、理、医、文各科仿此。)卒大学院业者,或于学务有功者授博士,今宜仿行。(在东西洋各国,小学卒业生,其阶级视中国之秀才;卒中学业者,视举人;卒高等师范及高等学校业者,视进士;卒大学业者,视翰林。今宜示天下以阶级,不必袭用秀才、举人之名,以别于科举之制。)

四、任用　卒中学业者,得为地方绅士;卒师范业者,得为小学校教习;卒高等师范业者,得为中学校、师范学校教习(教习有功者,得升校长及地方学务绅士);卒大学业者,由礼部考验文凭,就其所习授以官职。

第十条　关图书馆及博物馆等事列左(下):

一、图书馆　京师大学校及各省会各立大图书馆一所,各府、厅、州、县亦每处立一所(其规模可小于省立者),以藏中、东、欧、美新旧图籍,任人观看。凡欧、美所出新书及民间新译新著,购入以期完备。

二、博物馆　京师及各省各府、厅、州、县各宜次第创立,而先立教育博物馆,搜集关教育各品,以资考求。约分三部:一、家庭教育、幼稚园及小学校用具及其成绩(谓学生所作书画及手工科所作器物之类);二、物理、数学、星学、地学、化学、生理学、动物植物学之教授用具及标本、图画;三、实业教育用具及成绩品与图画之类。其观览规则临时订之。

三、植物园动物园　当于京师及各省会各立一所。此事稍缓办亦可,但必不可少。

第十一条　谋教育之普及,必须立简易学校、废人学校。其事项列左(下):

一、简易学校　此校所以教贫民及工人,其种类曰半日学校,曰夜学,曰七日学校(以教日曜日停工之各工匠等),可相地方之宜立之。

二、废人学校　为教育哑者以音乐按摩及手工之类,令残疾之民亦得自食其力,以免冻馁。此校虽未能即办,然亟宜经始,以救无告之民。

第十二条　关学会及实业陈列所各事项如左(下):

一、学会　宜导诱民间倡立各种学会(若实业若教育若美术之类),以谋学术之开进,但有违背道德、干犯法令及尚空谈而无实际者,不许设立。

二、陈列所　各商埠宜搜各种商品为陈列所,并购东西洋各国商品,以备参考。此为实业教育最要之事,或以公费创之,或劝民力为之,均可。

以上所陈,乃通国教育通制,本现在之程度立之,随后逐渐更改。至各学校设立时,当再拟细则,此不备述。

《教育世界》第 24 册。壬寅年三月下。①

这个学制 12 条 4000 多字的篇幅可谓非常详备,是罗振玉几十年来教育经验的总结,也是他考察日本教育的总结,在学制演变史上有重要地位,是我国近现代很早的学制草案,处于"壬寅癸卯学制"的酝酿阶段。杨千菊评价说:"罗振玉的教育主张和实践对《癸卯学制》的制订贡献是非常大的,但是这一历史事实一直不为人所知。……《癸卯学制》的最终出台,是建立在几部学制基础之上的,一是 1902 年管学大臣张百熙仿照日本学制拟就《钦定学堂章程》(又称《壬寅学制》);二是张之洞在湖北办学时制定的湖北学制。《壬寅学制》与吴汝纶分不开,而湖北学制则与罗振玉无法分割了。""张之洞的湖北学制体系虽然要比《壬寅学制》晚近三个月,而且是在上奏湖北学制之后才看到《壬寅学制》的。""张之洞会同张百熙、荣庆,以日本学制为蓝本,在《壬寅学制》的基础上,又加上制订湖北学制的经验,修成《奏定学堂章程》,即《癸卯学制》。光绪二十九年十一月二十六日(1904 年 1 月 13 日),光绪皇帝批准:'著即次第推行。'""罗振玉主持的《教育世界》积极参与了清末学制的酝酿、讨论、制定、发布的全过程。在译介日本教育制度法令及学制章程、专著,以及发表国内学制建设的研究性文章,组织学制问题的讨论等方面,不遗余力,对清末学制建设,尤其是对张之洞主持拟定的《癸卯学制》的影响颇大。……在晚清教育界,罗振玉是一个很重要的人物。"②赵建民认为:"由张之洞主持制订的《奏定学堂章程》,其基本精神是依据他任命去日本考察的罗振玉的意见。"③钱曼倩、金林祥也认为:"对张之洞制订《癸卯学制》影响最大也最为直接的是罗振玉以及由他主办的中国最早的教育专门杂志《教育世界》。"④"《教育世界》对清末学制,尤其是癸卯学制的制定影响是巨大的。"⑤

---

① 璩鑫圭、唐良炎编:《中国近代教育史资料汇编·学制演变》,上海:上海教育出版社,2007 年版,第 160—167 页。
② 杨千菊:《罗振玉对〈癸卯学制〉的贡献》,中国地方教育史志研究会、《教育史研究》编辑部编:《纪念〈教育史研究〉创刊二十周年论文集(3)——中国教育制度史研究》,《教育史研究》创刊二十周年暨中国教育史研究六十年学术研讨会,北京,2009 年 9 月,第 715—718 页。
③ 赵建民:《吴汝纶赴日考察与中国学制近现代化》,《中国近代史》,2000 年第 2 期。
④ 钱曼倩、金林祥:《中国近代学制比较研究》,广州:广东教育出版社,1996 年版,第 84 页。
⑤ 钱曼倩、金林祥:《中国近代学制比较研究》,广州:广东教育出版社,1996 年版,第 88 页。

从时间上看,《钦定学堂章程》是陈百熙在 1902 年 8 月 15 日颁布,因为《清史稿》记载"七月,百熙遵拟学堂章程"①,陈百熙是在 1901 年接到清朝廷的任务的。至于他完成的时间,张洪萍认为:"从时间上推算,张、沈(引者注:该章程的实际草拟者)所拟学堂章程草稿大致完成于三四月份……为慎重起见,张鹤龄等人又参考了不少人的意见,不断地讨论、完善章程。据编书局分纂郑孝胥日记中记载:光绪二十八年六月八日(1902 年 7 月 12 日)薄午,至管学张冶秋尚书家,是日诸俊杰大会,盖拟定大学堂规制,将出奏也,故延诸人公议。"②而罗振玉的《学制私议》早在 1902 年 4 月就发表了,所以前者可能参考了罗振玉的文章。而且《钦定学堂章程》虽然是第一个颁布的,但是没有实施,而《奏定学堂章程》虽然是第二个颁布的,却是最先实施的。

综上所述,罗振玉对清末学制的贡献是巨大的,也是无法抹杀的。直到现在,他的《学制私议》仍有启示意义。

我们也可以从这篇文章中看到现在学校教育制度的影子,当时他认为:"将来必立幼稚园,以三岁至五岁为保育年限。"我们现在的幼儿园完全符合罗振玉的预测,年龄段刚好是 3—5 岁。他认为"六岁至十二岁七年间为义务教育年限",现在实行的大概是 6—14 岁为义务教育时段,比罗振玉设定的延长了两年。他认为中学的年龄段是"由十三岁至十六岁受中等学四年",现在的初级中学大概是 13—15 岁,只是比他设定的减少了一年。

就师范学校而言,他认为每一个省都应有一所高等师范学校,我们现在每个省都有一所省级重点师范大学;他建议每个府、厅、州、县都设立一所范学校,我们现在也大致是这样,每一个市都有一所高等师范学院,培养初、高中教师,县里也有中等师范学校,培养小学和幼儿园教师。

关于各级学校的建设规划,罗振玉的规划也和现在的实际情况差不多,甚至现在有的学校还没有他的规划好,如有些学校就没有"标本室"。此外,他认为每

---

① 赵尔巽等撰:《清史稿》(第 4 卷),长春:吉林人民出版社,1998 版,第 2126 页。
② 张洪萍:《试论壬寅学制的实施》,《学术论坛》2014 年第 6 期。

个学校应该设有"万岁牌"和"孔子神位"虽不合时宜,但是我们现在的学校也有相似的做法,如悬挂国旗,很多学校都有孔子塑像,目的都是培养爱国情操和为学生树立学习的榜样。

从课程设置看,他所说的中小学课程现在也都有,只不过分合和侧重不同,如现在中学有物理、化学、生物等3门课,而当时可能是合并为"理科"1门课;小学和中学都有习字课,说明很注重练字,而且在师范学校还有文字课,而我们现在的小学还有习字课,中学以上就都没有了,所以书写水平还不如以前,这是值得今天的教育工作者借鉴的。对于外语课程的开设,现在也和罗振玉设想的一样,每人只学一门外语,大多是英语。

当时他认为学生应该每个月都向老师送酬金,义务教育可以免除,这可能是根据当时的国情做出的。我们现在都没有这一项,但是为了表达对教师的敬意,每年教师节还有不少学生给老师送贺卡、鲜花。

在教科书方面,他很重视立德修身的教材,如把《圣谕广训》为修身道德的纲领,把"五经""四书"作为教材分配到大学、中学、小学等各级学校,目的是打好修身立德的基础。这一点是值得现在各级学校借鉴的,现在各级学校很淡化传统道德教育,所以培养的学生道德观念薄弱。教育重才轻德,就必然会培养很多有才无德的、自私自利的人,同样对社会不利。这一点应当引起教育管理人员的重视。他还认为民间可以自编教科书,但必须要经过国家鉴定,我们现在也是这样做的,各省可以自编教科书,需要经过教育部审定后才能出版使用。

关于教师待遇,虽然他知道以当时的国力不大可能实现,但是他依然认为:教师任教时应该由国家发工资,有了成绩要根据成绩增加工资,要向外国学习,优待教师,凡是教学15年以上而到60岁退休的都有退休费,去世后还要给他的子女赡养救助费。这一点值得我们借鉴,现在115年过去了,教师的待遇仍然令人担忧。

关于考试,罗振玉认为应该有三种:临时考试、定期考试和毕业考试。后两种我们现在都有,现在的定期考试大多都是期末考试,升学考试也可以算毕业考试,但临时考试是没有的,与此相似的是平时表现情况,但是这种平时表现因为过于随意,不能称为考试。笔者认为我们现在应该增加这个考试,罗振玉把这种考试放在第一的位置,可见他非常重视平时的学习过程,期末和毕业的结果固然重要,学习的过程更为重要,所以罗振玉的看法是值得现在教育工作者参考的。

其他的主张如建立图书馆、博物馆、植物园、动物园、简易学校(现在有夜校)、废人学校(现在叫特殊教育学校)也都在现在得到了实施。

从罗振玉拟定的学制可以知道,他目光远大,观点富有见地,考虑周全,可以给现在的教育带来很多有益的启示,值得今天的教育管理者好好学习。

第三节　执教江苏师范兴

1904年7月,原湖北巡抚端方调任为江苏巡抚,经过上海,会见了罗振玉,并聘任他为江苏教育顾问,还委托他在苏州创建江苏师范学堂。因为罗振玉在1902年考察日本教育回国后就接受了当时任江苏巡抚的恩褩棠的邀请,去苏州制订了中学堂课程,还发表了《学制私议》,轻车熟路,又可以实现自己振兴教育的抱负,所以这次他很快就答应了。

8月罗振玉就去苏州任职,负责教育事务,筹建江苏师范学堂并任监督(即校长),推荐藤田丰八任总教习①,徐宾华任监院(书院的主持者)。修理利用原紫阳书院作为校园,这样在12月就把江苏师范学堂建好了。分为两个科,讲习科有1个班共40个人,速成科有3个班共120个人。1905年5月,增设了体操专修科,6月讲习科和体操专修科的学生毕业。8月,招收了初等本科生2个班,共80个人,同时建立附属小学,招收初级小学和高级小学两类学生60多人,并在8月30日开学。

在建校之前,罗振玉内心已经有一个完整的规划,当时他在《教育世界》发表了《江苏教育办法说帖》和《设师范急就科议》两篇文章。从这两篇文章来看,他认为根据江苏的现实情况,要从以下两个方面来振兴教育:一、要建立中等以上的学堂,这样学生先进入预科学习,然后再进入本科深造,目的是培养当地急需的人才。二、要建设小学,让学生从小接受教育,这样从基础抓起,逐渐进步。而要做好这两个方面,最关键的是要培养合格的教师。如果按照常规培养,小学教师应该由寻常师范毕业生担任,中学教师则应该是高等师范毕业生,但是师范的学制是3年,我们不能等到3年后再办小学和中学,也不能让没有接受过师范教

---

① 总教习:官职名,清末所设置的主管教学事务的官员之一。清末同文馆、京师大学堂等学校开始设总教习这一职位,大致相当于教务长。

育的人当教师,所以模仿日本速成科的例子,建立师范急就科。学制1年,从当地20—40岁的生员中通过公开考试择优录取那些品学兼优的人。设有6门课程:教育学、历史学、地理学、数学、物理化学、博物馆学。使用的教材有《教育学》《国内外教育史》《教授学》《学校管理法》《学校卫生学》以及历史、地理、数学、物理化学等方面的教科书。在学习方法方面,除物理化学等理科需要教学示范、学生实验以外,其他的文科都以学生自学、研究为主,每天教师上课一两个小时,以便于答复学生的提问。每一门课程都要进行考试,考试及格的学生才发给文凭。师范急就科也要购买动植物标本、矿物标本、地理模型、图表仪器等教学用具来辅助教学,这样才能保证教学质量。等到正规师范生毕业的时候,就不再设置师范急就科了,因为急就科是为了解决燃眉之急的。而担任过教师的师范急就科学生,仍然可以考正规的师范来深造自己。还要设置讲习科,招收中学的毕业生,讲授教育心理学、学校管理法等课程,教学科目和章程都参照师范急就科来设置,学制6—8个月。

江苏师范学堂就按照这项计划实施,首先设置了讲习科与急就科,还开设了体育专修科,半年之后就有了第一批毕业生,他们就担任小学教师,再加上体育专修科的毕业生,足以创办一所附属小学了,同时招收了初等师范本科生。第二年(1905年)的夏季和秋季,3个班的急就科学生先后毕业,又有了100多名教师,这样就可以建设几十所完全小学。师范学堂也可以扩大本科生的招生。讲习科、急就科、本科等毕业生先后进入教学第一线,这样就可以用最快的速度培养出懂得教育的合格教师。

罗振玉担任江苏师范学堂监督时,每天到课堂上检查学生上课,再到宿舍检查学生的行为品德。他利用课余时间在每个班接见学生,鼓励他们要提高自身道德修养、发奋学习,要让所学的"师范"名副其实:能够做一位好老师并且能成为人们学习的模范。凡是学校公布的文件、张贴的告示,他都亲自书写好并张贴,不让下属帮助。除了节假日休息和洗澡洗头以外,他都不离开学校。还在学校里设置"万岁牌"和孔子神位,并在每个农历月的初一这一天,他亲自带领所有学生在"万岁牌"和孔子神位前面行三跪九叩[①]之礼。

---

① 三跪九叩:双膝跪地3次,跪1次磕3个头,共磕9个头。这是古代最敬重的行礼方式,表示内心非常尊敬和诚心佩服对方。

作为学校的管理者，他对自己的职责有清楚的认识，他在《序江苏师范学堂一览》中专门谈到管理的问题。他认为一个学堂办得好不好，管理人员是关键。管理者应该做的事是辅助学生自我管理，应该根据学生进步的程度来考虑教学进度，在做事方面一定要经常检查自己的言行，在执行法律和规定方面一定要公正严明，遇到事情一定要迅速决断并一心一意地有始有终地去做。这样才能保证法纪严明、成绩突出。

罗振玉的办学原则是注重德、智、体全面发展，德育方面前文已经说明。在智育方面，他强调循序渐进。寻常小学刚开始的时候只教算术、读书、写字，第三年增加地理、历史，讲本国的地形和历史故事；高等小学讲授算术、历史、地理，这时的历史和地理是从中国讲到外国，再增加物理、化学，讲动物、植物、矿物等知识。到了寻常中学，就增加外语和中国儒学，讲解四书五经和诸子百家的论著。在体育方面，寻常小学讲授的是体操，高等小学的第三年开始进行军训练习。

学生们刚开始觉得管得太严格了，每天忍不住叫苦，但是慢慢地就适应并习惯了。凡是学校所用的钱款，都是当场结账付款，从来不拖欠。这些都展示了罗振玉在管理学校和理财方面的杰出才能。

江苏按察使朱之榛是一个耿直无私的清官，他因江苏师范学堂讲习科学生毕业而来到学校检查工作，之后当众赞扬罗振玉说："现在的很多学校浪费国家的公款，败坏学术风气，教师因无才、不负责任而耽误后辈学生。而罗振玉先生治理这个学校，就像父亲教导自己的孩子一样严厉，也像李光弼[①]治理军队一样严明多谋，校风清静正派，让我十分佩服。"[②]刘鹗当时正在上海经营铁路和商业，有一天他来到苏州拜访罗振玉并参观了师范学堂，并在日记里说："江苏师范学堂，井井有条，罗振玉真是才智杰出的人啊！"[③]

[①] 李光弼（708—764）：营州柳城（今辽宁省朝阳）人，契丹族，唐朝名将、军事家，为平息安史之乱的主帅，史称他与郭子仪齐名，治军威严而有方，善于出奇制胜，以少胜多。著有《将律》《统军灵辖秘策》及《李临淮武记》（一题《李临淮兵法》二卷）各一卷，今已佚。世称"李临淮""李武穆"。

[②] 罗振玉著、文明国编：《罗振玉自述》，合肥：安徽文艺出版社，2013年版，第24页。

[③] 以上内容参考罗继祖：《我的祖父罗振玉》，天津：百花文艺出版社，2007年版，第49—51页；罗琨、张永山：《罗振玉评传》，南昌：百花洲文艺出版社，1996年版，第36—39页。

第四节　调职学部谋邦事

1905年9月2日,袁世凯、张之洞上奏请求立即废除科举制度,以便推广学堂。清政府批准并要求在1906年开始废除科举。1905年底就成立了学部来管理全国的教育事务,当时的学部就相当于现在的教育部。而在学部正式成立之前,先设置了学务处,9月11日,刘鹗向学务处的一个负责人乔茂轩推荐了罗振玉,打算调他进入学务处。罗振玉得知后就在10月发表了《学部建立后之教育管见》,但是还没有入职家里就发生了大事,1905年11月9日罗振玉的父亲罗树勋去世,他就回家守孝了。

在守孝过程中,罗振玉接到了端方的电报,说:"学部刚开始建立,由相国荣庆掌管,我已经上奏朝廷调任您到学部任行走一职,请您马上进京。"罗振玉当时守孝还没有满100天,所以就回电报拒绝了,但是端方再次来电报不许他拒绝。于是他去北京见学部尚书荣庆,结果是他被允许穿白色丧服在官署办公,任学部参事厅行走。

罗振玉尚未任职学部就发表了《学部建立后之教育管见》,这是怎么回事呢?根据《王国维与罗振玉》的作者张连科的研究,1905年10月8日,山西学政宝熙上奏朝廷请求建立学部,罗振玉听说后,马上意识到学部必然要建立,所以在几天内写出了《学部建立后之教育管见》,分5次在《教育世界》发表,第一次刊发的时间是10月下旬。[①]笔者认为,这篇文章可以称为他在学部任职的纲领性文件,是他改革教育的重要措施,非常重要,原文难以找到,所以把罗琨、张永山已经整理好的照录如下:

第一,开教育讲演会。罗氏说"中国今日设立学部,苦于深明教育者尚

[①] 参考张连科:《王国维与罗振玉》,天津:天津人民出版社,2002年版,第162页。

少",若待深明教育者培养成再成立学部,则将无成立之日矣。提出解决办法是"开教育讲演会",即今日常用的讲习班。请国内外教育家,讲"教育原理、教育行政等,而后渐及精深",可分为数学期结业。此外还"可开临时讲会,如派视学官时,则增讲视学制度之类,凡部中办事之人,上自侍郎,下至司员,皆一律听讲,若尚书能亲临尤善"。部中事务虽冗,但只要每日抽出两小时参加学习班,数月以后,就能知教育大要,再"分科授职,必能事事洽当,教育之发达,乃有望矣"。

第二,修订章程。以前订的章程适应于科举、教育并行,现专一育才于学校,则应酌情修改,如大学"固应相本国之宜定之,而学科结构则与外国大学不能殊异"。又如小学学制九年,"初等小学之学科已能精深至于五洲各国,恐无此理"。而且学制太长,加上中学八年,入大学专科前已读十七年书,大学毕业年将三十。"将以何时为办事之岁月乎?""此次兴学方始,章程早改一日,早得一日之益。"而修订以前应先在讲习班"讲演教育原理与各国学制",这样修订时才不至于只凭理想而有所借鉴。

第三,养成师范。再论成立两级师范及师范传习所的办法,经三个梯队的前后相继,"五年以后,小学可遍立而基础固矣"。

第四,各府迅立中学校。提出"今科举遽停,各省抚多留意安置老生,而缓于教育少年之生徒,此误也"。对于超过小学年龄的少年,"十人中居五六,此急应为之设法",因而急需设立中学,学制暂定四年,第一年为预科,后三年学本科。每府立一学校,生徒至少三百人,外国教师七八人,"令学生贴膳及学费,岁二万元①足矣,当就各府所有宾兴书院考费积谷等费充之,不足再于完粮时加串费以充之"。认为"兴学之费与其立苛细各捐,不如仍取之于地丁,所加甚少而积之则多,至各处积谷徒饱劣绅之囊橐",不如充之学费。至于"聘教员于国外,暂时虽似失利,然此系无可奈何之举,譬如求谷种于外国,一熟以后,不复再求"。这些中学毕业生或入高等及各种专门学堂,或入高等师范,开教育研究科,半年至一年,即可任小学教师,以助小学的普及。

---

① 这里的"元"不是现在的货币单位,而是指民国的银元。下同。

第五,亟立高等专门学校。倘若财力不足,可数省共立一所,或文科、或理科、或医、或工、或法,聘请外国大学专家为讲师,学制五年。每年每所学校费用至少十万元,"各省合筹,尚易为力"。当时官费留学生很多。仅以留日学生,"近公私费生将五千人",以半数为官费计,学费、装费、津贴每人每年约四百元,总计一年"六十万矣,省此一项,即可于国内设完全之高等学堂六所",毕业生或入大学,或充中学、师范任教,"较之在外国短期修学,所得多矣"。

第六,省外国留学生而兴国内教育。选派留学生必当"外国语娴熟,已卒高等之学科","捐巨金于海外,以修普通学,非计之得者"。

第七,卒业学生不必仍用科举出身。

第八,各省学务处宜直隶学部。

第九,勤设地方教育公所。教育公所直隶于各省学务处,照学部之法开教育讲习班,培训各学堂办事人及教育公所绅士。

第十,严禁因循苟且教育。

第十一,罢学使。

第十二,安置年老诸生。

第十三,划定经费。以便于筹措,保证落实。

第十四,定视学制度。学部及各省学务处都应设视学官,巡视各级学堂学科是否完备,教职员是否胜任,对该地教育总体情况及改进意见要写成报告"以资参考,此亦兴学之要图也"。

第十五,译印书籍。提出开教科书编纂研究会,以研究编纂之法,然后从事编辑,还要译印中西教学参考书。

第十六,制造学校用器。提出仅上海一埠购买外国教具、仪器等岁约数十万金,全国要教育振兴,所需要增加数十百倍。"此项经费尽为外人所得,甚属可惜",而且"本国所用标本,应用本国物产"。要聘专家进行调查制作,其它教具"宜雇佣外国技师,令生徒传习,一一仿造,一面挽回利权,一面取便教育,此亦必要之事"。

第十七,创图书馆、博物馆、教育陈列馆。

第十八,兴实业教育。

第十九,振兴医学与法律。提出大专学校均立医科,学法律除办学校外,"宜令各省开政法讲演会",层层培训,普及政法知识,"将来宪法立后,所有议士,不至无议员之知识矣"。

第二十,兵事教育。高小以上,设兵式体操,为全国征兵之准备。

第二十一,罢捐纳,捐官改为虚衔的鬻爵。

第二十二,奖励宿学及教育有功者。①

提出这 22 条措施的目的,从"教育之发达""全国要教育振兴""兴实业教育""振兴医学与法律"这些文字看,就是全面振兴我国各项教育事业。从"挽回利权""为全国征兵之准备"看,最终目的还是通过教育使中国更富有、更强大。这些目标都与我们当前的教育目标相吻合。可见,从罗振玉写这篇文章开始计算,一百多年来,我国的教育工作者都在为富强中国而努力,我们也要像罗振玉这样为中国富强出谋献策、贡献力量,才能最终实现这个目标。对于中学生和大学生来说,我们要像罗振玉那样自幼树立远大的志向并通过各种途径为实现这个志向而不断努力。

在具体措施方面,他针对当时学部懂教育的人不多的问题,提出的解决办法

---

① 罗琨、张永山:《罗振玉评传》,南昌:百花洲文艺出版社,2015 年版,第 44—47 页。

是一定要让国家重要的教育管理者参加短期学习班来快速掌握教育管理的知识。具体措施都很详细,如聘请国内外教育家讲课,每天学习两个小时。这一建议非常重要,即使就现在的管理者而言,也不能忽视他们自身的学习。否则,无异于让一个盲人引路,必然会出现大问题。第二条就是修订当时的章程,认为那个章程并不能适应当时的需要,学科设置不能与外国的差别太大,否则很难赶上发达国家;认为学制太长,大学毕业就快30岁了,肯定不合理。

在选派留学生方面,必须要求外语娴熟且大学毕业,这样不至于浪费大量金钱到外国学一些普及的知识和技能,而我们现在很多家长让孩子在外国上大学就面临着这个问题,留学国外要真正学到东西,而现在很多人到外国留学的目的只是所谓的"镀金"而已,这当然是"崇洋媚外""外来和尚会念经"的错误观念和不良风气影响的结果。现在,越来越多的人认识到,不少留学国外的"海归"人员的能力并不比只在国内学习而有真才实学的人强。如新华网2013年的报道《光环褪色 中国"海归"就业难逐渐凸显》说:"就读于英国艾克赛特大学市场营销专业的小尹……'除了更出色的英语能力和更纯正的英文口音,其他的优势似乎并不明显。'……近年来,出国留学门槛降低,留学人员素质良莠不齐,'海归'的含金量受到置疑,'海归'群体从前所拥有的光环也在逐渐消失。……近日发布的《中国海归发展报告(2013)》显示,2012年,中国留学归国数量达到27.29万人,同比增长近50%,为历史最高值。预计未来5年内,中国将迎来回国人数比出国人数多的历史拐点。……'"海归"人才就业难应该说是一个正常现象,反映了国内人才评价体系日趋完善,用人单位不再盲目"唯身份论",而是把人才综合素质作为选人用人第一准则。'著名教育专家、21世纪教育研究院副院长熊丙奇说。……专家认为,目前许多学生在留学专业的选择上,扎堆热门专业的现象非常普遍。这种盲目跟风导致留学生回国之后彼此之间的就业竞争异常激烈。熊丙奇说,出国留学不应盲目,应在充分了解国外教育体制、教育环境、想要选择的学校、专业情况之后,结合自己职业预期和特长选择留学专业。"①笔者认为,这种盲目选择热门专业留学的学生或家长很多都是为了"镀金"后回国好就业、拿高工资。可想而知,这样的"人才"回国后是难以做出大成就的。

---

① 张卉、艾福梅、高竹:《光环褪色 中国"海归"就业难逐渐凸显》,新华网2013年11月11日,网址 http://career.eol.cn/kuai_xun_4343/20131112/t20131112_1038364_1.shtml。访问时间:2017年2月14日。

有的观点,罗振玉不但是这么说的,也是这么做的。例如他建议建立"视学制度",1906年就去直隶、山西考察教育,1907又考察了河南、山东、江西、安徽的学务。还写了考察报告,其中一则《山东学务调查总说》发表在《教育世界》第13期上。

有的观点是针对当时的教育弊端来说的,如第十条严禁沿袭旧制、敷衍应付的教育,这种情况当时很严重,而现在恐怕也不是不存在。有些教师不管教育改革如何,不管学生的接受程度怎样,始终按照自己的老一套进行教学,无法引起学生学习的兴趣。不少教师对学生的教学态度就是敷衍了事,上课只顾自己讲,不管学生能否听懂;改卷子只顾省事,不按评分规则给分,结果学习好的成绩不高,学习一般的成绩也不低,严重影响了学生的学习积极性。所以罗振玉这个观点也值得我们现在的教育工作者好好反思。

他提出设立教科书编纂研究会等一系列建议现在已经在各大出版社和一些大学得到了实施。怎样编一套适合当前学生的课本?这个问题应该在充分考察学生的实际情况之后再进行深入的研究和讨论,不能只迷信某个专家的说法。

有些建议应该是着眼于使我国教育进一步大发展的长远规划,如建设"教育陈列馆"一项,目前很多地方都没有实施。陈丽霞在2010年指出:"上海拥有大约110家各类博物馆、纪念馆、陈列馆,题材涉及历史、艺术、科技、地质等众多领域,唯独没有一家以教育为主题。"[1]如陕西师范大学是西北地区最好的师范类大学,但直到2017年才把教育博物馆建好。该教育博物馆是"目前全国唯一的一个综合性教育博物馆,也是全国高校规模最大、设施一流的博物馆"[2]。就国家层面而言,目前,我国还没有一所综合性的国家级的"中国教育博物馆"。早在2002年全国政协委员庞丽娟就建议"尽快建立中国教育博物馆"[3]。2004年阜阳市政

---

[1] 陈丽霞:《全市110家博物馆无一关乎教育——政协委员呼吁建立上海教育博物馆》,《联合时报》2010年9月10日第1版。

[2] 陕西师范大学基建处:《程光旭校长检查我校教育博物馆工程进展》,陕西师范大学网2017年4月17日,网址 http://www.snnu.edu.cn/inf.php?id=19029。访问时间:2017年5月20日。

[3] 钟伟:《全国政协委员庞丽娟建议:尽快建立教育博物馆》,《中国教育报》2002年3月6日第4版。

协委员张晓枫也建议"建立中国教育博物馆"[①]。2013年庞丽娟再次呼吁"建立中国教育博物馆"[②]。2015年全国人大代表周洪宇也呼吁"建立国家教育博物馆刻不容缓"[③]。从庞丽娟提建议开始算,到现在已经15年了,多人呼吁建设的"中国教育博物馆"还没有多少眉目。这项工作仍需要我国广大教育工作者及社会各界有识之士共同努力。而在112年前罗振玉就提出了这个建议,可见他是多么有远见卓识啊!

罗振玉还没任职学部就发表了《学部建立后之教育管见》,还在守丧就去学部任职、服务教育,他还提出了很多有价值的革新教育的措施,其中很多措施直到一百多年后的现在都有重要的借鉴意义,为我国教育事业的发展做出了巨大贡献。这种一心一意献身教育的精神值得我们现在的教育工作者认真体会和学习。

---

① 胡海燕:《安徽阜阳市政协委员建议:建立中国教育博物馆》,《人民政协报》2004年8月24日。
② 江涛、金卫星:《建立中国教育博物馆》,《教育育人》(高教论坛)2014年第3期。
③ 周洪宇:《建立国家教育博物馆刻不容缓》,《中国教育报》2015年3月11日第12版。

第二章

学校教育重趣志,实践探索成大师

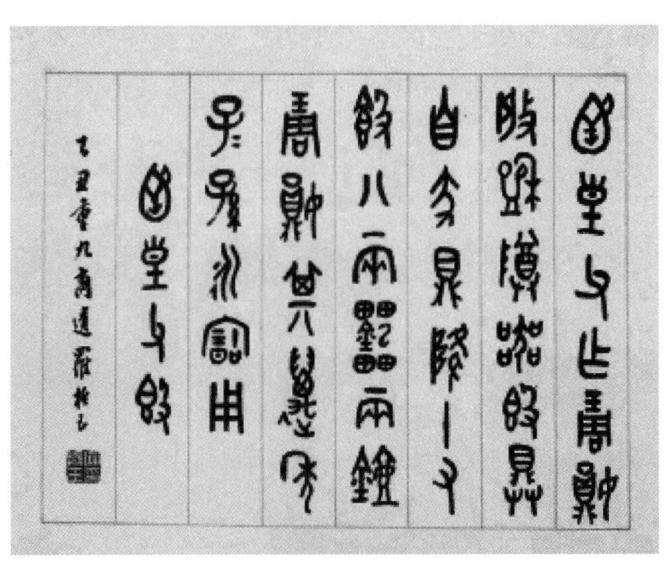

罗振玉大篆书法

在学校教育方面,罗振玉在教育管理工作上做出了突出的成绩,那么他自己所接受的学校教育又是怎样的呢?这一章,我们就来了解一下他从幼儿园到中学这一阶段的成长经历。

从幼儿园到高中的学校教育,对于学生发展起到了关键作用。这个阶段正是培养孩子各项能力的关键期,不但要注意德、智、体全面发展,还要注意因材施教,多鼓励孩子,这样才会引起学习兴趣。此外,还要让孩子从小就树立远大志向,让他们学会独立思考,最终根据个人的情况选择自己的人生之路。对于这个关键阶段,也许罗振玉的经历会给我们带来一些启示。

第一节 施教因材早有成

罗振玉1866年8月8日出生,小罗振玉十分聪颖,表现出非同寻常的智力水平。他的私塾老师叫李岷江,字导源,也是他父亲罗树勋的授业老师,是一个山阳县的拔贡生。所谓拔贡生是清代国子监贡生名目之一,每12年由各省学政选拔在文章和品行两方面都优秀的学子,其中在府学选2名,州、县学各选1名,经过总督和巡抚的考核,合格者进入京师国子监肄业,这种肄业者称为拔贡生,又叫拔贡。按照清朝的制度,自乾隆七年(1742)开始,规定每12年(逢酉年)在科考生员中举行一次拔贡考试,由各省学政轮流到各州、府主持考试,共考两场,第1场考四书文一篇、经文一篇;第2场考试论一篇、策一道、判一条。后增加五言八韵诗一首。嘉庆七年(1802)又规定,各省拔贡,限令于五月到京,六月上旬在贡院参加朝考,考试内容是四书文一篇,五言八韵诗一首。取入第一、第二等者,定期在保和殿复试,复试入选一等者任七品京官,二等者任知县,三等者任教职(入国子监肄业)①。由此可见,拔贡生是全国考试中的非常优秀的学生,自然是学富五车了,有这样的老师是很幸运的。

这位李老师看到小罗振玉身体柔弱,就因材施教,慢慢培养他的学习兴趣。不像对他的两个哥哥那样讲得很快、要求严,相反,对他讲得细致而缓慢,让他慢慢消化那些知识,还启发他思考问题,鼓励他多发疑问,敢于怀疑前人的观点。

这样天长日久,小罗振玉有了兴趣,也就进步神速,我们看他的表现如何。

7岁的小罗振玉上私塾与只是读读、背背、写写的孩子不同,他有浓厚的学习兴趣,所以会用心思考,总是问个为什么,读而有疑、疑而有悟,这才找到了读书的门径。他不但在课堂上刻苦读书,勤于思考,而且把学到的知识应用到生活中。

---

① 何本方等主编:《中国古代生活辞典》,沈阳:沈阳出版社,2003年版,第301—302页。

1873年的端午节那天,8岁的小罗振玉跟随李老师、叔叔罗树棠去市场,这次出去,眼界大开,觉得什么都是新鲜玩艺儿,又很有好奇心,所以看得他目不暇接。就是这一天他第一次看见工人打铁,一看就被那个场景吸引了,只见火炉边一位壮汉袒胸露乳,汗流浃背,手举大锤,一锤下去,随着叮的一声闷响,火花四溅,甚是好看。

于是就问:"李老师,这个人用这么大力气打红色的东西是干什么用的呢?"

李老师说:"这叫打铁,用处可大着呢,我们除草的铁锄头就是这样打出来的,还有犁地的铁犁、割草的镰刀,好多都是他们这样做的。"

这时他叔叔突然来了灵感,想出一个对联考考他,说:"侄子啊,我出个对子考考你啊。你看他打铁用的大锤是铁的,打的也是铁块,这就有了我的上联,叫'铁打铁',你来对下联怎么样?"

他马上回答道:"柯伐柯。"(意为:拿着斧柄砍伐柯树,第一个"柯"指斧柄,第二个"柯"指柯树)

叔叔一听,有点惊讶,心想:这么快!一个8岁的小孩子不会对出这么有水平的下联吧?于是让他再对一个下联。

他又马上回答说:"人治人。"

这次叔叔才相信他确有真才实学,顿时开怀大笑,对身边的李老师说:"先生教子有方啊!今天才真正领略到先生的高明。"

李老师说:"您见笑了,不是我教得好,而是这孩子天生颖异,有天纵之才,我教过很多学生,像他这么聪颖、听话,又能用心刻苦读书的孩子还是不多的。所以我们一定要好好培养他,这个苗子将来前途无量啊!只是身体弱了些,我以前讲得较快,发现他跟不上,效果不好。后来把课程进度放慢,细细讲给他听,让他课下多多自学。他很听话,照我说的去做,就慢慢养成了好习惯,这小家伙也就来了兴趣,这不,效果就有了!希望你们再好好养养他的身体,他将来可是个栋梁之材啊!"①

从罗振玉儿时读书的情形看,学前儿童和小学生的老师对孩子的影响非常大,老师需要有一颗爱心和耐心,除了采用统一讲授法之外,还不能忽视因材施教的方法,着重培养学习兴趣。我们不能因为一个孩子一时跟不上进度(就像小罗振玉一样),而对他提出过多硬性要求或者加大惩罚力度,这样会使孩子产生逆反心理,也会对这门课产生畏惧心理,最终因为不喜欢老师而不学这门课程。

在具体方法上,要多鼓励孩子,当我们看到孩子的一个亮点时就不要吝啬自己的表扬之语。我们的课堂不能总是由老师讲而形成所谓的"一言堂",要抓住机会启发孩子多思考问题,让孩子敢于在课堂上发言,即使说错了,也要多鼓励他。

还有一点需要注意,不论是幼儿园的教育还是小学教育,都要把养成好习惯作为重要教学目标,而不能一味地关注传授知识。好习惯的养成需要老师和家长的共同努力,家校多沟通,形成教育合力,就容易成功;否则一方加油,一方泄气,就往往失败。

当然,孩子正在长身体的关键阶段,我们也不能忽视幼儿园和小学的饮食营养。

---

① 以上内容参考罗琨、张永山:《罗振玉评传》,南昌:百花洲文艺出版社,2015年版,第6—7页;罗振玉著、文明国编:《罗振玉自述》,合肥:安徽文艺出版社,2014年版,第3—4页。

第二节　考中秀才展志趣

1881年,罗振玉16岁了,开始学习写八股文。4月时,大哥和二哥去上虞县参加童子试(科举中录取秀才的考试),这个时候罗振玉只能写半篇八股文,也跟着哥哥去尝试参加这次考试。没想到到了杭州就喉病复发了,将近20天不能好好喝水喝粥,身体很虚弱。恰恰在这个时候,遇到孝贞皇后治丧,所以考试的日期改为6月,罗振玉才能够参加这次考试。让人想不到的是,学政张泐卿很赏识他的试卷,想把他录取为第一名,但是看着内容又不像是个孩子的手笔,于是拆开密封线看他的信息,发现才16岁,这一看更加怀疑了,他觉得一个16岁的孩子应该写不出这么老道的文字。于是在面试时拿着他的试卷让他当面讲解,罗振玉确实讲得不错,这才不怀疑他。张学政鼓励他说:"我每次都参加童子试的阅卷,还没见过一个秀才像你这样能写出这么好的文章的,但是啊,你年龄太小了,要有长远打算,不要急着考取功名。"最后发榜一看,罗振玉得了第七名,而他大哥才得了第二十四名!这样他就进入县学学习了。

这次出门不但考中了秀才,而且大开眼界。他更大的收获就是在杭州参观了郡庠①,看到了宋高宗写的《孝经》刻石以及清代经学家阮元仿刻的《石鼓文》。他被这些深深吸引,而且还亲手拓了一套《石鼓文》。然后游览西湖,他又看到山上的唐宋人的题诗,忍不住用手轻轻地一个字一个字地抚摸着,观赏了很久都不想离开,想买一份拓本但是买不到,感到十分可惜。

在一个名为醉经堂的书店里,他遇见了当时的会稽县的教官汪曰桢②老先

---

①郡庠(xiáng):即府学,比县学高一级的官方学校。清代根据地方区划设有府学、州学、县学、社学。

②汪曰桢(1813—1881):字仲雍、刚木,号谢城、薪甫,浙江乌程人,官至会稽县学教谕,精于史学、数学、音韵学、天文、历法。著作有《二十四史日月考》《古今推步诸术考》《甲子纪元表》《万年书》《四声切韵表补正》《荔墙词》《历代长术辑要》《古今朔闰考》等。

生,当时他已经 70 岁了,是当时很有名的饱学之士,罗振玉主动向老先生问好,并请教了一些问题。没想到二人谈得很投机,汪先生觉得罗振玉很不错,是个读书的好苗子,于是鼓励他继续努力,并把他辑刻的《荔墙丛刻》赠送给罗振玉。

此外,罗振玉还有收获,在旅馆里,他遇到了当时因收藏古砖而闻名的吴廷康①老先生,罗振玉向他请教了收藏的知识,并请求看看他的书,康先生说还没整理成书,但赠送给他 4 幅古琴拓本。②

在从杭州回家的路上,一天,他与他父亲的好友单恩溥同行,谈到杜甫、陆游的诗歌,单先生问他最喜欢哪些诗句。罗振玉说:"我最喜欢杜甫的'致君尧舜上,再使风俗淳'和陆游的'外物不移方是学''百家屏尽独穷经'。"单恩溥很高兴,赞扬他说:"这个孩子不得了,有大志向,将来可不是用一个遵从儒家学说的读书人就可以概括得了的人物啊!"罗振玉乘机请求他把陆游的诗句写成楹联帖子,单先生很愉快地答应了,于是这两句诗就成了罗振玉的座右铭了。③"外物不移方是学"的意思是只有不受外界事物的干扰,专心致志地读书,才算是真正的学习。"百家屏尽独穷经"的意思是抛弃百家的看法而深入研究经籍。可见相当于现在初中生的罗振玉的志向是专心地读经学之书,最终能经世致用、报效国家。

罗振玉这次考试收获很大,最大的还不是考中秀才,而是他得到了学政张沄卿,教官汪曰桢、吴廷康、单恩溥的鼓励和指点,看到了比书本上的内容更鲜活的东西——《孝经》刻石和《石鼓文》刻石,得到了《荔墙丛刻》和 4 幅古琴拓本。这不仅使他增加了学习的兴趣,而且培养了他收藏的爱好,为以后的学术活动奠定了基础。

这段经历对于他一生都是很宝贵的,我们得到的启示至少有以下几点:

---

① 吴廷康(1799—1873):字康甫、赞甫,号元生、晋斋、茹芝等,安徽桐城人,工于书画,精通金石考据,著作有《慕陶轩古砖录》等。
② 参考罗继祖:《我的祖父罗振玉》,天津:百花文艺出版社,2007 年版,第 6—7 页。
③ 参考罗琨、张永山:《罗振玉评传》,南昌:百花洲文艺出版社,1996 年版,第 8 页。

一、作为学生,要多向长辈和专家虚心地请教和学习,吸取他们的宝贵经验;作为老师,应该多发现孩子的优点,从而多鼓励他。

二、在教学中,多利用鲜活的学习材料进行讲授,这样更能培养学生的学习兴趣。而兴趣是最好的老师,也最为重要。笔者在陕西师范大学攻读汉语言文字学硕士的时候,跟随著名古文字学家王辉[①]先生学习古文字时,他不但在课堂上给我们讲古文字,而且还带着我们到陕西历史博物馆参观并讲解了里面的铜鼎、瓦当、铜镜上的文字,我因此对古文字更感兴趣了。这比只在书本上看到的图片更真实、更清晰,更能培养学习兴趣。记得当时笔者颇有感慨地写了一篇观后感《一堂"鲜活"的古文字课——随王辉教授参观博物馆,学习古文字》,这篇文章被陕西师范大学"周秦汉唐文字研究中心"网刊载。

三、眼界要开阔,兴趣要广泛,接触的东西多了,学问自然逐渐广博。

[①] 王辉(1943—):陕西高陵县人。现为陕西省考古研究所研究员,陕西师范大学文学院教授、博士生导师,主要从事古代文字与先秦历史文化研究,著作有《古文字通假字典》《秦文字编》《秦铜器铭文编年集释》《秦文字通论》等。

第三节　透察科举写人生

对于科举,罗振玉的看法与哥哥罗振銮的不同。哥哥认为要振兴门户非得从科举下手不可,所以狠下功夫。而罗振玉似乎对科举不抱有多大的期望,他认为参加科举考试,考中与否完全操纵在人家手里,只有潜心做学问才由自己掌控,学到的知识和研究的成果别人是抢不走的。

从罗振玉的看法可以看出,当时罗振玉应该看透了科举考试,或许他得知当时的徇私舞弊现象很严重,贫寒饱学之士屡考不中,所以就认为无钱无势的人很难通过科举走上仕途。

但是父亲罗树勋却说以前让一个盲人算命先生给罗振玉算过,那个人算得很准,他说罗振玉有做官的命,可以通过科举入仕为官。所以一直坚持让罗振玉参加科举考试。罗振玉为了安慰父母,就同意了。在1882年与哥哥一起去乡试①,结果兄弟俩都没有考中。

1882年乡试后,罗振玉在返回的路上临时决定绕道到江宁看父亲,在书店里见到一套《皇清经解》,他十分感兴趣,因为书里汇集了清代学者们对经书的见解,共188种,1000多卷,还是阮元辑刻的,他没钱购买,就告诉了父亲他想买,父亲见他有这个兴趣,很高兴,当即表示支持,就出了30千钱买了给他。他得到这部书十分欣喜,就像得到了一个宝贝似的,天天读书,还制订了读书计划:每天读三册,一年读完。他在一年内把这部书从头到尾一字一句地研读了3遍。后来他在《集蓼编》回忆说:"我听前辈说过:读书应该一个字一个字地认真读,

---

① 乡试:清代的正式科举考试分为乡试、会试、殿试三级。乡试是正式科举考试的第一关,在各省省城和京城举行,每三年一次,在农历八月举行,乡试考中就称为举人。乡试是最难的一关,据记载,大体上是100位秀才考上1个举人。

每一个字都不要忽略。""对于那些观测天象以确定时间的书、古代天文历算之书,我虽然读了不明白,但是也勉强理解一些。我现在稍微知道了一些读书门径,大概也是因为那时读了《皇清经解》这部书。"①

当时,罗振玉读书的时间不像现在这样,他是白天为衣食而奔走,只有晚上才有时间读书。即使白天很劳累,他也会每天准备好两盏灯的油,总是当灯油用完后再睡觉。这时他就听到鸡叫声了,然后睡1个小时,这样由于睡眠时间太少,一年后就得了严重的失眠症。后来在1884年娶妻之后生活有了规律,失眠症才渐渐痊愈。

娶妻生子之后,他是这么读书的:当时只有一丈见方的书屋,放了一张小床榻,每天晚上就在这里读书,他妻子范氏先帮他整理好书桌,然后在旁边缝衣服,儿子哭了就去哄哄,他总是在夜里12点左右睡觉,妻子也一定为他整理好书、铺好被褥,才去陪儿子睡。妻子和儿子在他读书时往往都不说一句话,怕妨碍他读书。

有了贤妻的大力支持,他读书进步很快。为今后的学术之路打好了基础,从此进入了治学领域。

求学时期的罗振玉也可能受到了大哥罗振鋆的影响。《永丰乡人行年录》中记载,大哥罗振鋆常说:读书人处在贫贱的境况中,应当奋发图强。所以罗振鋆全力以赴准备科举考试,到了20岁之后才开始留意训诂名物,认为读书一定要先识字,而识字最重要的是辨别正字和别字,辨别正字、别字最重要的是要熟读《说文解字》以及多看唐代以前的碑帖,所以常与罗振玉租赁碑帖来读。②

罗振玉的读书过程是从读经史之书开始的,后来深深地感受到古碑刻对经史的考订意义重大,所以非常重视碑刻资料的收集和整理。他首先校勘了王昶的

---

①参考罗琨、张永山:《罗振玉评传》,南昌:百花洲文艺出版社,1996年版,第11页。
②罗继祖编:《雪堂类稿·永丰乡人行年录》,沈阳:辽宁教育出版社,2003年版,第7—8页。

《金石萃编》160卷,这本书收录了从秦代到宋代的碑刻多达1500种,内容包括铭文、考释、前人题跋、按语等,十分丰富。但是有一些讹文、误字和漏字。当时因为他们没有碑刻拓本,又没钱买,就租赁拓本用来校勘《金石萃编》。

那时,有一个山东碑帖商人刘金科常常带着陕西、河南、山东等地的碑刻拓本来到淮安贩卖,如果租赁需要每一份付款20钱。罗振玉从1883到1885年间共租赁碑刻拓本800多通,因为太多,他就与大哥罗振銮一起研读校勘。他们二人各自在自己的屋里挑灯夜读,双手十指都被染黑了,然后再摸摸脸,脸也黑了,两个人见面时相互一看,都禁不住哈哈大笑。这样,他大哥写成了《碑别字》一书,共5卷。后来,他大哥去世,他让儿子罗福苌接着增补,作《碑别字补》5卷。而他完成了《金石萃编校字记》,内容是对照碑文把《金石萃编》失收的字补充上去,把讹字、误字都改正过来。他还把孙星衍、邢澍合著的《寰宇访碑录》中的讹误修改过来,作《寰宇访碑录刊谬》1卷,在28岁时又写了《补寰宇访碑录刊谬》1卷和《再续寰宇访碑录》2卷。这些都是对前辈的观点进行修正和补充的书。

他还在1884年写成了两部有分量的书《读碑小笺》和《存拙斋札疏》。《读碑小笺》是以碑刻证经史之书,收录了笔记99条。值得说明的是他订正的书很多,有《说文解字注》《集古录》《金石录》《中州金石记》《字汇》《正字通》《宝刻类编》《授堂金石跋》《关中金石记》《曲阜志》等20多种书。这说明他当时就已经读了很多书,而且能够融会贯通。《存拙斋札疏》是他对经典中语言文字进行的考订的汇集,比如他证明《论语》"温故而知新"的"温"本字是"蕰"字。清代经学大师俞樾看了这本书却误认为罗振玉是本朝有名的老前辈,还在他的《茶香室笔记》中摘引了好几条。可见罗振玉的学问和文章水平是多么高深。后来,有人把这本书送给江宁的著名学者汪士铎①看,汪先生评价说:"这本书还没有一卷的内容,但是很多地方考证得很精辟翔实。""作者虽贫寒,但是刻苦著作,年龄才20岁,就已经成果显著,可见他是年轻人中少有的德才兼备之人!"

他大哥罗振銮在1882年和1885年参加了两次乡试都没有考中,却在1886年

---

① 汪士铎(1803—1889):原名鏊,字振庵、梅村、晋侯,号悔翁、芝生、无不悔翁,江苏江宁(今南京市)人,清代地理学家和文史学家。著作有《汪梅村先生集》《南北史补志》《水经注图》等。

得了流行性传染病而死。这使他非常伤心,也影响了他对科举的看法。

1888年,罗振玉又遵从父亲的命令跟随山阳县杜秉寅①学习写八股文,期间,他写了一篇得意之作,语言文字运用得很好,得到了杜老师的表扬,但是这篇文章有一个致命伤就是不符合八股文的规范,从此他对科举丧失了信心。这一年他本不想考了,但是父亲命令他去考,他就勉强考了一次,果然没有考中。从此,罗振玉不再存有侥幸的心理参加科举考试了,而是专心做学问。

后来,中国现代著名历史学家、文献学家张舜徽先生评价说:"罗振玉三十岁以前的将近二十种的著作,绝大部分都有刻本行世。那些著作内容极为广泛。而他的治学谨严,考证精审,是承乾嘉学者们的学术风气一脉而来的。当他青年时期,海内宿学鸿儒如江宁汪士铎、德清俞樾,都以耄耋之年,久享盛名,他们都对罗氏二十岁时所写的《存拙斋札疏》颇为重视。汪氏亲为撰《跋》,俞氏采取其中精语入《茶香室笔记》。可见,罗振玉在很年轻的岁月里,就已经成为清末学术界的知名人物了。"②

罗振玉从科举之路到学术之路的转变无疑是正确的。在那个大家都走科举之路的时代,罗振玉选择这条路是经过深思熟虑的,也符合他儿时的"外物不移方是学""百家屏尽独穷经"的志向。他多方问路,尽管走得很艰辛,但是进步很快,成果也多。如果罗振玉走上仕途,那么我国可能就少了一位国学大师。

他的这段经历可以给我们不少启示,我想至少有以下几点:

一、对于学习者来说,学习兴趣的培养不只需要师长的引导,更需要自己去多接触和用心学习。罗振玉接触的专家多,各种兴趣自然容易培养起来。除了上课学习之外,学生应该在某些有兴趣的方面进行深入而广泛的学习,这很可能对于他的一生都会产生积极影响。

---

① 杜秉寅(1854—1923):字宾谷,江苏淮安人。清代拔贡,历任知县、知州,民国时期山东有影响力的官僚之一。

② 张舜徽:《王国维与罗振玉在学术研究上的关系》,吴泽主编、袁英光选编:《王国维学术研究论集》(一),上海:华东师范大学出版社,1983年版,第413—414页。

二、学习是一个长期的过程,它不仅需要在学校进行系统的训练,而且需要在校外多向有学养的人士学习,还要多下功夫,在有兴趣的方面长期坚持,这样更有利于取得优异成绩。

三、大学教师要在课堂上注意引导青年学生根据自己的情况思考并选择适合自己的人生道路。现在,很多老师不讲人生规划,很多大学生和研究生们也没有长远打算,毕业后就会迷茫了:人生该怎么走?哪条路适合自己?这可以顺着兴趣的方向去寻找。其实,每个人对适合自己的道路都有一个探索的过程。一开始觉得某条路可以,但是实际情况却像罗振玉在科举中一样,失败后再慢慢摸索到合适的道路上来。

四、在读书、治学方面,如果要取得好成绩,就需要像罗振玉那样认认真真做学问,踏踏实实地多读书、勤钻研。19岁的罗振玉能取得让几位清代大师都称赞的成绩,是他在广读经史典籍的基础上,查阅20多种书,对经典中语言文字一点一点地考订的结果。著名教育家、音韵学家、书法家胡安顺[①]教授常说:要多买书,多读书,读过多少书,学问就有多大。

[①] 胡安顺(1949—):陕西商州人,陕西师范大学文学院教授,博士生导师,现任文学院古汉语教研室主任、西北方言与民俗中心研究员、国际汉语研究所特聘研究员,主要从事音韵学、春秋左传学研究,著作有《音韵学通论》《春秋左传集解释要》《古代汉语》《十三经辞典·春秋左传卷》等。

第三章

爱国救世整乾坤，独扶农教立本根

中年罗振玉

19世纪末,正值而立之年的罗振玉做出了一个决定,从而迎来了人生的重要转折点,这时的他才真正地站了起来,开始凝望远方,从此他走上了开拓现代农学的道路,踏上了他人生的辉煌之旅。

可以说,罗振玉的辉煌人生是从他的农业教育之路上走出来的。在农业教育方面,罗振玉开中国近代普及农业科学之先声,首先创办了学农社,并办了《农学报》,传播先进的农业知识,成绩斐然,名震全国,这才引起了政府高官的关注,并使政府认识到:农业是立国之本,富强农业是振兴中华的关键措施,不可偏废。振兴农业的主张正是罗振玉爱国爱民思想的重要反映。他在农业方面的思想观点值得我们继承和发扬。

然而,这关键的第一步的走出是艰难的。罗振玉是在负债累累的情况下迈开步伐的。1875年,他的父亲罗树勋在江苏省淮安府清河县(今淮阴县)和同乡集资经营当铺,因为委托的经办人经营不善,仅两年时间就欠债两万金,所以不得不关闭了当铺,债务也就越来越重。从1881年开始,他的父亲去江宁县就职避债,整个家庭债务都压到了罗振玉身上。那些债主天天来催债,有的带着家人住在罗家逼债,一连几个月都不走。为了还债养家,他在1890年到1895年间,在江苏省淮安府山阳县、镇江府丹徒县两地做了5年的私塾教师,就是在这时,他决定南下上海闯天下。

第一节 振兴农业固国基

1894年，此时身在江苏省镇江府丹徒县的罗振玉已经29岁了，一家生活艰难，而家里发生的不幸更是让家境雪上加霜，让罗振玉愁眉苦脸。先是这年夏天他母亲范氏身体虚弱而患了疟疾，再是他妹妹患伤寒而死，而后的秋天他的叔叔罗树棠去世。

这些事都迫使罗振玉思考出路。他做私塾老师的收入只能勉强维持生活，但无法还债，于是，他遵从祖母方氏的教诲：决定放弃家产的一半来还急债，这样才可以让他脱身去外地谋生，这样罗家的振兴才有希望。于是罗振玉哭着请求母亲范氏卖掉一部分家产还债，母亲最终同意了。这样在1895年，罗振玉把泾河岸边的约百亩贫瘠的田地卖了，得到了铜钱一千多缗①，又把100亩肥沃的地做抵押向蒋斧贷款2000缗，这样才偿还了长期拖欠的急债。至此，罗振玉才从债务中解脱出来，开始思考未来的人生之路。

当时的中国，贫困而软弱，罗振玉认为：自古中国都以农业立国，农业是整个国家发展的根基，农业不振是国家贫困和软弱的主要原因。他还想到陆游《放翁家训》的名句："仕宦不可常，不仕则农，无可憾也。"②意思是说：很多人做官是不大可能做得很长久的，人也不可能都去做官，如果不能做官就要去从事农业劳动，务农也没有什么可以遗憾的。

他想：要使中国富强就得先从农业下手，只有农业繁荣昌盛，人民才能安居乐业，才能为国家发展进步做出更大贡献。他对科举腐败有清醒的认识，对很多

---

① 缗（mín）：本指古代穿铜钱用的绳子，后来用作计量单位。1串铜钱叫作1缗，就是1000文铜钱。1000缗相当于1000000文铜钱。
② 王新龙编著：《中华家训》(1)，北京：中国戏剧出版社，2009年版，第176页。

官员也已经失望,靠他们富强农业、振兴中国是绝对不行的。所以他认为自己要干一番事业就可以从农业做起。于是,他找来有关传统农业科学的《齐民要术》《农政全书》《授时通考》等书认真阅读。与此同时,他又读了欧洲人写的农业科学书籍,目的是融合中西农业科学的优点来进行农业改革,使中华振兴。他虽然知道国外新的种植方法可以增收,但是具体怎么操作,他还是从书上弄不清楚。

贾思勰《齐民要术》说过:"夫治生之道,不仕则农,若昧于田畴,则多匮乏。"[1]意思是:谋生的方法包括做官和务农,如果不能做官,就要去务农,如果对农业种植不了解,那么百姓会贫穷,国家也贫困。为了侍奉父母、养活妻子儿女,罗振玉就和蒋斧商量后决定共同筹资去上海创办"学农社"和《农学报》。这样对农民对国家都有利。

1896年春天,罗振玉和蒋斧来到了上海,共同出资创办了"学农社",组织人员购买、翻译和出版日本和欧美的农业书籍,用来指导农业生产。刚开始建立的时候,他散发《上海农学会章程》,广泛征求意见,并争取志同道合的人加入,当时还有人捐献一些沙地作为试验田来加入学农社,并积极准备开荒试种,寻找有经验的人来管理种植实验。还积极推广养蚕,给浙江蚕业局寻找顾问。学农社的主要工作是翻译先进的西方农业书籍。1897年招聘日本人藤田丰八任日文翻译。

后来,罗振玉和蒋斧又在1897年5月创办了《农学报》,传播国内外农业方面的知识和信息。当时两人的分工是:蒋斧任社长,当时叫总庶务,也就是负责全社的各种政务和杂务的工作;罗振玉任主编,当时叫"笔削和编辑",主要负责文稿的编辑工作。现在想来,他们应该是主编负责制,也就是说报社的事务主要靠罗振玉做。刚开始是半月刊,每期大约20版,栏目有农事奏折、条陈[2],农事西报(国外农业生产信息)、东报(译文)、学农会简章、事务等。

当时的上海,主张变法的人士云集,学社和报馆很多,其中黄遵宪、汪康年、

---

[1] 贾思勰:《〈齐民要术〉白话全译》,梁乐、许蕻译,成都:巴蜀书社,1995年版,第11页。
[2] 条陈:旧社会下级向上级分条讲述事情、建议或意见的文书。

梁启超创办的《时务报》影响最大,这个报纸敢于讨论时事政治,办报宗旨是启发人民的聪明才智,维护人民的各种权利。这和梁启超的主张相符合,他在《论湖南应办之事》里说:

> 今天要使中国前进,一定要赋予人民各种权利。而赋予人民权利是本来就应该做的,但是人民的权利并不是一天就可以得到的。人民的权利是从人民的智慧中产生的,有一分智慧,就会有一分权利;有六七分的智慧,就会有六七分的权利;有十分的智慧,就会有十分的权利。权利和智慧是相互依存的。以前当政者想抑制人民的权利,一定要以让人民愚昧作为首要宗旨,而现在我们要赋予人民各种权利,就一定要把广泛地启迪人民的智慧作为第一要义。(《饮冰室合集·文集》之三)①

梁启超又是《时务报》的主编,自然这种"权生于智"的观点在维新派思想家中有很大影响。当时的罗振玉也比较赞同。他在给父亲的信中说:

> 汪康年是我的老朋友,他主持的《时务报》发表的言论正好可以击中当时社会的弊病。是中国最好的报纸,留心时事的人一定不会不读的。②

由此可以推测:当时罗振玉是以《时务报》为榜样的,也应该受到了汪康年、梁启超的帮助。杨直民说:"梁启超氏曾为《农学报》写序,最早刊于光绪廿三年(1897)三月《时务报》第二三册。梁启超慷慨激昂数说当时'学者不农,农者不学'的严重情况,提出农学研究中的十大门目:①农理②动植物学③树艺(麦、果、桑、茶等品皆归此类)④畜牧(牛、羊、猪、驼、蚕、蜂等物皆归此类)⑤林材⑥渔务⑦制造(如酒、糖、酪等)⑧化料⑨农器⑩博议(国内人们有关农务的文章等)。"③但是对于解决社会弊病的办法,罗振玉则走了另一条路:他认为首先要了解西方科学,学习西方国家的先进经验并加以运用。

---

① 译文参考张锡勤:《戊戌思潮论稿》,北京:中国财富出版社,2012年版,第120页。
② 译文参考罗继祖:《我的祖父罗振玉》,天津:百花文艺出版社,2007年版,第25页。
③ 杨直民:《中国传统农学与实验农学的重要交汇》,《农业考古》1984年第1期。

罗振玉在《农事私议》序言中谈到了《农学报》的宗旨：

> 治理国家的长久大计是先使人民富起来，再教育人民。谋生的道理是不做官就务农……近年来西方列强不断践踏、侮辱我国，国内钱财物资面临着枯竭的危险，这个时候充分发挥物质的作用、使民众富裕起来就显得尤为重要，于是我们按照这种思路在农业发展方面进行专门的探讨……这些都是我们对农业技术的一点看法，这些小建议很浅陋，不值得一提，希望在这方面有专长的人提出更好的方法并实施下去。①

可见他研究农业科学的目的是给掌握政权的人提供使国家富强的策略，并希望这些成果能够得到实施。

罗振玉自己也写文章在这个刊物上发表。1897年9月，他在《黔蜀种鸦片法》书后的跋中对当时不少人认为广种鸦片以挽救我国经济权利的倾向进行了批判，提出用种桑养蚕来取代种烟的详细实施方法，并希望朝廷能够采纳。可见他自己也在努力实践他的主张。

1898年，由于社会需求大为增加，《农学报》就改为旬刊，还增加了禀牍②、事状③两个栏目。

在1898年戊戌变法时，发生了4件令罗振玉感到非常欣慰的事。

（一）被推荐参加经济特科考试

经济特科是清末新政特设的科举制科，是选拔"洞达中外时务"人员的科目。由贵州学政严修为破格求才仿乾隆年间的博学鸿词科而开设的。湖南巡抚陈宝箴急于招揽人才，就推荐罗振玉参加经济特科考试。这说明罗振玉是官方承认

---

① 译文参考罗琨、张永山：《罗振玉评传》，南昌：百花洲文艺出版社，2015年版，第19页。
② 禀牍：呈给上级的文书。
③ 事状：陈述事实情况。

的,在当时中国改革大势中,尤其是在农业改革方面有很大影响的人。也可以说官方承认了他的学农社和《农学报》的成绩。虽然罗振玉最后婉言谢绝了,但还是很高兴的。

(二)被询问振兴农业的措施

这时端方任直隶霸昌道,管理京师农工商总局,写信问罗振玉如何振兴农业。罗振玉献策说,应该兴修北京附近的水利设施。后来他提出的这一措施得到了端方的采纳并实施。虽然在实施过程中因为变法失败而停止,但是由此事可知:朝廷的重要官员认同了罗振玉的农业专家身份和所做的成绩。

(三)所办学农社被作为榜样在全国推广

1898年的7月4日,光绪皇帝采纳了康有为的建议,颁发诏书,命令地方官振兴农业,并让两江总督刘坤一咨询《上海农学会章程》并送到总署,又命令各省学堂广泛翻译国外农业书籍。而这正符合罗振玉的意愿,也是他在中国是第一次倡导并实践的,因为所干的事顺应了国家大势,于是更加有精神了。他给父亲写信汇报情况说:"中国农业的转折时机就在当下,平民和地方小官内心都感到欣慰。"又说:"我昨天又与经元善知府计划筹办上虞农工学堂的事,已经有了一些规模。"然而,光绪皇帝"振兴农业"命令,随着维新失败被废除了,初有规模的上虞农工学堂也就无法继续办下去。但是,从此罗振玉与刘坤一成为好朋友,又向人生理想前进了一大步。

(四)学农社没有被关闭,《农学报》没有被封

因为变法失败,当时朝廷封禁了各种涉及政治的学会和报馆,把蒋斧也吓得坚决主张解散学农社、关闭报社。但是罗振玉上书两江总督刘坤一请求把报馆移交给农工商局,刘坤一回信说:

> 《农学报》报社不干涉政治,对民生有益,所以不在封闭之列,至于学农社,虽然有乱党的名字,但是既然是学会,他申请入会也不能拒绝,所以也不必解散,至于把《农学报》社归入农工商局管理则该局有夺取别人的功绩、

*美名的嫌疑,这是不行的。*①

刘坤一不但告诉他不用封禁《农学报》,学农社也不必解散,还让上海道②拨款2000银元使该社维持了下来。这让罗振玉喜出望外,对刘坤一非常感激。后来,学农社改名为江南总农会。

---

① 译文参考罗琨、张永山:《罗振玉评传》,南昌:百花洲文艺出版社,2015年版,第21页。
② 上海道:清朝略高于上海县、松江府,低于江苏省的行政区划。

第二节　编印丛书恰得宜

1901年，为了促进农业发展、农民增收，维持学农社和《农学报》的开销，罗振玉把他们历年所翻译的农书编辑在一起出版，名为《农学丛书》，署名是江南总农会，在1900—1903年石印出版，共7集，包括233种译著，内容相当丰富，体例不求统一，不仅汇集了我国古代农业科学技术的很多重要书籍，增添了不少民间农业生产调查的内容，还全面引进了欧美、日本的实验农学的丰富经验，在传统农学与实验农学的交汇点上，做出了很大的贡献。这些著作在中国农学史上占有重要地位。

罗振玉最初筹资出版《农学丛书》的时候，打算印100套，这样可以卖5000银元，用2500银元偿还印刷费，其余的钱可以维持《农学报》报社。后来湖广总督张之洞提出这套书可以印200套，由他出面让各州县购买，这样可以增加发行量。结果，因为这套书出版后很畅销，就没有请张之洞出面帮忙，一年后卖书的钱除了偿还印刷费和维持报社日常花销之外，还余出了几千银元，这样罗振玉终于还清了他家的所有债务。

1904年，任江苏巡抚的端方，在聘任罗振玉做江苏教育顾问的时候，把这套书进呈给了光绪皇帝。他在《进贡农学书籍折》中说：

> 窃据候选光禄寺署正罗振玉呈称，于光绪廿三年春间，邀集同志于上海创立学农会，考究农学新理新法，译印报章并译农学新书。廿四年，经故督臣刘坤一奏明改为江南总农会。数年以来，所译农学新书，日以增多。兹特汇齐装订，都为五集，恳请进呈御览前来。臣伏查该员罗振玉，力学深纯，心术正大，曾赴日本游历，于学堂教育之法，夙有探讨。近年来在江浙广东省办理学务，皆相倚重。该员创设农学会业已有年。家本寒畯，虽经改为江南

农总会，公家并未助给经费，而所译农书裒然成帙。皆系该员独立支持，未尝中辍。①

转译成现代文就是："臣根据候选光禄寺正②罗振玉的呈文认为，在1897年春季，罗振玉邀请志同道合的人在上海创立学农会（即学农社），查考研究农业科学的新理论新方法，编印《农学报》并翻译农业科学新书。1898年，这个学社经过两江总督刘坤一向皇上奏陈明白后改为江南总农会，多年来，他们翻译的农业新书渐渐增多，现在专门把它们汇集在一起装订成五部文集，并拿到臣这里，诚挚地请求我为皇上您恭敬地献上这些书。臣考察了罗振玉这名官员，觉得他努力学习农业科学已经达到了精通纯熟的境界，并且心底无私、忠厚高尚。曾经去日本考察学习，对于学校教育的方法也早有探索研究。近年来，他在江苏、浙江、广东三省办理教育事务，官员都很器重并且信赖他，这名官员创立学农会已经有多年了。他的家庭本来就贫困，现在他的学农会虽然改名为江南农总会，朝廷并没有给予经费资助，但是他所编译的农业书籍已经汇集成了这么大一套丛书了，这都是这名官员依靠自己的力量勉强维持而没有中断的结果。"

端方的奏折是对罗振玉引进和整理农业科学书籍工作的总结。确实，这套丛书熔古今中外先进经验于一炉，汇集在一起非常有利于指导农业生产。关于这套丛书的内容，罗琨和张永山整理得较为全面，转引如下：

> 它的内容既有传统农学中的要籍《陈敷农书》，又有大量欧美日本农学著作；既有主要农作物的生产经验技术，又对各地种兰、植茶、艺花、养金鱼等需要特殊技术并容易获利的生产项目给以更多注意；既有完整的农学著述，又有重要技术专题的摘编，如《人工孵卵法》系从杨双山《豳风广义》中摘录的。此外还有专题的调查，如《南海县西樵塘鱼调查问答》就是据罗氏提出的问题，由南海陈敬彭回答而撰的。内容相当丰富，所以研究者指出它"汇集了我国古代农业科学技术的不少要籍，增添了不少民间农业生产调查

---

① 转引自杨直民：《中国传统农学与实验农学的重要交汇》，《农业考古》1984年第1期。
② 清朝的光禄寺署正是沿明朝而设的官职，光禄寺有四署，即大官、珍馐、良酝、掌醢，每署设署正一人，是从六品官，是该署的长官。这四署的署正通称光禄寺署正。

内容,反映了当时中国传统农学及其发展方向。它又通过译述欧美日本农书,较全面地引进实验农学的丰富资料"。这部丛书在近数十年来的学术界尚未引起足够的重视,但从农史研究的角度看,它至少是将两种不同发展阶段的农学,即"建立在经验基础上的传统农学"与"以科学实验武装的现代农学","开始结合在一起,初具现代农学的雏形"。"中国农学史的研究,无法绕开它行走"。①

关于书中所涉及的罗振玉的农学主张,杨直民已经做出了很好的总结:

第一,认为农事以辨土性为第一。《农学初阶》书中讲:"是故农学之法,先须辨其土性之所宜,而后锄泥,而后种子,而后粪壅,如之何而蕃熟,如之何而利丰"。书中并列有"以格致考泥""化学考泥"等节,对土壤具体进行理化分析。而对《耕土试验成绩》一书,罗振玉还加了按语,说"右耕土试验成绩,从日本农事成绩中摘译出之,考农事以辨土性为第一,能辨土性方知土性中所缺者何元素,所饶者何元素,然后施肥,乃有把握。中国农民,概施之定之肥料,泥守往制,卤莽因循,不知变通,故译此卷资借鉴焉"。第二,提倡使用化学肥料,在《人造肥料品目效用及其用法》一书,罗振玉的编者识中有:"肥田之物,在化学未发达之前,概用天然肥料,如人畜便溺草木根菱之类,及化学进步,而人造肥料兴焉。人造肥料有数益,功效宏一也,体积减、便运输二也,可按物之持性而施所嗜之要素三也"。编者识中极力主张生产和使用化学肥料。在为《啤噜(即秘鲁)雀粪论》所加的按语中,还有"考近日东西各国多用化学肥料,而中国则至今尚无用之者。此卷文笔拙劣,故刻存之,以资参考。"第三,主张引进良种和科学育种。罗振玉在《农事私议》一书中,提倡各地设立"售种所",用进步方法检验种子,从外国引进佳种,如欧美的麦、美国的棉花和玉米、瑞士羊、意大利蜂、荷兰牛、阿拉伯马等。并依植物学新理,施人工媒合(即杂交)之法,以人力改良植物之种类。第四,种牧草以兴牧业,种豆科植物并取植物枝叶沤腐以供肥壅。第五,创设虫学研究所。罗振玉有发于浙江绍兴塘决后虫害甚烈,有此提议。其中包括(1)购害虫益虫标本,以资考求;(2)购修昆虫学器如显微镜之属以便研究;(3)购

---

① 罗琨、张永山:《罗振玉评传》,南昌:百花洲文艺出版社,2015年版,第22页。

杀虫药品以资试验;(4)植除虫植物如除虫菊之类以广利用;(5)备饲育室以考验害虫性情状态;(6)购益鸟益虫广其传殖,以收天然捕获之功。第六,发展农业中的商品生产,开辟利源,加强出口竞争。在《戊戌中国农产物贸易表》,编辑者颇有感慨地说:"表中所载农贸出入,瞭如列眉,其持论谓中国农事之不修,由于士大夫不讲农学,及无工商辅农",阐明农学不发展的原因之一,有工商业不向农业投放资金物料,可说是触及当时农业技术旧体制的根本。而接着指出"日本以机器入口,制造其土产为物品(商品)输出之,中国则以原料输入他国,他国以制物品复输入焉。"这一原则差别,则直指当时中国经济落后,政治朽败的膏肓要害。罗振玉在给《杭州蚕学馆章程》加注时讲:"大利皆为(外国资本)所夺,今欲挽回利权,非改良养蚕及制茶制丝之术及减轻税厘,别无他法"。[1]

上面所列各条中,使用化肥、建立出售种子的研究所来科学育种、用杂交方法改良品种、种植牧草来兴牧业、建立昆虫学研究所等方面都很先进,直到110多年后的现在,我国还在应用,并且取得了很大的进步。可见罗振玉非常有远见,确实是为了振兴农业、富强中国而在用尽精力、费尽心思。

这对于我们现在全国上下为实现中华民族伟大复兴的中国梦而奋斗的青年来说,尤其值得借鉴并付诸行动。现在的农村很多农民为了挣钱都外出打工从而使土地荒废,而有的大学生反而回到自己的家乡创业,为农业发展贡献自己的力量,这是值得褒奖的。要发展我国农业,就要像罗振玉所提倡的那样,充分借鉴古今中外的先进农业技术,并像袁隆平那样不断在实践中探索改良,而在教育方面也要为培养新一代有文化、有担当、有志向的现代农业专家而不断努力。

罗振玉翻译外国书籍并编辑成丛书,既利于国家富强,又利于广大农民,还对自己有利,罗振玉这种一举多得的做法值得我们现在的青年人好好学习。

---

[1] 杨直民:《中国传统农学与实验农学的重要交汇》,《农业考古》1984年第1期。

第三章 爱国救世整乾坤,独扶农教立本根

第三节 整顿校风兴鄂教

1900年秋天,正在筹措学农社和《农学报》经费的罗振玉突然接到湖广总督张之洞的电报,说请他去武昌任湖北农务局总理,罗振玉回电报说,现在报馆太忙不能离开。但是张之洞一定要让他去,两天内发3次电报催促他去武昌上任。

罗振玉觉得不好拒绝了,于是打算到武昌见张之洞当面辞谢。由于经费不够,那时学生已经毕业了,他想暂时停办学农社,把《农学报》报馆的事务委托给沈纮[①]办,就动身去湖北武昌了。

见到张之洞之后,张之洞问他坚决推辞的原因,罗振玉如实回答:"张大人,臣不是不想做这个差事,只是我一个人在上海负责学农社和《农学报》报馆,现在不仅事务繁忙,而且经费短缺,我正在为经费的事忙得焦头烂额,经过我们研究,我决定编一套《农学丛书》印刷100套销售,不但可以方便研究农业科学的人学习,而且还能解决资金的问题,如果这事不办,学社和报馆都难以生存啊,所以还不便担任农务局总理一职。"

张之洞问:"100套《农学丛书》可以卖多少钱呢?"

他回答:"大概能卖到5000银元[②]。"

张之洞又问:"这个印费需要多少呢?"

[①]沈纮:生卒年不详,大概与王国维(1877—1927)相近,日文翻译家,东文学社的主要成员,也是罗振玉、王国维、樊炳清等人的好友。
[②]这里的"元"是指民国时期的银元,不是现在的人民币。据说当时的1元银元相当于现在的30~50元人民币。

他回答:"需要 2500 银元。"

张之洞说:"你的农报馆的经费,是个小事,我会帮你的,5000 银元至少可以印 200 套,你就印 200 套吧,书印好了以后,我会训示各个州县购买这些书,你不要再为这些事发愁了。现在我想麻烦你帮忙治理湖北省农务局,这个农务局已经成立 3 年了,还建了一所学堂来传授农、桑两门课的知识,总办①那个观察②啊,不明事理,派了一个候补县丞③担任学堂监督(相当于校长),最近,那个候补县丞坚定地告诉我说:这个学堂的学生个个萎靡不振,教师上课不用心,上课时只想着办法要钱,所以一定要把这个学堂关了。我想啊,国家的经费和学生的大好时光都应该珍惜,所以请你来这里任农务局总理兼任这个学堂的监督。你今天就到任办公吧,详细调查一下情况,尽快弄明白告诉我。"

他赶忙推辞说:"张大人,我恐怕难以胜任啊。"

张之洞告诉他说:"您就不要再推辞了,我觉得这事只有你能胜任了,努力干干再说吧。"④

这样罗振玉就不情愿地做了湖北农务局总理(相当于农业厅厅长)和湖北农务学堂监督。

罗振玉出去后,刚好见到那位原湖北农务学堂监督汪凤瀛⑤,当时已经改任幕僚⑥了,汪凤瀛让罗振玉去他屋里,说:"张总督是很急切地盼望您来任职的。

---

①总办:清代后期,中央及地方临时设置机构的长官叫总办或督办。这里的总办与后面的"观察"都指汪凤瀛。

②观察:清代作为对道员的尊称。道员:又称道台,清代的官名。根据清代的官阶制度,道员(道台)是省(巡抚、总督)与府(知府)之间的地方长官。

③县丞:古代官职名,仅次于县令,主要职责是文书、仓库等的管理。这里的县丞是指桑宝。

④参考罗振玉:《集蓼编》,罗振玉著、文明国编:《罗振玉自述》,合肥:安徽文艺出版社,2013 年版,第 17 页。

⑤汪凤瀛(1854—1925):字志澄,号荃台,江苏苏州人,是晚清时期张之洞的重要幕僚。1897 年起,任湖广总督张之洞的总文案(幕僚长),深得张的信任。1900 年起又任张之洞的洋务文案。

⑥幕僚:泛指文武官署中的佐助人员,这里大概类似于近代的副官、秘书,或管理文书及各类档案的"主簿""记室"等职务。

您这次来,应该先办理农务学堂的事。这个学堂里的学生都是败类,没有什么前途的。你应该以快刀斩乱麻的手段使它停办,而张总督现在还犹豫不决呢。您刚到,不知道其中的情形,所以我就告诉您。"

罗振玉问他:"您在那里担任了几年监督呢?"他回答:"3年。"

罗振玉心想:难道这个学校不好的校风,就是他造成的?而他竟然侃侃而谈,丝毫没有一点愧疚的意思,感觉这个人真有些怪异。

于是又问他:"学生都没有培养前途,那把我叫来,就是为了把学校弄停办吗?"他说:"不是,不是,张总督还把全省的农政交给您治理呢。"

罗振玉说:"这个农务局既有总办,又有总理,你们不嫌多余吗?"他说:"是啊,因为张总督认为那个总办桑宝不懂事理,所以专门让您来担任。不免去他总办之职,是因为您现在的身份是诸生①,您给朝廷上报公文比较麻烦,所以除了上报公文时用他的名字,其他方面不会让他干涉您的事。而且总督还想给您捐候选知府呢,让您留到湖北工作,等您有了这个头衔,那个总办就可以免去了。"罗振玉听后大为惊讶,于是托他代自己告诉总督不用捐知府,他却主张一定要捐,于是罗振玉说:"我以前捐过候选光禄寺署正一职,可以告诉总督不用再捐知府了。"他说:"这样就更好了,我一定回去向总督报告这个情况。"结果第二天公文到了,上面的职位还是"湖北农务局总理"。这还是嫌罗振玉官职卑微的原因。这样罗振玉才知道:那个总办是只挂名吃空饷的,这个原监督恐怕也没好好干。

罗振玉感受到这里隐藏的情况还有很多,要把学堂治理好,一定要把实际情况调查清楚。

到任第三天,罗振玉就到了湖北农务学堂,一位姓李的收支委员拿着人员花名册来,罗振玉一看,教师是农科、桑科各两人,翻译有4人,学生共有70多人。

---

①诸生:古代经考试录取而进入中央、府、州、县各级学校的生员。有增生、附生、廪生、例生等,统称诸生。清代叫已经入学的生员为诸生。

于是觉得学生很少,而翻译人员太多。于是他先接见教师,教师都说:"久仰先生大名,现在先生来这里指教,我们非常荣幸。以前学堂的监督汪凤瀛和总办桑宝我们都难以见到,有事都得让收支委员转达,非常不方便,感到很苦恼。以后能让我们直接说吗?"罗振玉答应了。又接见翻译人员,4个人之中有3个是年轻人,是使馆的学生,能说日语,但是不懂中文,都是轻浮又油滑的人;另外一个翻译年龄较大,略懂汉语,是个很阴险的人。又接见了收支员李寿卿,是河南人,说话很粗俗。还有一个收支员是张之洞的老乡侯某,是一个挂名拿俸禄的人。过了一会,总办桑宝来了,并带着学生一起来见罗振玉。桑宝60岁左右,说的都是一些奇谈怪论,让罗振玉感到很意外,心想:怪不得张之洞认为他是个不懂事理的人呢。

之后,罗振玉一天接见一名教师,并亲自上教室检查教学,一个班一个班地接见学生,终于找到了问题的根源:管理者以官僚主义作风治理学校,他们高高在上,不接触教学实际,只是听那个收支员李寿卿的汇报来办事,这样那个李寿卿就可以一手遮天,掌握了大权。他托名冒领薪水,却向张之洞诬告说教师不好好教学而只想着办法要钱。

罗振玉询问日本教师:"为什么学生入学3年了还不能直接听日语课?"他回答:"原监督觉得第一年的课表中日语太多了,说已经有了翻译人员,就不必再重视日语了。我们不便违反命令。我们很希望以后再招新生时不用翻译,直接用日语讲课。"原来翻译人员为了长时间保留自己在这里任教就向监督提议,既然有了翻译,就可以在课表中减少日语的课时,那个监督却采纳了!这样学生上了3年,还是听不懂日语,得借助翻译,而翻译人员译出来的讲义在词句和内容方面都不通。最终影响了学生的成绩。所谓教师"想着办法要钱"都是收支员搞的鬼,监督也被蒙在鼓里。

这样罗振玉把所有问题搞清楚之后,就从批评教育学生入手。向全校学生说:"有传言说我们学堂学风不正,以致有人建议张总督停校,张总督说要珍惜你们的难得的学习时间和国家的经费,所以让我来这里整顿。现在我与你们约法三章:从今天起,你们应该努力学习,端正自己的行为,切实把学到的知识加以应用,这样才能洗掉以前学风不正的耻辱。以后有偶尔犯错的暂时不追究,第二次犯错的要记过,第三次犯错就开除。"

刚开始学生看到新监督罗振玉每天都亲自到课堂监督检查,都很有戒心,半个月以后,有的学生老毛病就犯了,于是被记过了。1个月后,罗振玉观察学生中那5个记过的行为有异常,与翻译人员关系密切,料想他们一定会第三次犯错。果然他们暗中鼓动学生闹事,罗振玉当面训斥他们,并按照公布的规定把他们开除了。从此校风渐渐地变好了。

罗振玉向张之洞报告了整顿校风的经过,并提出两个请求:一、请求辞退那些不称职的翻译人员,暂时找人代替,以后可以废除翻译人员,让学生直接听日语课。二、请求划拨土地作为试验场地,以便进行农业实验。张之洞听了很高兴,同意了,答应把抚标马场拨给学堂。但是那个幕僚汪凤瀛因为罗振玉不但没有接受他的意见解散学堂,反而把学堂整顿得风生水起,让他这个原监督很没面子;而且还要辞退与他关系很好的翻译人员(曾经多次给他好处来迎合他),所以他怀恨在心,暗中派人把辞退翻译人员的事告诉了他们从而拉拢他们,随后让他们拿翻译人员全体辞职来要挟罗振玉。罗振玉马上同意他们辞职,并给王国维、樊炳清发电报请他们来代替,教师们也很满意,这样学校清静了下来,逐渐走上了正轨。①

罗振玉整顿学堂的做法给我们树立了榜样,现在也有一些学校或者部分班级学风不正,我们教育管理者也应该借鉴罗振玉的方法好好整顿一番,要放手干,不要怕得罪人。

---

① 以上内容均参考罗继祖:《我的祖父罗振玉》,天津:百花文艺出版社,2007年版,第36—39页;罗琨、张永山:《罗振玉评传》,南昌:百花洲文艺出版社,1996年版,第26—28页。

第四节　考察日本望平齐

1900年，罗振玉被湖广总督张之洞聘任为湖北农务局总理兼湖北农务学堂监督，在整顿农学学堂过程中展示了他的农务管理才能，得到了张之洞的赏识和信任，从此踏上了仕途。但是也因此得罪了张之洞的幕僚汪凤瀛，汪氏在罗振玉请求拨款这件事上暗中阻拦，所以使罗振玉几次想见张之洞都没有见到。

慢慢地，罗振玉发现：学堂整顿好了，而它所在的大环境却是乌烟瘴气，他在湖北见到的大小官员，对张之洞表面上都是阿谀奉承，而背地里却讥刺①诽谤他，官场上这种阳奉阴违的习气与作风难免会影响到教育上来，学堂之中虽然可以暂时避免，但是如果官场的官僚主义和阳奉阴违的做法无法根治，那么学校也会再次变坏，也必然使罗振玉无法施展拳脚，他想在湖北做出一番事业的理想也就无法实现。罗振玉也不想与这些官员交往，内心非常厌恶他们的行为，所以在1901年就坚决找张之洞辞职了。

从官场规则来看，也可以说作为农学专家的罗振玉对于清末官场还是很不适应的。

张之洞在1901年任命罗振玉为江楚编译局副总纂，之后，罗氏就在这一年的12月14日奉两江总督刘坤一、湖广总督张之洞之命到日本考察农业教育。在1902年2月16日到达日本长崎，参观了长崎农事试验场，当时正在试种大麦、小麦，划分的畦子很好，安排得井井有条，又参观了柑橘园、温室、分析室等。这是他第一次去日本考察农业的大致情况。

第二次去日本是在1909年，罗振玉被任命为京师大学堂农科监督，奉命考

---

①讥刺：指嘲笑讽刺。

察日本农业。根据罗琨、张永山《罗振玉评传》记载,这次考察从6月底到9月,共用了两个多月。主要考察日本的农科大学教育和财政。接下来,我们看看他第二次去日本考察农业教育的经过。

7月3日,罗振玉拜见了京都大学校长菊池大麓。菊池说:"我们这里的学生在大学只学三四年,而真正的治学是在毕业以后。毕业后留校任教的教师,凡是新理论、新观点都要学习参考,教学的时间就是治学的时间。后面还会增加一些社会阅历,所以当时的大人物都出自京都大学。而现在贵国的单位在大学毕业后,大多不根据他所学的专业知识来授予职务,而是随便安排,这样即使是这名学生毕业时的成绩很高,他也会渐渐地把所学荒废了。"这些话至今也值得我们现在的大学教育工作者深思。现在学习与实践相脱节的情况很多,学生在大学里学到的知识在工作中用不到,而工作中急需的知识和能力在大学里又不教不培养,这就造成了财力、物力、时间、精力的极大浪费,对社会发展也是不利的。这确实是一个值得大学教育工作者认真探讨和解决的问题。

此外,还见到了藤田虎次郎、桑田鹭藏、狩野直喜、富冈谦藏等知名学者,见到了已经回国任教的藤田丰八。

7月14日,到札幌参观农科大学时,罗振玉去拜访校长以了解设备投资情况和经费来源情况。校长佐藤昌介说:"这些设备经费在投资时预计是30万,现在已经用了60万了,每年所用的经费都有20万。这些经费的来源是文部省和农场收入,各占一半,至于临时费用则难以确定确切数字。"还认真参观了一个普通教室、两个化学实验室、一个林业学教室,每个教室旁边附有器械室、教员室、藏书室、植物标本室。他们所藏的植物标本多达50000种。而且这所学校的实习树林有3个,且相距很远。

7月15日,又去这个农科大学参观养蚕、昆虫教室,第一、第二农场,制乳室,农具室,水产教室和标本室。还跟随山东留学生去看山东沂水县发现的三叶虫化石。还会见了华侨来了解日本的农租、税务以及开拓北海道的开荒费和缴税的规定。下午,跟随八田博士参观真驹种畜场,八田是一位日本动物学家,这个种畜场始建于明治九年,规模逐渐扩大,所有的种畜比如牛、马、羊、鸡等,都很好。那种母牛产犊已经7月还能每天产奶一斗二升。

7月20日,参观驹场大学。也是先询问建校的投资和经费来源,对方回答说:"每年15万银元。临时费每年用由文部省支出,不能统一。"参观了农科教室、林科教室、林业产物实验所、养蚕室、农具场等。21日,观看农艺化学讲堂和兽医讲堂、图书阅览室等。①

8月11日,考察完毕回国,罗振玉马上积极筹办京师大学堂农科。当时的办公场所是北京马神庙某个驸马的旧府,他就职的第一件事就是申请划拨西直门外钓鱼台的土地来建设新校区并建试验场,不论严寒酷暑,多次到现场检查指导施工。直到1911年秋天才建成,这就是现在的北京农业大学的前身。②

罗振玉两次去日本考察农业科学教育,对建立在科学实验基础上的现代农学及农业科学教育,有了更多的感性认识和深入了解。这些经验直接应用到了创建现代农业大学的过程中,为中国农业发展做出了巨大贡献。

杨直民评价说:"在近世中国农技史有关问题的探讨中,罗振玉在农学方面的活动是不能不提及的。董作宾为罗振玉撰写传略,说罗振玉毕生殚力治学,著述等身。在学术贡献最大的事项上提到五条,一是内阁大库明清史料的保存;二是甲骨文字的考订与传播;三是敦煌文卷的整理;四是汉晋木简研究;五是古明器研究的倡导。实际上,罗振玉在兴办农学会、主编《农学报》、著述编辑农书、兴建农科大学堂,在中国参与开拓现代农学,其业绩与上述五项是不相上下的。""像罗振玉这样三十岁立志学农,在当时农业科学、教育、报刊、译书、撰著,下过十多年工夫,同时在农业学术上达到较高造诣的,尚属不多。"③

回顾罗振玉从事农业科学的教育活动,从1896年创办"学农社"开始,到1909年为止,罗振玉奋斗了13年。也就是说,他从30岁开始立志兴农,前后下了十

---

① 以上参考罗继祖:《雪堂类稿·永丰乡人行年录》,沈阳:辽宁教育出版社,2003年版,第35—37页。
② 参考罗琨、张永山:《罗振玉评传》,南昌:百花洲文艺出版社,2015年版,第28—29页。
③ 杨直民:《中国传统农学与实验农学的重要交汇》,《农业考古》1984年第1期。

几年的功夫,在学术上也达到了较高的成就,对开拓中国现代农业做出了巨大贡献。

农业是国民经济的基础。要大力发展农业就需要更多的像罗振玉这样的既有文化又有事业心的农业工作者,我们要学习他兴农报国的志向,学习他迎难而上的勇气,更要学习他普及农业科学的坚持、创建一流农业大学的努力。

第四章

交友诚挚须同志,团结合作济大事

罗振玉(右)与王国维

罗振玉在教育方面取得的成就离不开他那些志同道合的朋友。

罗振玉的一生结交的朋友不少,然而可称为挚友的并不多。古人云:"近朱者赤,近墨者黑。"意思是一个人生活在好的环境里会受到好的影响,生活在坏的环境里也会受到坏的影响,强调环境对人的影响。对于交友而言,如果结交了志同道合的好朋友,那么大家共同进步、相互帮助,就可以创造辉煌,人生就多了一道亮丽的风景。罗振玉的挚友对他影响很大,帮他取得了不少成就,其中有七位挚友给人印象深刻,其品格和学识犹如北斗七星般璀璨,令人钦佩,他们是路岯、邱崧生、刘梦熊、刘鹗、蒋斧、王国维、藤田丰八。

罗振玉与七位挚友的交往经历会给我们带来几堂友情教育课,这或许会给我们带来一些有益的启示。

我们先谈路岯和邱崧生,他们都是罗振玉在淮安时的老朋友,他们在生活上和学术上都对罗振玉有很大帮助。我们也可以从罗振玉朋友这个角度来侧面了解罗振玉。

第四章 交友诚挚须同志,团结合作济大事

第一节 正直爱国路山夫

路岯(1839—1902),字山夫,号笑逢,又称清虚道人,陕西周至人。他在北京出生,后来跟随父亲到南方读书,他的曾祖父、祖父、父亲、叔父都通过科举考试做了官,所以说他出身于祖辈都善于写文章的官宦之家。

他自幼在优越的学习环境中成长,再加上聪颖、勤奋,进步很快,19岁时就在乡试中举,受到了当地人的赞扬。他刻苦学习,涉猎广泛,在诗文书画、金石碑刻、小学音韵、经史辞章等方面都有相当的造诣。尤其是他的书法,师承何绍基、包世臣,风格浑厚精湛、变化无穷。1864年他因祖上有功而做了州判,在安徽做官,后来因为围剿捻军有功而升为知县,1871年被任命为直隶州知州。他在任期间能体恤民情、勤于吏治,但是因为他秉性耿直不阿,不愿意迎合上司而得罪了上司,所以在1876年被以"举止轻浮,办事任性"的理由而弹劾罢官,当时才37岁。

之后,他本来想回到家乡周至,但是因为两袖清风,做了10年的官都没有积累一点钱财,就投奔江苏淮安府的哥哥路崇了,所以在淮安城东北角定居。因为在清初名人边寿民的"苇间书屋"的西边,又因为仰慕边先生的人品,就把居室命名为"苇西草堂"。此后,他在淮安的26年间因品性高洁、正直豪爽而吸引了当地的刘梦熊、刘鹗、邱崧生等众多文人在那里相聚,影响很大。

1883年冬天,罗振玉在淮安结识了路岯,并因为仰慕路岯的学识和人品而拜他为老师,两人亦师亦友。

后来,罗振玉在《前安徽建德县知县直隶州用路府君墓志铭并序》中说,他们经常谈金石考订的问题,从早到晚,不管天气寒热都是如此。可见当时的罗振玉求学的心情是多么的迫切。还说,在那里,罗振玉也和刘梦熊、刘鹗、邱崧

生、蒋斧等人一起拿出金石书画，相互品评娱乐，也偶尔痛饮畅谈，挥毫赋诗。路壎从容挥笔创作，宾主互相敬酒，尽情欢乐，路壎从来没有表现出客居他乡的艰难窘迫以及放纵自弃的神色，是一位安于现状、乐守本分的人。①

罗继祖说："祖父在愁苦的时候，爱去跟朋友聚会，淮安的绅士和德高望重的人，如顾云臣、徐嘉、成饴、段朝端和路壎、邱于蕃等，时常相邀参加品评诗文、饮酒的聚会，地点不是顾氏的味蔬草堂，就是路氏的苇西草堂。"②

罗振玉说路壎是一位一生都有不平凡的志气的人。诗以言志，我们品味一首路壎在1899年除夕夜里写的一首诗：

守岁吾生六十回，屠苏循例且衔杯。
年从爆竹声中过，春在儿童笑里来。
朝野几人谋国是，海疆何计靖风霾。
解衣欲睡浑无寐，自拨传灯一寸灰。

从这首诗可以看出，路壎虽然60岁了，已经不做官23年了，但是他仍然关注国家的安危，为陷入内忧外患的清政府担心，臣在朝野，心怀家国，充分表露了他的爱国之心和社会责任感。

我比较罗振玉与路壎的书法后，发现二人风格相似，觉得罗氏的书法可能深受路壎的影响。杨吉平说："罗振玉书迹，最常见的还是他的一手秀雅、风格内敛、字形修长的小行楷书。……罗振玉小行楷书不似古人规模，是否就学于路山夫等现代人，值得考虑。……这种小字用笔内敛，字形窄长，又呈上阔下窄之状，字与字之间很少连属，表现出严谨而冲和的特点。这种不激不励、中正儒雅的风格，恰是罗振玉一生做事认真、严谨、细腻、慎重，凡事讲究不过也不及的中庸儒家思想的真实反映。"③

---

①参考罗继祖：《我的祖父罗振玉》，天津：百花文艺出版社，2007年版，第11页。
②译文参考罗继祖：《我的祖父罗振玉》，天津：百花文艺出版社，2007年版，第18页。
③杨吉平：《中国书法100年》，太原：山西人民出版社，2010年版，第111页。

罗继祖说,路岯是对罗振玉一生最有影响的师友。我想罗振玉从路岯身上不但学到了碑刻文字、书画鉴定、书法创作、吟诗作文等专业知识,培养了能力,而且也在他那里培养了爱国忠君、坦荡正直的品格。

二人的交往给我们的启示有:一、教育学生要注意引导他建立正确的交友观,选择有优良品德、有才学的朋友,并好好向他学习。而作为教师,也要以自身的魅力影响学生,为学生树立一个可以效法的榜样,这样就可以使学生进步更快。二、朋友的正直、仁爱等品格和思想可以相互影响。这种影响可能是长期交往中慢慢潜移默化的。

第二节　欲整吏治邱崧生

邱崧生(1858—1905),江苏山阳①人,字于蕃,又字海几,号啬庵,后改名宪。著作有《邱氏家集》《山阳邱氏文徵私记》《高先生行状》等。他家是从明朝初年由浙江宁波搬迁到淮安的,到了清末已经是五六百年的老户了。

邱崧生出生在一个诗礼世家,清初出了几个在文学上较有名气的学者。他青年的时候,家境不错,后不善于治家,家道慢慢地衰落了。但邱先生有抱负,罗振玉说:"那个时候,国家确实是多灾多难,所以大家喝酒到兴头上就谈论当时发生的大事,邱先生您最为愤怒,您说:'要治疗当时社会的弊病最重要的就是要整顿官员的不良作风,加强对官员的管理与告诫。本来亲民的官员一个个都变成了放纵欲望、败坏法度的魔鬼了,现在已经堕落到了难以控制的地步。我仔细想过,自己打算做一个县令,做好赏罚和教化工作,树立全国清官的典范。'您平时就多么渴望做一个好官啊……庚子年的夏天,您因为家庭贫困想做官养家,打算拿出自己的管理办法到首都附近地区谋求一个官职,我想您这次可能要实现终生大志了。后来,我一问才知道您非常灰心失望。到了今年夏天,您更加贫困而且生了病,打算回到淮安老家,我们在吴淞江下游近海处的沪渎偶然遇见……没想到您没过几个月就突然去世了!"(《墓志》)②

在淮安的时候,邱崧生不仅和罗振玉谈治学,而且给予罗振玉不少经济上的帮助。罗振玉大哥去世的时候,罗家过得非常艰难,他听从祖母的话,把祖产卖掉一半还了急债,罗振玉才能够脱身到外面谋生,但是当时米价很低,田地也不好卖,罗振玉想通过父亲在外面寻求一个职位,但没有找到门路。后来,还是经

---

①山阳:现为江苏省淮安市淮安区,在民国以前称山阳县。
②译文参考罗继祖:《我的祖父罗振玉》,天津:百花文艺出版社,2007年版,第13页。

过邱崧生推荐,在1890年到了山阳县刘氏书馆做了私塾老师,每年可以拿到工资约白银20两。1893年又到邱崧生家做私塾老师,1894年又到了刘家,教刘梦熊、刘鹗的孩子,那时一年的工资增加到了白银80两。这对于当时满是外债的罗家是一个很大的帮助。由此可知,罗振玉走出家门的第一步就是在邱崧生的帮助下迈出的。

罗振玉与邱崧生的交往经过,可以简要整理如下:

1888年,罗、邱订交,罗振玉得到了山阳阮葵生的《风雅蒙求》稿本,并拿着这本书让邱崧生和路岯看,邱、路二人都作了序和跋,三人凑钱把这本书刻印了。

1889年,夏天,罗振玉拿他所藏的明代仿宋代庆元晁氏宝文堂本《具茨集》赠给了邱崧生。

1890年正月,邱崧生推荐罗振玉到山阳县刘梦熊的刘氏私塾任教。

1891年,有一个姓李的人收藏了五代时期杨吴李涛妻志石,此石是在扬州浚漕渠得到的,后来这个石头转移到了邱崧生家里,罗振玉与蒋斧亲自拓印了石头上的字迹。这一年他们经常在一起写诗,一人写一两句,连缀起来,这样几人就可以合作一首诗。

1892年,罗振玉妻子因病去世,在他很悲痛的时候,邱崧生等人经常拉着罗振玉去喝酒作诗,这样帮助他度过了那段痛苦的时光。罗振玉当时写了几首诗,其中就有一首诗写给邱崧生的,即《闷坐书怀呈邱君蔷庵》。

1893年,罗振玉到山阳县邱崧生家里做私塾老师。

1894年,罗振玉又通过邱崧生到刘鹗、刘梦熊家里做私塾老师。

1895年,罗振玉给邱崧生写了两首七律诗《有感事步邱蔷庵韵》。

1898年，罗振玉在上海创办东文学社，推荐邱崧生做校务工作。

1905年，邱崧生去世，罗振玉为他写了墓志铭，写出了邱先生的志向。

罗振玉在邱崧生的帮助下走出家门，做了4年私塾老师，不但有了经济来源，而且积累了教学经验。邱先生还帮助他从丧妻之痛中走出来。当然，后来罗振玉为求报恩还赠给他一本书、写了两手诗、聘请他在上海工作，还为他写了墓志铭。可见二人的友谊是真挚无私的。

罗振玉从邱崧生这里也可能萌生了做典范清官的理想，也可能有完成邱先生的遗志的想法。管理方法应该也学到了不少，为他后来从事教育管理工作打下了很好的基础。

这段友谊给我们的启示有：一、真挚的友谊是不求回报的，但是往往是互惠互利的；二、友谊的培养和维护是需要一方首先用真诚的心付出的。

第三节 醉心西学刘梦熊

刘梦熊(约 1857—1905),本名刘明远,一名孟熊,字渭清(或写作渭卿、蔚青、味青),又字坦茵,号蕙圃。清代江苏丹徒(今镇江市)人,是清末小说家刘鹗的哥哥。曾官候选直隶州知府。著有诗集《蕙圃寄吟》。

幼承家学,受父亲刘成忠的影响,工于书法,精通算术和法语。曾被任命为浙江候补道的官职,没有就任。1884 年青年时期的他就拜太谷学派南宗李光炘为师。因为他对西方的科学技术非常痴迷,所以不愿意做官,就在淮安闲居。1895 年淮安打算开设西学书院,聘请他做算学、外语两科的教习,后来因经费问题而作罢。由此可见刘梦熊的学识在淮安颇有名气。

1890 年正月,罗振玉经邱崧生推荐到刘梦熊的刘氏私塾任教。罗氏在刘梦熊家里做童子师长达 3 年,每年收入两万钱。在这里,他不但暂时解决了生活问题,而且在此期间创获颇丰,校订了《纪元编》《唐书艺文志》《三国志证闻》《元和姓纂》等书并撰有校勘记,撰成《治河论》《眼学偶得》《干禄字书笺证》《新唐书世系表考证》《面诚精舍杂文甲编》等著作,编辑了《淮阴金石仅存录》一书。

罗振玉也通过刘梦熊而与刘鹗建立了更进一步的友好关系,而且他在 1891 年写的批驳"不与河争地"的政论文《驳议》也是经过刘梦熊寄给刘鹗的。

罗振玉后来主动放弃了好几次升官的机会,他这种无意于做官、升官的态度可能受到了刘梦熊的影响。罗振玉借鉴西学的做法,如编译西方农学和教育学书籍、学习欧美及日本的教育经验等,也可能受到了他的影响。

这段友谊虽然没有过多的记录,但是它至少可以告诉我们:要不断发现并学习朋友的优点,这样会进步更快。

第四节　英雄所见刘铁云

刘鹗(1857—1909),谱名刘震远,原名刘孟鹏,后更名为刘鹗,字云抟、铁云、公约,号老残,笔名"洪都百炼生",江苏丹徒(今镇江市)人,清末著名文学家、金石学家。出身于封建官僚家庭,后来迁居山阳(今江苏淮安区)。

刘鹗青年时期拜太谷学派南宗李光炘为师,主张儒、释、道三教殊途同归,精通算术和地理。修习研究医术和水利。曾经在上海行医,后来转向商业。终生主张发展经济生产、富而后教、养民为本的太谷学说。他一生致力于创办实业和投资教育,目的就是能够实现太谷学派"教养天下"的目标。他的著作有《历代黄河变迁图考》《铁云藏龟》《铁云封泥》《老残游记》《铁云诗存》等。其中《铁云藏龟》是最早公布甲骨卜辞的著作,是研究甲骨文的重要文献。它是这样写成的:1899年王懿荣发现甲骨文后,在1900年八国联军入侵北京时跳井殉国,刘鹗买下了王懿荣的甲骨,并派人到小屯等地搜集,最终得到5000多片,在罗振玉的建议和帮助下经过初步的整理写成了《铁云藏龟》。此外,《老残游记》是晚清四大谴责小说之一,影响很大,自不必多言。

1888年黄河在郑州决口,他就进入河南巡抚吴大澂幕府,协助治理黄河,因为治河有功,名闻全国,被保荐到总理各国事务的衙门,以知府的官职来任用他。在北京时,他上书修铁路、采煤矿。1897年,受外商经营的福公司的聘用,担任开采山西煤矿的经理。后又曾参与制订河南矿务机关豫丰公司章程,并为福公司谋划开采四川麻哈金矿、浙江煤铁矿,成为外商的经纪人。因此受到守旧派的攻击。1900年,发生了义和团运动,八国联军侵入北京,刘鹗以低价购买了联军所掠夺的粮食,用来救济北京的饥民,救活了很多人。然而1908年清朝廷以"私售仓粟"的罪名把他放逐到新疆充军,1909年在乌鲁木齐病逝。

罗振玉与刘鹗之间还有两段佳话。

首先，二人在治理黄河方面的看法不谋而合。在1888年郑州黄河决口的时候，山东人民也多年饱受黄河泛滥之灾。1891年，罗振玉听说山东巡抚幕中有人主张用贾让"不与河争地"的办法，拿全国赈济灾区的捐款协助官款购买农民的地，加宽河道。他感到很震惊，因为河道已经加宽了，再加宽河道，就会贻害无穷。于是写了五千多字的《治河论》这篇驳议文章，本来想投到报社给当政者敲响警钟，但后来这篇文章被刘梦熊看到，被寄给正在山东河工任下游提调的弟弟刘鹗。刘鹗读后非常惊喜，因为罗振玉的主张和他的意见非常吻合。于是把他自己写的《治河七说》送给罗振玉，并写信说："您的观点与我的观点一致的地方很多，十个里面就有八九个，现在的人都是一群瞎子，在争相实践放宽河身的观点，想不到天下还有像您这样的明白人啊！"①两个人虽然没有见面，但已经是通过诗文结交的朋友了。后来，收买农民土地的事没有结果，而河患也平息了。应该说罗振玉的治河主张对刘鹗的看法有很大的支持，至少坚定了治河的方向。当时任山东巡抚的张曜知道这件事后想招罗振玉入幕，然而罗振玉因为当时不方便离开家就谢绝了。

其次，二人都预测日本会进攻我国旅顺和大连。1894年，日本和朝鲜有了国际争端，中国把朝鲜当作藩属国，所以出兵帮助朝鲜，最终中日开战。这时刘鹗回家守孝，两人才第一次相见。他们讨论了中国大事，罗振玉看了《陆海地图》后认为：日本人对我国的地理形势非常了解，可能会在战略上实施"避实就虚"的策略，表面上攻击山海关，而实际上避开了这里，在我国的旅顺和大连这两个薄弱之处进攻。那些朋友都认为不会这样，只有刘鹗与罗振玉的想法相同，后来日本果真这么做了。1915年，罗振玉在《五十日梦痕录》中还详细地记录了这件事：

> 当时各军队都在利用山海关这个险要地形坚守防御，目的是保卫北京。我说：日本人对我国的事非常熟悉，恐怕他们会表面上去攻打山海关，而背地里攻打旅顺和大连，目的是把我国的海军歼灭，这样我国就在全局上失败了。朋友们听了我的看法都认为不会这样，当时您（刘鹗）的哥哥还拿法越之战中法国将领的话来证明，他说旅顺和大连很难攻下。只有您的看法

---

① 译文参考罗琨、张永山：《罗振玉评传》，南昌：百花洲文艺出版社，1996年版，第15页。

和我的一致,担忧旅顺和大连会很快被攻陷。后来,没多久我们的话竟然应验了。于是朋友们都拿我与您相比,说我们俩智慧都一样高,傲慢起来也很相近。①

可见当时罗振玉不但关心时事,而且还能提出很有见地的观点。按说,罗振玉的地理和治水的知识、能力都不如刘鹗,但是他能够两次提出正确的见解并与这方面的专家刘鹗的看法不谋而合,真是英雄所见略同啊!由此也可以知道罗振玉见多识广,目光敏锐,具有很强的洞察力和分析、解决问题的能力。

另外,"甲骨四堂"中的雪堂罗振玉、观堂王国维的甲骨学成就都直接或间接地受到了刘鹗的影响。罗振玉曾经在《五十日梦痕录》说:"我能知道有殷墟文字,确实是因为丹徒的刘鹗先生的介绍。"②后来随着二人友谊的加深,竟然成为儿女亲家。

这段友谊可以使我们知道:由于好朋友在平时交往的潜移默化的影响,两个人往往会在思想上很相似。人们常说,看人可以通过观察他朋友的行为来了解这个人的思想和品质。这个观点的根据可能就在这里。

---

① 译文参考罗琨、张永山:《罗振玉评传》,南昌:百花洲文艺出版社,1996年版,第16页。
② 译文参考罗琨、张永山:《罗振玉评传》,南昌:百花洲文艺出版社,1996年版,第16页。

第五节　同舟共济蒋伯斧

蒋斧(1866—1911),又名蒋黼(或作黻),字伯斧,人称斧公,江苏吴县(今苏州)人。室名为已学庵,曾任清代学部候补郎中。他是金石学家蒋清朝的儿子。

蒋斧是罗振玉的知己,他的成就与罗振玉紧密地联系在一起。

罗振玉的孙子罗继祖教授在《庭闻忆略——回忆祖父罗振玉的一生》中是这么写的:

> 祖父和蒋先生订交也较早,蒋先生初字觐宸,后改伯斧,在上述诸人中,祖父和蒋先生的踪迹最密。癸丑(民国二年,公元1913年),祖父写蒋先生墓志说:"予交君垂二十年,出处与共,方在淮安寓居,过从无虚日,在上海居比舍,日数见,当时贤达以人才询予者,必首举君以应。故予客粤中、客吴下皆与君偕,出则连轸,居则接席。及君来京师,住于吾家者半岁。"①

1896年,蒋斧协助罗振玉在上海创办了学农社,开办农报馆,蒋斧作为该社的骨干成员,在1897年参与创办了《农学报》,出刊到1904年底,1898年至1900年,以学农社的名义参与创办了东文学社,培养出了诸如王国维、樊炳清(字少泉、抗甫,古文家、商务印书馆编辑)、沈绒(字伯听,翻译家、巴黎大学法学博士)、萨端(字均坡,翻译家、革命者)、朱锡梁(字梁任,南社诗人、东南大学教授)等一大批人才。

1901年,罗振玉创办《教育世界》杂志社,出版中国最早的教育类杂志《教育世界》,蒋斧都参与其中了。1904年蒋斧与罗振玉等在两广学务处任职,还参与

---

① 罗继祖:《庭闻忆略——回忆祖父罗振玉的一生》,长春市政协文史资料研究委员会,1985年版,第8页。

了兴办学堂的事。1905年到1906年,他与罗振玉、王国维、樊炳清等人在江苏师范学堂任职。1906年后,他又与罗振玉同时做了晚清学部(同今教育部)四品参议官,之后他担任京师大学堂教习。1909年与罗振玉等人参观了伯希和带到北京的敦煌文书,抄出其中有关敦煌史地的材料,汇辑为《沙州文录》。又写了《摩尼教流行中国考略》,对摩尼教在中国流行的情况作了初步的考证。1911年因病去世。罗振玉为他写了墓志铭。

蒋斧的著作还有《中国教育史资料》、《中国货币史》、《东游日记》、《敦煌石室遗书》(与罗振玉合著)、《粤东饲八蚕法》等,其中《中国教育史资料》成书于1905年,可以说是"中国第一部教育史著作"。《中国货币史》是中国第一部货币专门史。

蒋斧还为音韵学研究做过贡献,这值得一提。他曾经变卖首饰,在北京书店里以重金购买了唐写本孙愐《唐韵》残卷,保存了海内孤本。孙愐《唐韵》有开元、天宝两种版本,蒋斧所得的是天宝本,残存去声和入声两部分。据残本推算,全本应该有205韵,宋代修撰的《广韵》分韵为206韵,二者数量最接近。蒋斧还写了校勘记。徐朝东谈到蒋藏本《唐韵》的研究历史时说:"蒋藏本《唐韵》的研究主要集中在两个方面,一是这个唐写本《唐韵》残卷到底是何人所作,作于何时;另一个是《广韵》与《唐韵》残卷的关系是什么,《广韵》是否就直接来源于《唐韵》。最早研究者是蒋斧本人。"[1]

蒋斧始终支持罗振玉,为他分担了很多劳动。所以蒋斧的功劳不可抹杀,谈罗振玉的成就时也不能忘记蒋斧这个朋友背后的付出。

他们合作的历史告诉我们:在教育和科研中,如果想尽快取得突出成绩,就需要寻找志同道合的、能力相当的人做朋友,可以组成教学团队、科研团队,合理组织,相互帮助,形成合力,这样就可能开创出一片新的天地。

---

[1] 徐朝东:《蒋藏本〈唐韵〉研究》,北京:北京大学出版社,2012年版,第23页。

第六节　终生知己王国维

王国维(1877—1927),原名王国桢,字静安、伯隅,号礼堂、观堂、永观,谥号忠悫,浙江省海宁人。他是中国近现代享有国际声誉的著名学者。

1877年12月3日,王国维出生于浙江杭州府海宁州城的一个书香世家。他的读书生活,主要受到父亲王乃誉的影响。王乃誉善于书画、篆刻、古文、诗词,博学多才。他生活在这种富有文化修养的家庭里,从小就聪颖好学。1883年后,先后进入附近的私塾学校跟随潘绶昌及陈寿田先生学习《千字文》《三字经》《幼学琼林》《神童诗》等,接受了这种启蒙教育,又在父亲王乃誉的指导下博览群书,不但读了许多传统文化的书籍,而且初步接触了近代先进的科学文化知识和维新思想,所以形成了读书的兴趣及志向。1892年7月,参加海宁州岁试,以第21名的成绩考中秀才。与陈守谦、叶宜春、诸嘉猷被誉为"海宁四才子"。同年,王国维进入州学,名次在第六十多名,后又去杭州参加府试,但没有被录取。1893年,又去杭州考试,仍然没有考中,1894年再次去杭州才考进崇文书院。此后,他并没有把主要精力用于准备应试,而是博览群书,并对史学、校勘、考据之学及新学产生了兴趣。1894年7月以后,大量的西方文化科学知识涌入中国,王国维了解了新的文化和思想,于是萌生了追求新学的强烈愿望。但是因为家贫,他不能外出游学,所以此时他关心时事,阅读了《盛世危言》《时务报》《格致汇编》等书刊。到了1897年,他在陈枚肃家做家庭教师,但很不甘心一辈子做家庭教师,想出国留学。1898年2月,王国维由父亲亲自陪送去上海求学,为了维持生活,进入梁启超任馆长的《时务报》馆。职务是书记兼校对,所谓书记就是每天记录贵宾的事情和书信往来。他有忧郁的本性,所以在这种情况下更加抑郁。他在当年所写的《戊戌杂诗》中,抒写了"欲从鸿鹄翔,铩羽不能遽"的不得志心境。

1898年,罗振玉与蒋斧联合创办的"学农社",为了培养翻译各国农业书籍的翻译人才,还在上海开办了"东文学社",2月26日正式开学,聘请日本教员教日语,还开设了英语课程。王国维了解到这个情况后,征得《时务报》馆主持人汪穰卿同意后,每天下午花3小时去学社学习日语。但是因为报馆事务繁忙,他没有时间复习,进步很慢,所以很苦闷。

罗振玉比王国维大11岁,当时已经是名震一时的年轻学者了,这年3月两人相识了。据罗振玉在《海宁王忠悫公传》的说法,他偶然在一个学生的扇子上看到了王国维写的一首七言绝句《咏史》(第十二首):

西域纵横尽百城,张陈远略逊甘英。
千秋壮观君知否?黑海东头望大秦。①

这首诗是赞扬东汉外交家甘英奉西域都护班超之命出使罗马帝国(大秦)的壮举,但是最终到波斯湾受大海阻拦而放弃。罗振玉看到这首诗后很惊讶,想不到王国维竟有如此的气魄,认为他将来一定会成为大家。

对于二人的结识,还有一个说法:刘鹗的第四子、罗振玉的大女婿刘季缨经历过"东文学社"的生活,并亲眼见过王国维进入《时务报》馆的情况,他说,王、罗早在王国维入学之前就结识了。事情是这样的:罗振玉的学农社规定外界捐助的钱,统一由《时务报》馆代收,每过10天登报一次,所以罗振玉需要经常去报馆办理捐款登报的事情。1898年3月的一天早晨,罗振玉去《时务报》馆后,发现到得太早了,就随便转转,听到有人正在朗读《庄子》,流露出悲凉的情感,感到很奇怪,就顺着声音看看是谁,读书的人竟然是新来的青年"校对先生",就和他聊了一会儿。这才知道罗振玉登记的事需要王国维办,捐款也是由王代收的。之后,王国维把自己平常所写的诗歌和文章交给罗振玉,罗看后大加赞赏,也感受到了王国维的非凡才华和领悟能力。他们也经常探讨学术和国计民生的问题。这样王国维才成为罗振玉的弟子。②

---

①贺根民:《读懂王国维》,南宁:广西人民出版社,2014年版,第129页。
②刘蕙孙:《观堂别传》,陈平原、王风编:《追忆王国维》,北京:生活·读书·新知三联书店,2009年版,第359页。

第四章 交友诚挚须同志,团结合作济大事

在东文学社时,有一次王国维月底考试不及格,罗振玉给教师藤田丰八说明情况,让他继续学习日语。

在7月中旬时,王国维因为营养不良和腿病发作,无法站立,不得不回家治病,他父亲请一个中医用针灸治好了。11月,王国维返回上海,这时《时务报》馆被关闭,他没了工作,衣食无法保证。罗振玉了解他的情况,又很器重他,就让他担任了管理东文学社的杂务、"学监",享受免去各种学杂费的待遇,鼓励他努力学习,不要担心生活方面的事,在生活上尽力帮助他。这也是王国维追随罗振玉的开始。

1898年王国维写了三首《杂诗》,表达了当时被罗振玉赏识、受他帮助的感激之情。其中第三首如下:

> 豫章生七年,荏苒不成株。其上蠹梗楠,郁郁干云衢。匠石忽惊视,谓与凡材殊。诘朝事斤斧,浃辰涂丹朱。明堂高且严,诀荡天人居。虹梁抗日月,菡萏纷扶疏。顾此豫章苗,谓为中樽栌。付彼拙工辈,刻削失其初。柯干未云坚,不如栎与樗,中道失所养,幽怨当何如?①

诗中"豫章"是枕木与樟木的合称,张守节曾说:"二木生至七年,枕樟乃可分别。"白居易《寓意》诗说:"豫樟生深山,七年而后知。"王国维用"豫章"自比,说他这棵树长了7年了,还是那么矮小柔弱。然后拿"匠石"比喻罗振玉,化用"匠石运斤"的典故,意思是说罗振玉就像技艺精湛的木匠一样,发现了王国维这个将来的栋梁之才,所以不让他在《时务报》社埋没下去。我们现在看来,22岁的王国维确实很有才华,志向高远;诗歌引经据典,气象恢弘。就这样,这匹千里马最终被罗振玉发现了。

1900年9月,王国维回到上海,住在罗振玉家中,为罗振玉主编的《农学报》翻译《农事会要》一书。这年秋天,罗振玉任湖北农务局总理兼任农校校长,稍后就招王国维任教。

---

① 刘琅:《精读王国维》,厦门:鹭江出版社,2007年版,第183页。

1901年王国维在讲课、翻译书以外,跟随罗振玉创办《教育世界》杂志,这是中国历史上第一份教育杂志。这本杂志的第1—68期的主编是罗振玉,第69—166期的主编是王国维。从69期开始,王国维把它改版,扩充内容,每期100页,畅销全国。在1907年前的教育杂志中,《教育世界》是发行量最大、出版时间最长、内容最丰富、最有价值的刊物。

1902年罗振玉自己出钱资助王国维到日本留学,在东京物理学校学理科,白天学习英语,晚上主要学习数学。到了夏天,他的脚气病发作,严重得不能行走,无法继续学习,他就给罗振玉写信,问怎么办,罗振玉回信说让他回国。于是他就回到了上海,还住在罗振玉家中,经过一段时间的治疗痊愈了。这时罗振玉任职江楚编译局,就把王国维安排在那里任执事。同时,王国维还为罗振玉编译《农学报》《教育世界》,利用空闲时间向藤田丰八学习英语。10月,王国维经过罗振玉的推荐,任通州(现在的南通)师范学校教师,任职一年,钻研了西方哲学,同时也学了社会学、心理学。罗振玉知道王国维喜欢哲学书,就经常自己掏钱购买了很多哲学书赠给他,这种无偿的帮助实在令人佩服。

1904年秋天,罗振玉去苏州创立了江苏师范学堂,并任校长(当时叫监督),请王国维任该校的教师,于是王国维又在苏州主讲心理学、伦理学、社会学等课程。在苏州任教了两年,王国维专心搞研究,在哲学、历史等多个领域突飞猛进。

1906年,罗振玉任学部(相当于现在的教育部)行走的职务,春天,王国维辞去江苏师范学堂的教职,随罗振玉来北京,并住在一起。一边研究学术,一边编《教育世界》,研究对象转向文学。

1907年春,罗振玉向学部尚书(相当于教育部部长)荣庆推荐王国维,于是王国维任学部总务司行走。担任学部图书馆编辑,编译审定教科书。

1909年,经罗振玉介绍,王国维结交了两位当时著名的学者柯劭忞和缪荃孙,并在他们身上学到很多知识。

1911年,清王朝被推翻,作为清朝要员的罗振玉需要紧急避难,王国维决定与老朋友共存亡,于是王国维一家人随罗振玉在日本朋友的帮助下在11月到达日本。当时王国维依靠罗振玉的资助养活全家,虽然他也找到了几份工作,但收入微薄。这时王国维为罗振玉做了一些事情:整理罗振玉带去的50万卷书籍,为他编书、看稿子、抄文章。这时的罗振玉因为资源的限制,学术领域转向古文字学、训诂学和历史学。利用罗振玉带去的古籍、甲骨、碑铭拓片等诸多资料,二人朝夕相伴,共同探讨学术问题,取得了辉煌的成就,并且二人首次合作完成了《流沙坠简》一书。罗振玉写成《殷墟书契考释》初稿,而王国维帮他校对、抄写了书稿,使此书顺利出版。

1915年春天,王国维携家人回到了故乡海宁,后只带着大儿子王潜明返回日本,住在罗振玉家中,为回国做准备。1916年2月3日,王国维早晨向罗振玉贺岁并道别,二人互送书籍,并约定各自记录自己经历的事,以后见面相互阅读。2月9日王国维到达上海,此后就为英国籍犹太人哈同编辑《学术丛编》杂志。1916—1918年这3年里,王国维写给罗振玉的信就有192封之多,可以想见二人关系是多么密切了。

王国维从日本回国后自力更生,结束了对罗振玉的经济依赖;到了1917年他写出了《殷周制度论》,这表明他结束了对罗振玉的学术依附。罗振玉给了王国维经济上的帮助,同时也在研究资料、指点研究途径等学术方面让王受益匪浅。

两人不但在学术上合作,而且在政治上也有不少合作。1923年4月16日被废的皇帝溥仪任命王国维为南书房行走,这也是罗振玉通过溥仪的亲信升允和陈宝琛推荐的结果。溥仪在《我的前半生》里说:"由于升允的推荐,也由于他(引者注:指罗振玉)的考古学的名气,我接受了陈宝琛的建议,留作南书房行走,请他参加了对宫中古彝器的鉴定。和他前后不多时间来的当时的名学者,有他的姻亲王国维和以修元史闻名的柯劭忞。陈宝琛认为南书房有了这些人,颇为清室增色。"①"王国维因他的推荐得以接近'天颜',也要算作欠他的情分。"②可见,溥仪也知道是罗振玉推荐的功劳。

---

①爱新觉罗·溥仪:《我的前半生》,北京:东方出版社,2007年版,第170页。
②爱新觉罗·溥仪:《我的前半生》,北京:东方出版社,2007年版,第173页。

1924年9月6日，溥仪命罗振玉、王国维、袁励准一起到宫中清点书法、绘画、青铜器等文物。11月冯玉祥驱逐了溥仪，罗振玉到北京后去王国维家询问情况。王国维介绍了溥仪被逼出宫的经过。当时，罗振玉、王国维和柯劭忞都以"君辱臣死"的爱国大义，想跳进流经紫禁城的河里自尽，经过别人劝阻才停止。

1927年6月2日，王国维跳进昆明湖自尽后，罗振玉立即以殉节之旨代替王国维写了一封遗折呈给溥仪，所以溥仪赏赐给王氏"忠悫"的谥号，并派贝勒去祭奠，还赏赐了陀罗经被和2000银元的治丧费。可见罗振玉是很了解王国维的，他做的遗折完全符合王国维的本义，而罗振玉后来却得了一个造假的"罪名"。值得一提的是，这笔治丧费着实缓解了罗家的经济负担。6月16日罗振玉主持了追悼会，并写了两篇文章《海宁王忠悫公传》《祭王忠悫公文》和三幅挽联："故人慷慨多奇节，书卷消磨绝可怜。""同志竟殊途，公已怀沙我犹衔石；见危能授命，行成士则言为国华。""至诚格天，邀数百载所无旷典；孤忠盖代，续三千年垂绝纲常。"他还出钱帮助王的家人返回家乡，并在天津举行了第二次追悼仪式。之后的一年里罗振玉一直与赵万里及儿子罗福葆、罗福颐等人编校王国维的遗著，并在1928年6月印刷出版。这个时间刚好是王国维逝世一周年，他以这种方式来纪念挚友王国维，并不是一般人能够做到的。

第七节　成人之美藤田君

藤田丰八(1869—1929),号剑峰(一说是他的字),日本德岛县人,日本东洋史学家、南海史西域史学家。清末至民国在中国工作长达17年。

1895年,他于东京大学文科汉语专业毕业后,在早稻田大学、东洋大学执教。1896年与人合办东亚学院,同时创办《江湖文学》杂志。1897年《江湖文学》停刊,出版了《支那文学史》《先秦文学》《支那文学大纲》。这一年罗振玉的学农社及《农学报》需要招聘翻译人员,他应聘来到上海《农学报》社,进行日本及西方农业书籍的翻译工作。在藤田丰八眼里,只比他大3岁的罗振玉是一个有济世思想和革新精神的大学问家和实干家,所以他追随罗振玉在中国共同奋斗了十几年。在罗振玉眼里,藤田是一个豪爽诚实的人,谈到中日唇齿相依的邻国关系,甲午战争给两国带来了伤痕,罗振玉希望今后努力维护友谊,共同为东亚和平而努力,藤田丰八很赞同,认为中日两国的亲善交往应该从士大夫开始,于是向罗振玉介绍到中国游历的日本学者。但因为语言不通,藤田认为应该先互通语言,这样才能更好地相互交流,于是罗振玉采纳了他的建议,在1898年6月19日在上海新马路的梅福里创办东文学社,最初的目的是教授日文,培养日语翻译人才,翻译农学书籍。并聘请藤田丰八负责教务,让他的朋友田冈佐代治(号岭云)任助教,上海日本领事馆副领事诸井六郎和书记船津辰一郎任义务教员。这样培养了王国维、沈纮、樊炳清等人才。

1902年罗振玉受洋务派大臣沈曾植的聘任做了南洋公学东文科(相当于日文系)监督(大概相当于系主任),他推荐藤田丰八做了总教习。藤田在这里工作了6年。

1903年11月,罗振玉因两广总督岑春煊的聘请做了两广教育顾问,藤田丰八作为罗振玉的顾问跟随他,住进粤秀书院。

1904年7月,罗振玉被江苏巡抚端方聘请做了江苏教育顾问,12月他创立了江苏师范学堂并任监督(相当于校长),他仍然推荐藤田丰八做总教习。

1909年,罗振玉任京师大学堂农科监督,还是让藤田丰八做总教习。藤田通过罗振玉在北京阅读了伯希和所得的一部分敦煌经卷,写出《慧超往五天竺国传笺释》一书并在北京出版,这样藤田成为在西域史研究方面的专家而名闻欧洲汉学界了。

1911年10月辛亥革命爆发,革命党人宣布成立中华民国军政府,罗振玉觉得局面对他很不利。有一天,日本本愿寺住持大谷光瑞派他们在北京的僧人劝罗振玉去日本,并愿意把他的房子借给罗振玉一家居住;这时北京的日本朋友内藤、狩野、福冈又联名来信,请他去日本京都,并说罗的藏书可以寄存在大学图书馆,京都的住处已经着手准备。日本有两个地方可以选择,罗振玉正犹豫不决时,好友藤田丰八为他反复分析后建议他接受内藤等友人的邀请去京都,并说让本愿寺为他携带的书籍和文物做担保运输到京都,到京都后再付运费。这样罗振玉才决定去日本。藤田先回国为他筹备一切事宜,大约在12月初罗振玉到达神户,藤田丰八等人已经在那里迎接,当天就到了京都的住处。可见是藤田帮助罗振玉到日本避难的。这样罗振玉才有8年的空闲时间和安定的环境做学术研究,他除了闭门写书以外,就是访求日本人所收藏的书并影印流传。先后编著了《齐鲁封泥集存》、《流沙坠简》、《殷墟书契》(前后编)、《殷墟书契菁华》、《秦金石刻辞》、《唐风楼秦汉瓦当文字》、《四朝钞币图录》、《蒿里遗珍》、《历代符牌图录》、《唐三家碑录》、《铁云藏龟之余》、《五十日梦痕录》、《古器物范图录》、《殷墟古器物图录》、《高昌壁画菁华》、《石鼓文考释》、《古镜图录》、《隋唐以来官印集存》、《鸣沙石室佚书续编》、《梦郼草堂吉金图》、《恒农砖录》、《芒洛冢墓遗文续补》、《六朝墓志菁英》、《两浙佚金石集存》、《鸣沙石室古籍丛残》、《云窗漫录》、《殷墟书契考释》等图书,这些著作占罗振玉一生著述的很大一部分,这个时期他走上了学术的巅峰。而且有些书如《流沙坠简》《殷墟书契考释》等影响很大,奠定了他在学术上的崇高地位。

第五章

修德立身万事基,孝亲忠君千载奇

老年罗振玉

罗振玉之所以能与这七位人物交朋友,是因为他们志趣相投、品格相近。那么罗振玉的个人品质是怎样炼成的?这与他的家教、经历和思想有关。

古往今来,道德教育始终是教育的核心内容,原因在于"国无德不兴,人无德不立"[①]。2012年党的十八大报告提出,把立德树人作为教育的根本任务。学校不但要把德育放在重要位置上,而且家庭、社会都应该重视道德教育。只有这样,我们才能走向更加美好的明天。

在道德教育方面,罗振玉不但多次发表文章倡导立德修身,而且身体力行,他孝敬父母、爱国奉献,为我们树立了好榜样。

---

① 泽羽:《"国无德不兴,人无德不立"》,《社会科学报》2014年1月30日,第1版。

第五章　修德立身万事基，孝亲忠君千载奇

第一节　道德教育最为要

我们现在学校的教育，都强调培养良好道德情操的人，这一点罗振玉有过精辟的论述。

1901年9月，罗振玉在《教育世界》第9期发表了《教育五要》一文，他在第五条中说"修身为教科之首要"，他把"修身"放在教育目标最重要的位置。修身，是指修养身心，努力提高自身的思想道德修养。儒家从孔子开始，就十分重视修身，并把它作为教育的"三纲八目"之一。"三纲"是指明明德、亲民、止于至善。"八目"是指格物、致知、诚意、正心、修身、齐家、治国、平天下。这些观点来源于儒家的基本经典《大学》，书的开头就说："大学之道，在明明德，在亲民，在止于至善。"①意思是："大学"教育的宗旨是让人的内心美好的德性彰显出来、弘扬高尚的道德，使人改变旧的不好的品行，最终成为一个具有完美道德的人。这里的"大学"是君子之学，是治国安邦的学问。现在的大学生应该明白上大学的这一个重要目标，并努力提高自己的道德水平。

罗振玉在《教育五要》中认为："凡一切国民，无论才技如何优美，而德行缺然，如此人者有益于国家乎？有损于国家乎？此不待智者而知之。"就是说，任何人不管他才能多么高、技术多么好，但是，如果他没有道德，那么这个人会对国家有利吗？还是对国家不利呢？这个道理是没有智慧的人都明白的。在培养德行方面，以培养公德最为重要，他认为要反复教育学生：要时时考虑到公共利益，对于自己的亲人要相亲相爱，对于人民要仁慈。他又从反面说明：如果教育偏于技术，修身仅仅占一个学科，更有甚者不设立修身的课程，从长远看来，会培养大量的有才能而无德行的人，这对于国家是很不利的。

---

①徐林旗主编：《四书五经·〈大学〉〈中庸〉〈孟子〉》，北京：北京大学出版社，2013年版，第5页。
②参考罗琨、张永山：《罗振玉评传》，南昌：百花洲文艺出版社，2015年版，第34页。

罗振玉的办学原则是注重德、智、体全面发展,也是把德放在第一位。他在《教育世界》回答藤田丰八关于中国中小学课程的疑问时,列出了一个他拟定的课程表,这张表显示:先开设"修身"课程,具体开设情况是:6岁到9岁的普通小学课程内容为"童训讲话",以后逐渐增加儿童容易接受的"本朝名人言行";10岁到14岁的高等小学讲"外国名人言行";14岁到18岁普通中学改授伦理课程,内容是从古今人物言行到伦理学。①可见罗振玉把培养学生的道德品质贯穿在整个中小学阶段中。而且各个阶段根据学生的情况讲授不同的内容,小学生就多讲道理并通过讲有道德的名人的故事来进行德性启蒙,中学讲授古代人物的言行,并讲伦理学,专门学习道德现象的起源、发展、本质以及道德规范。这种设置是很合理的,从简单到复杂,由浅入深,循序渐进。

罗振玉在《教育世界》1902年4月第24期上刊登了他的《学制私议》,其中第一条教育宗旨的第一项就说:"一、守教育普及之主义。先教道德教育、国民教育之基础及人生必须之知识技能(即小学教育)。"②可见他把培养学生的道德素养放在首位。

从道德素质出发,我们反观当下的学生,会发现很多只是重视知识、技能,不修身养德,所以才有为财弑母、为考试而跳楼的事件。参考罗振玉的观点,在中小学甚至大学设置德育课程很重要。应该讲授古今中外的有德行的人的言行,为学生树立榜样。在弘扬中华传统文化的今天更应该通过推荐、讲读等各种方式来引导学生学习《大学》《论语》《中庸》等各种经典著作,体悟美德的精义。

---

① 参考罗琨、张永山:《罗振玉评传》,南昌:百花洲文艺出版社,2015年版,第38页。
② 璩鑫圭、唐良炎编:《中国近代教育史资料汇编·学制演变》,上海:上海教育出版社,2007年版,第160页。

第二节　学部任职酬壮志

1905年11月9日以后,罗振玉在老家为父亲守孝,打算守孝100天。在这个过程中,他接到端方的电报,说学部刚刚建立,尚书荣庆掌管学部①,任学部尚书,已经上奏调罗振玉到学部任职,请他立即来北京。他因为守孝而拒绝了,但是端方不许他推辞,于是就去北京见学部尚书荣庆,荣庆允许他穿白色的丧服进入官署,派他在学部参事厅任行走。

这个"行走"是个官职名称,按照清朝的制度,凡是不属于专设的官职、调任某项职务的都用这个称呼。忠、孝难两全,政府需要他尽忠,他无法在家为父亲守孝满百天,就到官府为国家尽忠时穿着孝服继续守孝。

1906年2月18日以后,为父亲守丧满100天了,罗振玉就去苏州辞去了江苏师范学堂的监督以及江苏教育顾问等职务。之后,就在学部任职。罗振玉儿时"致君尧舜上,再使风俗淳"的志向得以实现,所以对端方和荣庆更是感恩戴德,认真为他们为国家做事。

他刚到学部就遇到一次大讨论,对于国学存废问题,右侍郎严修主张废除,改为第一师范学校。而罗振玉说:"历代都有国学,现在全国的学校还没有成立,这个时候先把国学废除,似乎不合适。"严修说:"现在推行新式教育,国学没有用了,不如早点废掉。"罗振玉说:"京师这么大,难道除了国学之外找不到办师范学校的地方吗?一定要废国学干吗?再说,国子监这个机构是不是应该废除,将来还需要好好讨论啊。"②后来讨论学部官制的时候,设国子监一人和各州县保留教官一人来祭祀孔庙。这也是罗振玉的提议,于是国子监保留了下来。

---

①学部:清末设立的中央教育行政机构的名称,相当于现在的教育部。
②译文参考罗继祖:《我的祖父罗振玉》,天津:百花文艺出版社,2007年版,第64页。

罗振玉还参与了各省选派海外留学生的事情,他认为:这些留学生大多学习速成的政法科和速成师范科,然而学习没有速成的道理,所以有损无益。严修说:速成的留学,是因为国家急需这样的人才,不能说有损,读书人大多希望速成,这样才可以有饭吃,如果取消了,恐怕他们会起哄闹事。罗振玉说:天下的事情很多是因为那些一知半解的人参与而做错,国家出钱让年轻人读书,不只是为了让他能吃饱饭,已经选派的就让他们毕业,还没有派的就不再派了。①

可见罗振玉的见解很有道理,值得借鉴。尤其是留学的问题,当下中国人有不少崇洋媚外,让子女到国外"镀金"的很多,国家或学校选派去各国学习的留学生也很多,甚至有的大学规定副教授要晋升教授都必须去国外修学一年才行。然而,这些"海归人才"真正能把所学贡献出来使我国在相关领域有显著进步的到底有多少呢?这还是需要实际统计研究和思考一番的。况且,即使有些专业有所贡献,也不能实行"一刀切"的规定,比如,中国古文字学、音韵学、训诂学等不少专业是不需要到国外学习的。我们应该区别对待,也应该对我们自己国家的高校和教授有信心,而不能一味地盲目媚外。

1909年春,学部上奏补罗振玉为学部参事官,正五品,这是罗振玉为官的开始。罗振玉本来是一介布衣,那时突然升为与各部郎中同级别的正五品官,深感难以报答荣庆的知遇之恩。于是决定踏踏实实为教育做点事,而不是贪图升官发财。

说到升官,他一生只在学部就至少有3次升官的机会,但面对每一次机会他都放弃了。

第一次升官的机会。1907年的春天,罗振玉被学部派往河南、山东、江西、安徽四省做省视学官,到山东时,山东巡抚杨士骧是他幼年就结识的朋友,已经多年没有联系了,杨巡抚说,现在山东省学风很好,需要一位能胜任的提学使②,觉得罗振玉很合适,如果他愿意,杨巡抚就与荣丞相秘密商议。然而,罗振玉辞谢

---

① 参考罗继祖:《我的祖父罗振玉》,天津:百花文艺出版社,2007年版,第64—65页。
② 提学使:清末省级教育行政长官。光绪三十一年(1905)设。每省一人,正三品。总理全省学务,选用僚佐,旌别属官,管理驻防学务,聘用外国教员等事宜。

了。罗继祖回忆说:"祖父一向淡于名利,安于退让,是一个不汲汲求进的人,提学使的官位可以和明清两代的布政使和按察使相提并论,他怎敢有此非分之想,所以坚决辞谢了。"①

第二次升官的机会。罗振玉1909年做学部参事官以后,按照学部的规章制度,参事官对内以丞参,对外以提学使的标准来晋升,如果想晋升,需要先上奏记名。有一天,左丞乔茂轩带着尚书荣庆的话来,说:"现在奏请圣上保举左右丞、左右参议和提学使,容尚书想留你在学部,又考虑到提学使难以找到合适的人,又想保你去外省任提学使,一时难以决定,就请你自己选择吧。"罗振玉听了很惊诧,说:"任命官员怎么能让堂官②和下属官吏来商量呢?我补参事官,已经觉得难以报答了,以后再有上奏保举的事,不要再提我啊。"半年后,容尚书又提此事,罗振玉再次拒绝了。容尚书以为第一次是罗振玉矫情,这次才相信罗振玉说的是内心的真实想法。于是告诉罗振玉:"国子监丞这个官职,是个闲散的官,但是不是品学兼优可以为天下人楷模的人不能担任此职;国子监丞徐坊不想一直做这种地位不重要、事务不繁忙的官,早晚一定会升迁到他处,后任没有比你更合适的了,不用再推辞了。"但是不久容尚书就生病辞官了,1910年唐景崇继任学部尚书,此事最终没有成。

第三次升官的机会。1909年3月,张之洞掌管学部,奏请在京师大学堂设立分科大学,让罗振玉担任农科大学监督。在商议大学官制时,罗振玉说:"我提议:农科大学监督不必定为有实际职务的官职,由本官兼任即可。"但是张之洞没有采纳他的意见,最后定监督为有实际职务的官职,总监督是正三品,分科监督是正四品。这样罗振玉就官升一级。但是这个正四品官后来被漏掉而忽略了。到了上奏分科监督分别补任官职的时候,罗振玉做了监督,所以参事官空缺出来,学部为了奏请补充参事官空缺而查阅以前的奏章,才发现抄写奏折时漏掉了分科监督为正四品一项。学部尚书唐景崇为了避免自己受到议处③,将错就错,仍然留罗振玉在参事厅,而农科监督作为兼任的官职看待。并且警告罗振玉不要告诉管部,怕管部一定要补奏更正,对他不利。罗振玉也为了避开升职的嫌

---

① 参考罗继祖:《我的祖父罗振玉》,天津:百花文艺出版社,2007年版,第66页。
② 堂官:明清对中央各部长官如尚书、侍郎等的通称,因在各衙署大堂上办公得名。
③ 议处:清代吏部对有过失的官吏拟定处罚办法。

疑,没有申辩。后来罗继祖回忆此事时评论说:"这虽是小事,但可见当日部中办事不认真,上下因循苟且成风的一斑。"①

这三次机会对于乐于升官的人一定会牢牢抓住的,然而罗振玉是无意做高官的人,而是想做一番事业的人。也可以看出罗继祖的话"祖父是一向恬退,不汲汲求进的人"是事实。

---

① 参考罗继祖:《我的祖父罗振玉》,天津:百花文艺出版社,2007年版,第67页。

第三节　效忠废帝似前朝

罗振玉的忠君思想表现在很多方面,首先表现在他怀念先帝、感念君恩上。

1919年,罗振玉携家眷从日本归国,本打算在其先帝清德宗山陵所在的地方买房居住,因为涞水、易县紧靠先帝陵墓,又距离洹洛一带比较近,便于寻访古迹。后来因为老朋友赵世骏劝他居住在都门,那里的房子很便宜,几千银元就可以买一套,考虑到资金的问题罗振玉就有了去都门的想法。后来天津的金钺听说他要回来,就把他在英租界集贤村的三十多间房屋借给罗振玉,罗振玉就不再找房子了。从找房子的原计划来看,罗振玉很怀念以前的皇帝,感念他的恩德,也想百年之后与他相伴。这是他忠君的表现。

罗振玉忠君还表现在他不为中华民国政府做事的方面。蔡元培与罗振玉是老朋友,蔡元培任北京大学校长后,想请罗振玉到北京大学教授考古学,并且询问如何研究考古学,当时罗振玉不想向民国政府屈膝,所以坚决拒绝了。但是对于如何治学还是颇有心得的,写了《古器物学研究议》一文答复蔡元培。

罗振玉的忠君不但表现在缅怀旧君、不事新朝方面,更表现在为新君尽忠的事情上。

罗振玉感受圣恩是在1923年,这一年1月溥仪大婚,所以前朝遗老们都把握这个机会请求觐见贺喜,当时,如果按照前朝的制度,罗振玉是个五品官,没有面见皇上的资格,但是升允有资格,升允面奏溥仪介绍了罗振玉,所以罗振玉才受到了溥仪的召见。当时溥仪不但召见了他,还告诉他以后遇到事情可以随时上奏,并赏了他一块刻有"贞心古松"四字的匾额以及一个"福"字。从这几个字看来,溥仪认为罗振玉是一位忠心耿耿的前朝遗老,值得信任。而罗振玉更是对溥仪万分感激，还把溥仪的照片悬挂在堂上。他总是对知心朋友夸赞溥仪有天纵之才、圣明贤德，将来一定是一个使中国重新振兴的好皇帝。罗振玉把中国的未来和自己后半生的希望完全寄托在溥仪身上，于是参加了以后的"复辟"活动。

清朝皇帝退位后，《民国优待条件》规定，允许溥仪和太妃等人住在皇宫，溥仪仍然在皇宫内做皇帝。后来宫里发生了火警，罗振玉就上书《陈三事》：一是"体恤宫内侍从"，二是"转移宫中宝物"，当时罗振玉听社会上有人说，宫中的宝物是我国历代流传下来的，皇室不能据为己有，就以为民国内阁成员和议员们对宝贝蓄意已久，所以提醒溥仪要防止宝物流失，并建议在东交民巷的使馆内建设皇室博物馆、图书馆用以藏宝。罗振玉在《集蓼编》中说：

> 我的想法是不如由皇室自己建一所图书馆和博物馆，但考虑到首都多年有战争，即使设立也难免被烧毁。不如把馆舍建在使馆中。想到《庚子条约》的规定：中国人不能在使馆内居住，外国人可能把此事当做笑柄。但我又想到：两国使馆有文化的不同，也许外国人不会关注。于是我把这个想法跟德国朋友卫礼贤商量，卫礼贤当时是德国使馆的顾问，听了以后很高兴地同意了。于是他与德国大使商量，德国大使与荷兰大使关系很好，所以他又与荷兰大使商议，大家都非常赞同这么做。他们告诉我说：奥地利国从大战以后没有派遣大使来，以后也不会再派遣了，该国的使馆场地很大，现在由荷兰使馆代为管理，正空闲，如果皇室打算这么做，那么就由荷兰大使给奥地利方面发电报商量，把他们的使馆作为两馆的筹备处，奥地利一定会同意的。至于以后建造两个馆舍，德国大使愿意把他们在北京的操场捐给咱们作为馆地。皇室如果没有建筑费和维护费，就应该通过使团（由一国派驻在另一国的外交或军事代表团）在各国招募资金，也不难办到。他们叮嘱我把他们的想法转达给皇室。我听了很高兴，于是把实情写成一封密函，请皇帝的师傅陈宝琛和内务府大臣代为转达，但是很久都没有回音。相国升允听了，又一次以我的信函所说向皇室说明，也没有效果。当时却传出谣言说我想与世俗之辈借此机会阴谋盗窃宝物。我知道阻力很大，于是辞谢了卫礼贤，卫礼贤也为此事发出了长长的叹息。我的谋略没有被采纳，到了1924年10月

（23日,冯玉祥发动"北京政变",把溥仪驱逐出宫),这样300年的宝藏就荡然无存了,没有再流传下来!①

罗振玉这样做也是为了保存国家文物而奔走,罗继祖说:"祖父传古心切,曾把《毛公鼎》和吴县潘氏所藏《小盂鼎》拓本影印过。"②可见罗振玉还有保存古代器物字画的想法。三是"勿受邪说影响",就是不可采纳郑孝胥和金梁的主张:让溥仪自己削去皇帝称号就可以转危为安;贿赂民国政府的议员就可以得到维持日常生活的经费。罗振玉在1924年专门秘密上奏了《大臣举止失常恐误大局疏》,就是专门为了纠正郑孝胥的主张而写。

罗振玉多次为皇帝分忧,都是在没有拿皇室一分钱的情况下自愿做的,罗继祖说:

> 祖父因为进宫较晚,不久即值冯军"逼宫",连"俸"都没有请,也就是说没拿过溥仪的一文钱,而历年为溥仪奔走谋"复辟"暗中却倒贴过不少钱,这个,溥仪当然不会体察到。但由于《我的前半生》这本书的流行,社会上一些人反而深信溥仪的谰言,认为祖父盗窃过宫中的宝物,又和所谓骗取邱性东家书画一事相联系,因此,使我追忆1966年"文革"刚开始时,吉林大学历史系的监督小组把我叫去,当着许多教师的面,正颜厉色地对我说,你家的文物都是偷故宫的,我乍听很惊愕,不知他们怎么会突然要给溥仪算无中生有的老账来?现在知道,他们的"学问"正是从溥仪的书里得到的。③

1924年9月2日,罗振玉开始奉溥仪之命在南书房值班,6日又去当面谢恩,溥仪召见了他,问了一些问题,并赏赐他在宫中进餐,还让他帮助鉴定宁寿宫所藏器物的真伪。9日又让罗振玉与袁励准、王国维一起鉴定养心殿陈设的器物。这是对罗振玉的莫大信任和赏识,对于到宫中值班的事,罗振玉想弄清楚是谁帮忙推荐的,问升允,升允说不是他;问陈宝琛,陈宝琛也没有表示什么;问朱益

---

① 译文参考罗振玉著、文明国编:《罗振玉自述》,合肥:安徽文艺出版社,2013年版,第51—52页。
② 罗继祖:《我的祖父罗振玉》,天津:百花文艺出版社,2007年版,第128页。
③ 参考罗继祖:《我的祖父罗振玉》,天津:百花文艺出版社,2007年版,第128页。

藩,朱益藩更是不知道。所以罗振玉想:不是这些人的举荐,那么就是皇上溥仪的心意了,所以对溥仪更加感恩戴德。

罗振玉在北京不到一个月,就遇到冯玉祥政变的事,当政变还没有发生的时候,冯玉祥的军队突然在景山加上炮,炮口正对着宫门。罗振玉看到后,觉得形式有变化,于是赶快与同僚到内务府商量对策,当时绍英说:"冯军入城,与我们没关系,你没见已经囚禁曹锟了吗?你们啊,刚刚进宫做事,不知道宫中的情况,我们几年来经历的变故多了,都能以静制动而没有事,万一出现骚动,拿土袋子把神武门堵住就没事。"于是就命令宫内侍从准备土袋子。

罗振玉知道无法与这些人谋划大事,所以想去天津找人商量对策,没想到刚到天津,就接到日本使馆的电话,说冯玉祥的军队已经进入宫中,逼迫皇室修改《优待条件》,并且限皇室人员3天之内搬出皇宫。罗振玉听后十分着急,就去日本驻军司令部,请司令官引荐段祺瑞,让他出面制止暴动。段祺瑞不见他,而是让丁士源代替自己见罗振玉,而丁士源与罗振玉认识,所以事情谈得很顺利,段祺瑞答应罗振玉发电报给冯玉祥的军队,让他们保护好皇上。回到北京后,罗振玉面见溥仪,陈说让段祺瑞帮忙保护的事,溥仪大为感激,所以溥仪在《我的前半生》里说:"罗振玉在我心里得到了与郑孝胥相等的地位。"这是多年来罗振玉为皇上尽忠的结果。

罗振玉后来出任由国民政府和清室组成的善后委员会的委员,也是处处为溥仪着想。溥仪从北府迁移至日本使馆的第二天,罗振玉向溥仪进献应对冯玉祥逼宫的对策,说:"国民军以暴力逼皇室修改《优待条件》,当时皇室处于危险的境地而被迫屈从,现在已经脱离危险,如果再不说,就是默认了。我们应该向各国宣布当天是受他们暴力逼迫和威胁,才由冯军单方面擅自篡改《优待条件》的,并且我预先草拟了一份谕旨放在袖子里。"溥仪问他这事具体怎么说,他回答说:"只说他们暴力逼迫,单方面擅自修改条约,在法律上不能生效,不承认就可以了。"于是把袖子里的谕旨呈上,溥仪看后说可以这么办。这样这份谕旨先由内务府传达给了段祺瑞,不久又给各国大使写信告知了实情。

溥仪从北府到日本使馆也是罗振玉与陈宝琛策划的,事先二人已经跟溥仪商量好了。罗振玉等人知道皇帝住在北府,天天被重兵包围,还是有危险,于是请段祺瑞帮忙让他们撤兵,兵撤走后的第一天罗振玉就与陈宝琛商量对策,见了皇太妃,第二天又跟陈宝琛商量后决定:赶快转移驻地。罗振玉就和柯劭忞找日本大使芳泽商量借他们使馆的事,芳泽说:"使馆派人去接溥仪多有不便,如果你们能保卫皇上前来,我们一定竭诚保卫。"于是由陈宝琛借庄士敦的汽车去北府接了溥仪,先到德国医院短暂休息一下,再到日本使馆。那天也怪,溥仪出北府的时候,风吹尘飞、天色阴暗,路上根本看不清人,所以一路军警都没有发现,这样才能顺利逃出。到使馆后,芳泽就通电各国政府并给各国大使馆打电话通报此事。大使的夫人还亲自打扫使馆的房间,并让书记官池部常川照料。①逃到日本使馆一事,也显示了罗振玉的办事能力出众。

溥仪在日本使馆住了一个多月,身边有亲信分班侍奉,溥仪与亲信商议移驾别处,但是亲信都说不可行。于是又与日本大使芳泽商量,芳泽因为此事影响国家交往,所以回复说:这个事是大事,容他好好思考。最后,溥仪派柯劭忞学士与池部常川一起去找段祺瑞商量,段祺瑞说:"皇上想把住处迁移到别的地方,臣不敢违抗,但是需要等待合适的时机,也需要严密保护才行,不能随便换地方啊。"罗振玉认为可能段祺瑞内心不想让皇上迁移住处,所以才用这话敷衍了事。于是移驾的事更难了。

1926年3月,溥仪离开北京的前两天,柯劭忞找罗振玉密谈,告诉他:"有人在皇上面前说你的坏话,说你跟国民党关系很好,恐怕对皇上的安危不利,所以让皇上罢免并远离你,你现在应该好好为自己的退路考虑了。"罗振玉听后很吃惊,但是也不能淡然置之。当时,天津家里人生病了,于是向溥仪请假一两天,想借此暗中观察溥仪的意愿。溥仪答复说:"爱卿这次请假大概是找借口隐退离开吧?朕知道爱卿对我忠心耿耿,一定不忍心这么做。"罗振玉于是把听到的告诉了溥仪,并说:"既然有人毁谤我,那么我应该避开这个嫌疑啊。"溥仪笑着说:"诽谤人也不像这样的,朕怎么能相信呢?一两天内有要事跟爱卿商量,爱卿一定不能回去。"所以罗振玉不敢再说此事。

---

① 参考罗继祖:《我的祖父罗振玉》,天津:百花文艺出版社,2007年版,第130—133页。

1926年3月14日，溥仪秘密独自召见罗振玉，商量离开日本使馆而去日本的事，并让他跟随。因为日本大使认为自己来做会对邦交有影响，所以罗振玉想自己主动离开北京，不再与大使商量。罗振玉说："现在国民军方面只注意宫中宝物，并且天天照顾孙中山的病，虽然在报纸上肆意谩骂，但是这都是虚张声势的威胁，实际上防备很松懈。我有得意门生在银行工作，能够得到国民军的消息，凡是北京和天津的驻军变化都让他秘密向我报告。现在知道国民军方面正在换防，只在丰台和廊坊有少量的奉军驻守，现在离开北京正是好时机。但是离开北京后，就需要日本人负责保卫了，这就一定要日本大使同意才行。所以请皇上找池部常川来商议，请他帮忙。"溥仪同意了。商量好了以后，罗振玉问："这事要不要秘密告诉您身边的重臣呢？"溥仪说："怎么可以告诉他们呢？"罗振玉又问："要告诉皇后吗？"溥仪说："不能告诉她。"罗振玉说："此事确实应该保密，但是臣这么做了以后，左丘明在《左传》中所说的'六逆'①，臣已经做了其中5个了，今后如果再有人诽谤我，我就难免罪责了。"溥仪说："你要努力承担艰巨的任务，不用担心别人的嫉妒和怨恨。"罗振玉说："臣感念皇上的知遇之恩，赴汤蹈火，在所不辞。"

于是罗振玉就请池部常川来，池部常川听后也很赞同，也说一定要让芳泽同意才行。但是如果不能解除邦交困难，就不能同意。罗振玉知道一定会有这种情况，所以就说："只要用掌权的人的话告诉大使，说：皇上自己要离开北京，事情已经秘密告诉段祺瑞，段祺瑞已经默认这么做了，也请大使默认。这样，大使也许不会为难我们。"池部常川同意了，就由他与芳泽商量，芳泽也同意了。于是，在晚上8点，由池部常川保卫溥仪从前门出去并上车，罗振玉和儿子罗福葆跟随在后，到晚上10点时已经安全到达天津车站，日本总领事秘密地在车站迎接，随后在大和旅馆休息了一晚上，第二天早晨池部常川夫妇也陪侍皇后到达天津，这样就住进前湖北提督张彪的别墅里。②

溥仪到天津后，罗振玉虽然成了一个徒有虚名的顾问，但是他总是担心溥仪

---

① 六逆是指六种违背道义的行为。见《左传·隐公三年》："贱妨贵、少陵长、远间亲、新间旧、小加大、淫破义，所谓六逆也。"意思是说：卑贱的谋害高贵的、年幼的欺凌年长的、疏远的离间亲近的（并取代他）、新人离间旧人、权势小的欺压权势大的、邪淫破坏道义，这是六种违背道义的行为。
② 参考罗振玉著、文明国编：《罗振玉自述》，合肥：安徽文艺出版社，2013年版，第56—57页。

的安全,建议去旅顺、日本。所以对于溥仪出洋游历的事积极赞助,当时罗振玉是这么想的:"溥仪已经脱离虎口,在日本使馆可以容身,那么在日本国内也不会受到冷遇。那个《优待条件》在以前都是经过国际承认的,现在摄政内阁突然擅自修改,那么国际法律是不允许的,这样去国外呼吁优待,那么国际上应该会有国家帮助溥仪重新得到优待。"他这个书生的建议最终被皇帝身边的红人陈宝琛、郑孝胥、胡嗣瑗的逸言取消了。逸言还把罗振玉列为"联日出洋"派的首脑,这样溥仪就怀疑他另有所图,不是拿溥仪做政治买卖,就与日本古董商人合伙骗取他的书画和古玩。于是溥仪疏远了他,但是罗振玉仍然颂扬溥仪的恩待,认为自己被疏远的原因是陈宝琛、郑孝胥、胡嗣瑗把溥仪蒙蔽了。

罗振玉的忠君行为,在现在看来,有人可能认为是愚忠,是不懂政治的表现,是逆历史潮流的行为。但是,我们不能以今律古,毕竟罗振玉所处的时代不是现在。我们应该客观地看待他的忠君行为。

第六章

吃苦受累多磨砺,锤炼坚毅成大器

罗振玉执笔

我们往往只看到伟人、名人头上的光环,而不知道他们巨大成就的取得是在吃苦受累的基础上不断奋斗出来的,艰苦奋斗才是他们成功的必由之路。

凡成大事者,必有坚毅品质。罗振玉在人生路上不但吃过苦,受过累,而且受过不少委屈,经历了很多打击。而他都能够挺过去,从而磨炼了坚忍的意志,最终走向了成功。他的这些经历对于他的整个人生来说都是弥足珍贵的。

第一节　白日持家夜燃灯

在1881到1892年间,罗振玉开始协助母亲处理家务并刻苦学习。罗琨、张永言认为:"纵观其一生,后来学术成就的取得,与这一段生活经历是有密切关系的。"①

1881年,罗振玉在县试②结束后,返回淮安,他父亲罗树勋因为去江宁县就职并避债,就让罗振玉帮助母亲处理家务。从这一年开始,罗振玉就过上了接待讨债人、为衣食而奔走的生活。

罗树勋在去江宁之前把债务清单给了罗振玉,并让他跟管田租的人联系谈田租的收取之类的事情,这时候的田租收入还不到所欠外债的一半,所以债主要账的时候很多,有时带着全家来罗家守着催债,一连几个月都不走。这都让罗振玉很苦恼。

但是繁重的家务并没有使罗振玉放弃读书,他每天白天应付债主并筹备全家的衣食,晚上就准备好满满两盏灯的油来读书,一定要把灯油用完才睡一会儿。因为白天劳累、晚上睡眠严重不足,坚持了一年就患了严重的失眠症。从这种情况可以想见十六七岁的罗振玉为了读书拼尽了全力。

除了避债,罗振玉还为兄弟姐妹的婚嫁伤透了脑筋。

大哥、二哥都和清河县王氏的女儿订婚了。1882年,媒人来催他们家成亲,他们就答应了。这年冬天,罗振玉典当了家里值钱的东西后为哥哥筹款办了婚事。

---

①罗琨、张永山:《罗振玉评传》,南昌:百花洲文艺出版社,2015年版,第9页。
②县试:童试考试中的第一场。童试是预备考试,通过才能取得秀才资格。

事情办下来用光了生活费。到了大年三十的早晨,母亲范氏告诉他,祭祀祖先的事还没筹款,罗振玉赶忙出去借钱,到了傍晚才回到家,借到了四吊钱,这样才算过了年关。1883年大姐出嫁,他还得借钱准备嫁妆。家庭的经济难以维持,而且每当有婚嫁的时候,债主就趁机来催债,有一个老妇人在迎亲的当天站在罗家门口咒骂他们不还钱,说有钱办喜事就不可能没钱还债。

1886年他大哥罗振鋆因病去世,但是因为经济困难,以致难以办丧事,罗振玉说服妻子范氏把她当年陪嫁的金首饰卖了六万钱才把丧事办了。妻子的行为引起了大嫂王氏的不满,王氏认为范氏这么做是为了好名声。范氏因此而生气伤身,多愁屡病,在1892年去世(1890年祖母方氏已去世)。这些事都让罗振玉万分悲痛。他一口气写了6首悼亡诗。这里转录如下:

频年疑谤横相乘,况值多愁屡病身。
已分兰销兼玉萎,何堪余詈尚申申。

议医议药太纷纭,筑室三年竟不成。
垂死始迎和缓至,可怜涸鲋已无生。

上有慈亲下有儿,一朝挥手忍长辞。
剧怜属纩弥留际,片语何曾顾及私。

填膺幽愤向谁伸,往事寻思总怆神。
从此邃庐风雨夜,牛衣对泣更何人。

愁思如云拨不开,悼亡潘岳愧无才。
苦吟达曙无人听,且送余音到夜台。

卿从黄壤归真去,我亦长征拟远游。
最是双珠难位置,彷徨终夜与谁谋。①

---

①罗继祖:《蜉寄留痕》,上海:上海古籍出版社,1999年版,第215—216页。

这些诗是他真实心情的写照,从中可以看出罗振玉当时极度悲伤。另外,他还写了《内子亡后百日赋》《十月朔内子既殡之三日往省墓奠之以诗》《除夕守岁书感》《独坐》《抵家书感》,都是当时情真意切的悼亡诗。

在一定意义上讲,苦难对于人的成长是有利的,在这种苦难的磨砺下,很多人练就坚忍的意志,甚至由此产生新的才能。罗琨、张永山说:"在一定意义上可以说,忧患、艰辛也是一种历练,它能锤炼坚韧的品质,培养才干,开启智能。……这道出了罗氏学术成就取得的重要原因,而其形成则根植于艰辛的少年时代。"[①]我认为这个评价非常到位。

这段经历告诉我们,人生不可能没有苦难,在面对苦难时,我们要敢于承受它,化悲痛为力量,这样,经受了苦难的我们才能更成熟、取得更大成就。

---

① 罗琨、张永山:《罗振玉评传》,南昌:百花洲文艺出版社,2015年版,第10—11页。

第二节 维持学社兼报馆

1895年，罗振玉30岁了，他照了一张照片，并且在相片旁边题写了一首四言诗：

> 三十被褐，城南蛰居，蔬食饮水，缅想唐虞。①

"被褐"是化用了一个四字成语"被褐怀玉"，它出自《老子》第七十章："吾言甚易知，甚易行。天下莫能知，莫能行。言有宗，事有君，夫唯无知，是以不我知。知我者希，则我者贵。是以圣人被褐而怀玉。"②被，通"披"。褐，泛指粗布衣服。最后一句的意思是：有道的圣人总是穿着粗布衣服，怀里揣着美玉。而作为成语的"被褐怀玉"是指身穿粗布衣服而怀抱美玉，比喻虽是贫寒出身，但有真才实学。"蛰居"意思是像动物冬眠一样长期隐居在某个地方，不抛头露面。"蔬食饮水"也是一个成语，出自《论语·述而》："子曰：'饭疏食，饮水，曲肱而枕之，乐亦在其中矣。不义而富且贵，于我如浮云。'"③孔子的意思是我吃粗粮，喝冷水，挽着胳膊当枕头睡觉，其中自有乐趣。用不正当的手段让自己积累财富并且有尊贵的身份，这对于我来说就像飘浮在空中的云一样，不会在意那些。"蔬食"：指粗粮；"水"：文言文中称冷水为"水"，热水为"汤"。"蔬食饮水"指粗饭淡汤，饮食简单。"缅想唐虞"一句话用了一个成语"唐虞之治"，"唐虞"是唐尧与虞舜的合称，也指尧与舜的时代，古人认为那是太平盛世。《论语·泰伯》说："唐虞之际，于斯为盛。"④《史记·汲郑列传》有："陛下内多欲而外施仁义，奈何欲效唐虞之治乎！"⑤"唐虞之治"是指上古政治清明、人民康乐的理想时代。

---

① 赵畅：《掸拂烟霭烛千秋——罗振玉其人其事》，赵畅主编：《上虞文史资料选粹》，北京：中国广播电视出版社，2008年版，第132页。
② 陈鼓应注译：《老子今注今译》，北京：商务印书馆，2003年版，第318页。
③ 王国轩、张燕婴译注：《论语·大学·中庸》，北京：中华书局，2010年版，第79页。
④ 张松辉、张景：《论语译注与解析》，长沙：岳麓书社，2014年版，第182页。
⑤ 司马迁撰、张大可注：《史记今注》，南京：凤凰出版社，2013年版，第1589页。

从这首诗可以看出当时罗振玉的思想和志向,30 岁时罗振玉虽然身穿粗布衣服,吃粗粮喝冷水,但是腹有诗书和壮志,想为祖国出一份力量,把国家建设成为太平盛世。也可以看出罗振玉当时确实饱读诗书,一首共 16 个字的四言诗里就化用了 3 个成语。

当时的他还在淮安做私塾老师,他后来自己回忆说:"我有幸在私塾做老师,因此早晨出去,晚上才回到家,一到家就处理家务事,绝对没有一点闲暇时间,即使遇到一些杂事儿,也得装作没看见、没听见。"①

1895 年,罗振玉挤时间了解了当时中国的重大事情,学习了农事,去江南制造局借新编译的书来读,从而了解世界大形势。而这时的淮安也随着时势的变化而实行新举措,计划开设一个西学书院,打算聘请罗振玉教舆地、时务两门课,舆地就是现在的地理学,时务就相当于现在的时事政治和农学。但是由于没有经费而只是开设了一个免收学费的教数学的私塾。

罗振玉感到当时情况很紧迫,认为科举制度下培养的人才已经不能适应那时国家的需求,要采取振兴教育的办法来富强中国,要振兴教育就得在全国办学堂。于是他在 1896 年给徐维则和蔡元培等人写信,请他们劝执政的人想办法建立西学学堂,说现在的人一谈到洋人就恨之入骨,而不知洋人的法制多完善,学业多精湛,而当下人才紧缺的原因是不建立西学学堂。后来他们把罗振玉的观点告诉了绍兴太守霍子芳,霍太守开始集资兴办了西学。当时淮安人跟随罗振玉学习西学的越来越多,可以说罗振玉开启了淮安向西方学习的风气。

1896 年罗振玉和蒋斧一起在上海创办了"学农社"和《农学报》。1898 年发生了戊戌变法,当时的形式使罗振玉面临着巨大的考验。罗振玉赞成维新变法图强,和改良派的人能合作,但对于革命派的人则不赞同。于是他和蒋斧商量说:现在政局多变,我们要收起锋芒、隐藏才能,不要跟他们一样,过于激进、好高骛远。百日维新高潮的时候,大部分负责镇守一方的总督、巡抚们都怀着观望的态度,对变法不积极响应。有一天,康有为的一个弟子告诉罗振玉:"早晚会斩掉老顽固李鸿章和刘坤一的头,这样变法的命令就好执行了。"罗振玉听后十分震

---

① 译文参考罗继祖:《我的祖父罗振玉》,天津:百花文艺出版社,2007 年版,第 19 页。

惊,心想:维新派如果真这么办,那一定会出大乱子的。

而这时掌握实权的西太后和热心变法的光绪皇帝之间正在酝酿一场新的搏斗,变法的失败就可想而知了。由于学农社和《农学报》影响很大。湖南巡抚陈宝箴积极主张变法,急于招揽人才,就推荐罗振玉进入经济特科,而罗振玉认为自己应该韬光养晦,贸进并不是好事,所以坚决谢绝了。而同时,端方在变法中以直隶霸昌道的身份管理京师农工商总局,想振兴农业,也写信问罗振玉怎么做。罗振玉回复说:"现在振兴农业应该从北京做起,以前怡贤亲王计划兴修北京附近的水利设施,但没有实施,如果你能完成怡贤亲王的遗愿,这将是不朽的功业啊。"端方看了回信非常高兴,打算按罗振玉的建议先开垦张家湾的荒地。但是由于变法失败,京师农工商总局被废除了,端方也被调任巡抚了。他临走时写信给罗振玉说:北京附近振兴农业的措施,当政者没有认为不对,可能还可以继续实行,如果你愿意来做,我可以推荐你。但是罗振玉认为离家太远,怕办事可能不太顺手,就没有去。

维新失败,被牵连的方面很多,农学会和《农学报》也受到了影响,当时很多学会和报馆被封,蒋斧主张自行关闭报馆并解散学会,但是因为拖欠印书的资金而不能关闭。这时,罗振玉给两江总督刘坤一写信申请把报馆移交给农工商局,改为官方主办。刘坤一说:《农学报》不干涉政治,对民生有利,不在封禁报刊之列;农学会虽然有乱党的名字,但是他们是为了参加学会来的,你们当然不能拒绝,所以学会也不必解散。并让上海道拨款两千银元来维持学会。当时蒋斧把这笔钱偿还印刷费后就回家侍奉母亲了,不打算再干了。但罗振玉并没有因为维新变法失败而灰心丧气,反而为刘坤一的善举而感动,于是一个人借钱维持学会和报社,这样一直坚持了9年,直到1907年才停止。

对于罗振玉维持学会和报社的几年,杨直民说:"几年之间,财力穷困,钱款不够分配,而罗振玉先生始终如一地独自支撑着,他的亲友们都担心他无法支撑下去,后来居然挺过去了,于是都叹服他的勇气,这大概是由于他出身贫寒,饱受困苦,历经忧患,所以能坚持奋斗,百折不挠。"[①]

[①] 参考杨直民:《中国传统农学与实验农学的重要交汇》,《农业考古》1984年第1期。

第三节 执教江苏却被逐

1904年,罗振玉任江苏教育顾问,11月在苏州创立江苏师范学堂,1905年罗振玉在苏州城内购地建房奉养父亲,但是房还没建成他父亲就去世了。

罗振玉请假回淮安安葬了父亲并打算守孝100天,到1906年春,守孝百日还没有到,想不到苏州教育会乘机攻击罗振玉,有人以会长张謇的名义在报纸上刊登文章,说罗振玉新建的房屋占了学校用地。

罗振玉知道这是苏州的有势力、有名望的人对他的报复做法,当时江苏师范学堂建校、招生时,江苏巡抚端方提出招生主张:这所学校虽然是为江苏而建,但是江苏和苏州是一个省的,不应该分得那么清楚。于是罗振玉采纳端方的建议,凡是有想考的,一律凭文章录取。因此苏州有钱有势的乡绅对他不满,而乡绅们想通过"拉关系""走后门""通关节"等手段让罗氏招收自己的子弟入学,但是因为人力、财力有限,招生名额有限,罗振玉拒绝了,所以苏州乡绅更恼怒。当时俞樾老先生还健在,已经85岁了,是罗振玉的前辈,影响很大,学生很多,他住在苏州。罗振玉本打算去拜见他,但是听人说这位老先生习惯请别人帮他办事,考虑如果见面后让他办事,也不好拒绝,所以就没有去拜见,这件事也可能是让苏州的乡绅们报复他的导火索,想把他弄下台。

罗振玉与张謇都投身农学和教育事业多年,关系很好,所以不愿意与他们计较,于是就给朱按察上书,说明建房用地是他买的官方所卖的地,不是学校用地,学校用地已经用围墙围住。所以并没有侵占学校用地,事情很明白,清者自清,不用去争辩。他原打算迎接父亲等一家老小来苏州居住,现在父亲已经去世,他愿意把房屋捐献出来。朱按察一向主持正义,以前早就听说过苏州乡绅的事,这次接到罗振玉的书信更是气愤,于是不接受罗振玉的捐赠,而是用官款偿还了买地和建房的费用。杭州的汪诒年也为罗振玉打抱不平,他说:苏州教育会已经登报诬蔑中伤,如果不公开澄清,那么人们会认为事实就是他们所说的那样,于是代罗振玉写了一份答辩文章发表在报纸上。苏州教育会达到了逐客的目的,自知所言有违事实,所以没有再说什么。

而这件事让罗振玉非常伤心,他为苏州教育贡献这么大,整日殚精竭虑,到头来连建一所家宅都不行,而对于这次乡绅造谣中伤的事情,罗振玉的很多苏州朋友都没有出来说一句话,所以他守孝百日期满就立即去苏州辞职。虽然苏州巡抚端方和按察使都出面挽留,但是他坚决辞职,此后的一生中再也没去过苏州。

从罗振玉的苏州伤心事可以知道,如果任由官场的污浊之气或社会上居心不良的人妄论教育、污蔑教育工作者,那将会对学校教育带来很大的伤害,影响教育的顺利发展。

第六章 吃苦受累多磨砺，锤炼坚毅成大器

第四节　废寝忘食释契文

罗振玉的《殷墟书契考释》是一部甲骨学名著，是甲骨文研究领域的奠基之作。这部开创性著作是甲骨文研究领域的第一块里程碑，而这块里程碑的背后是罗振玉坎坷的考释之路。1914年末，罗振玉在这本书的序言中写出了他考释甲骨文的艰辛历程。

> 有时候，我一天能够辨认出几个字，有时候好几天才能弄清楚一个字的部分意义。这就像在走了一整夜的夜路，突然看到了黎明的微光一样。在小路上走过，又踩着荆棘走，考释非常艰难。我长时间专心思考的样子就像呆坐生病一样，即使打雷也不会听见，纸笔在手，有时候就废寝忘食。我凭借自己的一点基本常识，来参悟这深奥的文字，屡屡感到才思枯竭，有时候虽然能够有所收获，我想那也是上天打开了我的心智后才有所得，并不是我的能力所能做到的。但是我在探究文字背后的深奥道理、搜索它隐秘事情的时候，发现让我疑惑的地方还有很多。我认为自己的贡献虽小，但是也不会因此而不做，以期积少成多。因为前贤的考释还没有完备，所以才有我的考释之作。我写这些文字的目的并不是对别人诉说自己考释时的劳苦，而是说明想在有生之年完成考释这些甲骨文的志向，订正前人的讹误说法，补充还没有谈到的方面。我真诚地盼望后来的贤能之士能够发现并纠正我的错误观点。①

从罗振玉的自述可以看出，他当时考释这些甲骨文的时候是多么的负责、真诚、艰辛和谦虚。1915年初，罗振玉还写过两首诗《撰〈殷墟书契考释〉成漫题》：

> 海溢桑枯灵骨见，麟来凤去我生非。

---

① 译文参考罗振玉：《〈增订殷墟书契考释〉序》，罗振玉撰述、萧文立编校：《雪堂类稿·乙·图籍序跋》，沈阳：辽宁教育出版社，2003年版，第54—55页。

射生畴复贞牢礼,去国依然梦画衣。

并世考文谁史许,当年抱器感箕微。
摩挲法器穷钻仰,学易曾闻屡绝韦。①

第一首诗是说:在当时沧海桑田的大变革时代,甲骨出现了,从此我的人生轨迹也有了重大变化。我开始独自深入研究甲骨文,而从事这种文字研究的人实在是凤毛麟角,看着这些文字,我仿佛看到了殷商时代捕猎禽兽的情景、为了土地而战争的情景、用牛羊祭祀的情景……我虽然离开了祖国,看不到那里妇女的穿着,但是我仍然在梦里把这些中国最古老的文字与中国妇女服饰联系了起来,于是认出了一个"衣"字。"灵骨"就是用以占卜的甲骨。"射生"是捕射禽兽的意思。"贞牢"是卜问用多少对牛或羊做祭品。"画衣"本指在衣服上画花纹,这里指代衣服,因为甲骨文的"衣"字是一个象形字:⟡,像清代妇女所穿的前襟向右掩的衣服的形状。"梦画衣"的意思应该是罗振玉天天看甲骨文的"衣"字,但当时不知道是哪个字,很苦恼,日有所思则夜有所梦,结果做梦时想到了它的形状很像清代妇女的上衣胸前和领子部分的轮廓,于是认出了这个字是"衣"。

第二首诗是说:在这个时代考释古文字的人,除了我,还有谁像周宣王史官史籀和东汉的文字学家许慎那样精心钻研古文字呢?回想前些年,我怀才不遇,等待时机,我向皇帝多次苦心劝谏,但是我就像殷代末年箕子和微子一样,建议不被采用、遭到冷落,结果无奈流亡他乡。现在我只能用手抚摩着这些用来占卜的龟甲,刻苦钻研上面的文字,看了一遍又一遍,这种情景多像孔子研究《周易》时因为无数次地翻看竹简而几次磨断牛皮绳的情景啊!"史许"是指史籀和许慎,都是古代著名的古文字学家,著作分别有《史籀篇》、《说文解字》。"抱器"是怀才待时的意思。"箕微"是指殷代末年的箕子和微子。箕子是商末贵族,商纣王的叔父,他苦心谏阻纣王,但纣王不听。微子也是殷商贵族,殷商帝乙的长子,纣王的庶兄,多次亲谏纣王,纣王始终不纳。箕子、微子和比干,史称"殷末三贤"。"法器"是指用于占卜的龟甲和兽骨。"钻仰"是钻研的意思。

---

① 萧文立:《罗雪堂周易研究述略》,龚鹏程主编:《八卦城谈易——第二届中国·特克斯世界周易论坛论文集》,北京:社会科学文献出版社,2014年版,第298页。

从上面的序言和诗句来看,当时罗振玉是因政治不幸而以研究甲骨文排遣苦闷的,没想到他竟然开创了甲骨文研究的新天地,一个人认出了485个甲骨文!这样使人们可以基本读懂甲骨卜辞了。也可以知道他辨识甲骨文是多么的用心,多么的费力,长夜见微光,梦里释契文,这种体验是多么的深刻而细微!没有下过一番苦功夫是写不出这种伟大著作的。然而,《殷墟书契考释》的著作权问题后来却成了学界的一大公案,我们在第八章"考释契文功被疑"一节详细分析。

这段经历可以启示我们:要在古文字研究领域获得不朽成就,就要付出别人无法想象的汗水。同样,从事任何学术研究,只有亲身经历艰辛的过程,才能取得丰硕成果。教师授课、学生学习等方面莫不如此。

第五节 观堂自沉诬逼迫

观堂是王国维的号,他的去世给罗振玉带来了巨大影响,不只是伤心,更有无尽的委屈……

1927年6月2日,王国维在上午八点准时到达清华大学办公室,准备给毕业的研究生评定成绩,但是他突然想到用来评定成绩的试卷和文章都没有带来,于是让人从家里拿来并评好了成绩。之后,他又和研究院的侯厚培谈了下一学期招生的事,把所有的事都处理完之后,王国维向侯厚培借了5元钞票,离开了办公室。

在大约十点时,王国维来到清华大学门口,叫了一辆人力车去颐和园,到了颐和园门口,他下车给车夫钱并让车夫在园外等他,然后买票进入园内,沿着长廊慢慢地走到了名叫鱼藻轩的八角亭子中,掏出一支"哈德门"牌的香烟,点了烟,一边思考一边吸烟。到了十一点左右,他吸完了香烟,一跃而下投入了昆明湖中。不远的地方有工作人员看到他落水,就赶忙喊人救他,巡警马上赶到,很快就把王国维打捞上来。从投湖到捞出,共两分钟左右的时间,水池也不深,但是因为王国维是头朝下入水的,嘴和鼻子都被淤泥堵住了,所以窒息了,这时如果旁边的人知道急救的办法也许可以把他抢救过来,可惜他们不知道,从而错过了最佳的抢救时机。这样,一代学术大师就以这样的方式结束了他的一生。①

这位知名学者的死在社会上引起了不小的波澜。罗琨、张永山说:"八十多年来,死因似乎成了一个谜,出现各种各样的猜疑。随着罗氏'窃取'了王国维研究成果说的流传,王国维是因罗氏'逼债'或逼迫而死的说法,也在社会上广泛流传起来了,以致不少人一提起罗振玉就想起观堂之死的'疑案'。观堂之死成

---

① 以上两段参考张连科:《王国维与罗振玉》,天津:天津人民出版社,2002年版,第334页。

了讲罗氏生平不能不回避的热点问题,这涉及他的学术生涯,又比任何学术活动都引起人们的关注。……四五十年代以后,社会上流行的观点是观堂之死与罗振玉逼债有关,此说最早见于1927年史达写的《王静庵先生致死的真因》,文章说王国维'所以不先不后,恰恰于今年旧历端午跳水寻死,实缘受友人累,经济上挨到过量的压迫耳。据熟悉王、罗关系的京友说,这次的不幸事件完全由罗振玉一人逼成的'。"①

王国维是罗振玉逼死的观点,张连科整理得比较详备,现在引述如下:

> 王国维的死因,人们的议论很多,一个自称和王国维"相识将近三十年"的人,以殷南的笔名发表文章,说王国维"偏偏在去年秋天,既有长子之丧,又遭挚友之绝,愤世嫉俗,而有今日之自杀"(《我所知道的王静安先生》,《国学月报》第二卷八、九、十合刊),把王潜明故去、罗振玉绝交,当成王国维自杀的原因。后来,郭沫若便以殷南的话为证据,认为王国维之死,"实际上是受了罗振玉的逼迫。详细的情形虽然不十分知道,大体的经过是这样的。罗在天津开书店,王氏之子参与其事,大折其本,罗竟大不满于王,王之媳乃罗之女,竟因而大归。这很伤了王国维的情谊,所以逼得他竟走上了自杀的路。"(《鲁迅与王国维》,《文艺复兴》三卷二期,后收入《历史人物》一书中)郭沫若在"不十分知道"详细情形的情况下,就判定是罗振玉逼死了王国维。此后溥仪在写回忆录时,也继承了郭的说法,他说:"我到了天津,王国维就任清华大学国文教授之后,不知是由于一件什么事情引的头,罗振玉竟向他逼起债来,后来不知又用了什么手段再三地去逼迫王国维,逼得这位又穷又要面子的王国维,在走投无路的情况下,于一九二七年六月二日跳进昆明湖自尽了。"在这段文意的第三句,溥仪注释说:"我在特赦后,听到一个传说,因已无印象,故附记于此,聊备参考。据说绍英曾托王国维替我卖一点字画,罗振玉知道了,从王手里要了去,说是他可以办。罗振玉卖完字画,把所得款项(原注:一千多元②)作为王国维归还他的债款,全部扣下。王国维气愤已极,对绍英的催促无法答复,因此跳水自尽。据说王遗

---

① 罗琨、张永山:《罗振玉评传》,南昌:百花洲文艺出版社,1996年版,第150页。
② 这里的"元"应当指银元。

书上'义无再辱'四字即指此而言。"(《我的前半生》第 201—202 页)①

我们来一一分析一下这些说法是否可信。

殷南把王潜明故去、罗振玉绝交当成王国维自杀的原因,这是不能成立的。王潜明病逝是在 1926 年 9 月 26 日,而罗振玉与王国维的绝交时间大约在 1926 年 10 月 31 日。根据罗琨、张永山所言:"(九月)二十五日,致罗氏最后一封信说……这近于绝交信了。"②王国维写这封信之前的心情应该是王国维的大女儿王东明所说的:

> 父亲最爱大哥,大哥病逝,给父亲很深的打击,已是郁郁难欢,而罗振玉先生又不声不响的偷偷把大嫂带回娘家,父亲怒道:"难道我连媳妇都养不起?"然后把大哥生病时医药花费全汇去罗家,他们寄还回来,父亲又寄去,如此往复两回,父亲生气得不言语,只见他从书房抱出了一叠信件,撕了再点火焚烧。我走近去看,见信纸上款写着:观堂亲家友(有)道……③

王国维把信撕了再烧可以表明他绝交的想法了。因为他在 1903 年写过《书古书中故纸》这首诗:

> 昨夜书中得故纸,今朝随意写新诗。
> 长捐箧底终无恙,比入怀中便足奇。
> 黯淡谁能知汝恨,沾涂亦自笑余痴。
> 书成付与炉中火,了却人间是与非。④

从这首诗和烧信的行为看,王国维是想与罗振玉断绝关系了。所以二人在 1927 年 2 月 13 日去天津给溥仪祝寿时相遇都没说一句话。

---

① 张连科:《王国维与罗振玉》,天津:天津人民出版社,2002 年版,第 341 页。
② 罗琨、张永山:《罗振玉评传》,南昌:百花洲文艺出版社,1996 年版,第 156 页。
③ 王东明:《最是人间留不住》,陈平原、王风编:《追忆王国维》,北京:生活·读书·新知三联书店,2009 年版,第 387—388 页。
④ 陈鸿祥:《王国维全传》,北京:人民出版社,2007 年版,第 131 页。

王国维自杀时间是1927年6月2日(农历五月初三),如果王国维自杀的原因是因为"王潜明故去、罗振玉绝交",那么,他自杀时间应该在撕掉并烧毁罗振玉给他的信以及写绝交信的时候,就是在1926年10月31日前后,而不会是7个月以后。如果王国维把与罗振玉的友情看得比生命都重要,那么他也不会在断交后的1927年2月13日去天津给溥仪祝寿而不跟罗说话。

而王国维死于罗振玉"逼债"或逼迫的说法,也站不住脚。对此罗琨、张永山和刘蕙孙都有详细的剖析,现在引述如下:

罗琨、张永山在《罗振玉评传》中说:

> 史达写道"据熟悉罗王关系的京友说",罗女为王之子妇,王子死,罗氏将女儿接归,"强令王家每年拿出二千块钱交给罗女,作为津贴"。这种说法流传极广,而且成为"逼债说"的基础。关于此事真相,罗氏后人曾保存王国维的书札三通,1954年罗福颐将其中两通及其说明曾投诸杂志,而被退稿,直到1981年才得到发表。罗继祖也曾将其中一通编入《观堂书札》,1978年作跋,将三封信摘要录出,刊于1982年。这三封书信清楚地反映出,不是罗氏向王氏强索女儿的生活费,而是因罗氏拒绝接受抚恤金,使王国维感到人格受到侮辱而断交。1991年孙敦恒《王国维年谱新编》问世,刘蕙孙《我所了解的王静安先生》等都披露了一些新资料,由此,王国维晚年"西河之恸,故交中绝"的经过,开始被世人所了解。①

刘蕙孙在《我所了解的王静安先生》中说:

> 关于逼债,说破了罗、王之间无债权亦无债务之可言。从二人相识以来,静安先生不知接受了雪堂多少经济上的资助。如何能谈到债务?是这么一回事:即王伯深姨丈死了,海关照例给其配偶一千多元②的恤金。此款要在上海海关领,就由伯深胞弟王仲闳(高明)领出。有父母在当然要汇给在京

---

① 罗琨、张永山:《罗振玉评传》,南昌:百花洲文艺出版社,1996年版,第153页。
② 这里应当指银元。

的父母。同时通知了嫂嫂。但经过一段时间,北京王家未提此钱。静安来津,雪堂问及,静安说有此款,在内人那里放着,尚无暇送来。雪堂请他回家向太太要了寄来。静安回言要钱,太太不给说:"你向罗亲家说,儿子衣衾棺椁丧葬费尚未料理,此款不能就给媳妇。"静安明知无理,但经济权一直在太太手中,没有办法,就如言复罗。雪堂悱然,知道王是怕太太,就说:"这是哪里的话?衣衾棺椁之费,都是我姓罗的支付,你王家几曾出一文,伯深是我女婿,不要你家还钱。恤金有关章规定:要给死者配偶,是我女儿养命之源,请你夫人拿出来。至于你家有什么困难,你说,我唯力是视。"静安自然无话可说。但是太太不给钱,钱也拿不出。几经询问,都是支支吾吾,最后罗说:"算了,你也别再为难,钱不要了,我自己另给一笔钱予我女儿。你一个男子汉,在大是大非方面都管不住老婆,我们的交情也就算了!"静安无话可答而去。雪堂真给了我三姨母一千多元。从此不谈此事,也不再主动和王去信。静安后来回到家乡将薄田卖掉,凑足钱数寄还给罗,罗不受。静安就用王在山(伯深自号在山),存入银行。这一交涉有静安亲笔信在罗家。罗福颐先生复制给我转给吴泽同志,恐已发表,所以罗未逼债、王也未赖债。①

对于罗振玉卖字画扣押一千银元而使王国维自杀的传言,更是别人的污蔑。从上面刘蕙孙的文章可以知道王国维可以卖田得一千多银元,不至于因为这点钱而自杀。而罗振玉也不会那么贪得无厌,这可能是他的政敌污蔑的话。他在1924年《甲子岁谕儿辈》谈到妻子、儿子继承的遗产部分时说:"以四万元(指银元)为限,以一万元用于京旗维持会印刷科,五万元存入东华银行生息,以备京旗会善举。"而前面所垫付的几千银元建筑费,"即作为捐款,不取回"②。可见他是不会因为那一千银元做那种不义之事的。

王国维遗书说明了他死因的共有16个字:"五十之年,只欠一死,经此世变,义无再辱!"对这16个字的解密就可以明了王国维的真正死因。人们往往只注意最后4个字,当然这4个字很关键,但是需要和前面12个字作整体理解才能更好地解释他的死。

---

① 吴泽主编、袁英光选编:《王国维学术研究论集》(三),上海:华东师范大学出版社,1990年版,第471—472页。
② 罗琨、张永山:《罗振玉评传》,南昌:百花洲文艺出版社,1996年版,第154页。

"五十之年"很明显是指王国维在 1927 年 6 月 2 日(农历五月初三)时已经五十周岁,饱读诗书的王国维不可能不理解孔子的话"五十而知天命",所以他这句话恐怕暗含这个成语,他已经五十岁了,他认为:自己到了明白上天的安排的年龄了,而上天的意志是不能违背的(或者说自然规律不以人的意志为转移),当时的社会斗争形势也不可逆转,冯玉祥的军队已经在 5 月 30 日占领了郑州,保卫北京的奉军节节败退,北京也难保了,所以他放弃了与天的斗争和人间"恶势力"的斗争。但是据王国维的学生姜亮夫回忆,王国维在农历五月初二说:"亮夫,我总是不想再受辱,我受不得一点辱!"①那么冯玉祥进京后王国维当然会受辱了。不想受辱,如果只是罗振玉不要他的钱让他感觉人格受辱的话,那么罗振玉后面不会再让他受辱了,因为二人已经断交。所以他的死与罗振玉无关。

他这五十年来,觉得欠人太多。那么"只欠一死"是欠谁一死呢? 有人联想到了罗振玉,说王国维的一生完全是因为罗振玉才能有如此巨大的成就,罗振玉一生给了他非常多的金钱和物质的帮助,所以王国维总觉得欠罗振玉的,这话不假,连罗振玉自己也多次给别人说过他对培养王国维的功劳。但是后来王国维在进入溥仪小朝廷之后的做法表明,他并不想总是听命于罗振玉,很多观点与罗振玉相反,所以让罗振玉很生气。如果他能为罗振玉一死,为什么不能为罗振玉"唱双簧"呢? 况且王国维已经因为罗振玉不接受他给儿媳的钱而与他断交了。怎么会再为罗振玉而死呢? 至于罗振玉自己晚年所说的话应该是他的误解,其外孙刘蕙孙回忆说:"1929 年我在旅顺,雪堂先生(罗振玉号雪堂)对我说起他和静安(王国维字静安)的友谊,最后说:'他最后觉得对我不起,欲以一死报知己。我也觉得那件事不免粗暴,对他不起。但死者不能复生,只好为他弄个谥法。遗折是我替他做的。'"②王国维的思想境界要比罗振玉高,所以罗振玉应该是误解了他的"五十之年,只欠一死"的遗言,而且是断章取义,再假做遗折来帮助王国维和他的家人。

那么,除了欠罗振玉的,王国维欠得最多的恐怕是清朝和溥仪,这就有了"殉

---

① 张连科:《王国维与罗振玉》,天津:天津人民出版社,2002 年版,第 329—330 页。
② 刘蕙孙:《我所了解的王静安先生》,陈平原、王风编:《追忆王国维》,北京:生活·读书·新知三联书店,2009 年版,第 467 页。

清"说。王国维是清朝的遗老,溥仪对他有知遇之恩——王国维以秀才身份,被溥仪破例任命为大清"南书房行走",而以前要求翰林院甲科出身,才能进入"南书房"。所以梁启超以伯夷、叔齐不食周粟来描述他,当时的清华校长曹云祥、罗振玉、吴宓等人都这么认为。鲁迅在《谈所谓"大内档案"》中说王国维"在水里将遗老生活结束",也是持这个观点的。笔者这里再补充几个证据:

(1)王国维忠于皇帝溥仪甚至超过了对他有亦师亦父大恩的罗振玉,因为他可以在1926年与罗振玉断交,却始终忠于溥仪,所以在1927年2月13日去天津给溥仪祝寿而不理罗振玉。从这个细节就可以看出王国维是多么忠君。而罗振玉对他的帮助也可以认为是来自清王朝的或者说是皇上的,所以王国维也是从罗振玉那里间接受了溥仪皇室的大恩。还有一个细节:王国维一直留着辫子,据说他是清华大学里仅有的留辫子的两个人之一,这个态度明显表明他是忠于清王朝的,一仆不侍二主的君辱臣死的忠君思想是根深蒂固的。

(2)王国维投湖前多次透露并实施了殉节的行为。1925年8月17日是罗振玉的六十大寿,当时王国维亲自去天津献上了祝寿诗两首。诗言志,从这两首诗中可以看出王国维的想法。

> 卅载云龙会合长,半年濡呴更难忘。
> 昏灯履道坊中雨,羸马慈恩寺外霜。
> 事去死生无上策,智穷江汉有回肠。
> 毗蓝风里山河碎,痛定为君举一觞。

> 事到艰危誓致身,云雷屯处见经纶。
> 庭墙雀立难存楚,关塞鸡鸣已脱秦。
> 独赞至尊成勇决,可知高庙有威神。
> 百年知遇君无负,惭愧同为侍从臣。
> (《观堂集林》卷二十四)①

---

① 张连科:《王国维与罗振玉》,天津:天津人民出版社,2002年版,第320页。

张连科分析得很好,他说:"(第一首诗)中间四句写二人同经事变,正直行事,面对清朝的灭亡,虽忧心如焚,却无力回天。最后二句,毗蓝风,用佛家语,指能够摧毁一切的极强风,比喻反清力量,言在暴力之下清朝灭亡,国家也陷入分裂之中,悲痛之中为罗氏进酒,申祝寿之主旨。第二首重点写刚过去的北京事变。首联写溥仪被逐出故宫之后,罗、王二人援主辱臣死之义,发誓以身殉小朝廷,罗氏在危险之际大显身手。中间二联写罗氏送溥仪从北京至天津。尾联赞颂罗氏不负溥仪的知遇之恩,而王氏自己却非常惭愧,没有为小朝廷做出什么贡献。王氏的祝寿诗表现了两人关系还是非常友好的,也为其后来的自杀埋下伏笔。"[①]

王国维和罗振玉不但发誓"以身殉国",而且还真这么做了。罗振玉在《祭王忠悫公文》中说:"十月之变,势且殆,因与公及胶州柯蓼园学士约同死。"[②]陈寅恪说:"甲子岁冯兵逼宫,柯、罗、王约同死而不果。"[③]陈寅恪是王国维无话不谈的挚友,所以他更了解王国维,所以陈寅恪写了一首长篇七言古诗《王观堂先生挽词》,其中有四句:"神武门前御河水,好报深恩酬国士。南斋侍从欲自沉,北门学士邀同死。"张连科说:"王国维进宫侍奉溥仪,与其同乡查慎行事如出一辙,但是不想到1924年,冯玉祥宣布废除优待条件,逼迫溥仪迁出故宫。"[④]"王国维、罗振玉、柯劭忞皆援'主辱臣死'之义,欲投紫禁城旁御沟自尽,经众人劝阻而止。回到王家,罗氏抚膺长恸,忽然双目失明。王国维赶快请来医生诊视,医生看后,认为由心气暴伤所致,让罗氏服下安眠药,说若能入睡,此病就可以治好。罗氏昼夜操劳,不眠已过一旬,到他一觉醒来时,视力开始恢复。"[⑤]"蒋天枢注此诗时,曾云:'罗、柯曾约王共投神武门外御河殉国,卒不果,后王先生之自沉昆明湖,实有由也。'(《陈寅恪诗集》第15页)这几句话应是说出了陈氏诗意。"[⑥]

(3)王国维明显是效法屈原而殉节[⑦]的。王国维与屈原在很多地方都相似,现比较如下:

---

①张连科:《王国维与罗振玉》,天津:天津人民出版社,2002年版,第320页。
②张连科:《王国维与罗振玉》,天津:天津人民出版社,2002年版,第348页。
③张连科:《王国维与罗振玉》,天津:天津人民出版社,2002年版,第352页。
④张连科:《王国维与罗振玉》,天津:天津人民出版社,2002年版,第355页。
⑤张连科:《王国维与罗振玉》,天津:天津人民出版社,2002年版,第296页。
⑥张连科:《王国维与罗振玉》,天津:天津人民出版社,2002年版,第355页。
⑦殉节:指国家灭亡或战争失败之后,不愿投降,便牺牲生命,是爱国忠君的表现。

第一,二人去世的时间相似。王国维不可能不知道五月初五是端午节,是屈原爱国殉节的日子,而他投湖的时间恰是五月初三。他应该是早有准备,实施时可能临时提前了两天。

第二,自尽的方式都是投水自沉,屈原跳进汨罗江,王国维跳入了昆明湖。

第三,自尽前都面临严峻形势。屈原是在流放过程中得知楚国被秦国消灭的消息后自尽的。王国维是在溥仪被冯玉祥的军队逐出故宫逃亡到了天津的情况下自尽的,1927年5月30日冯军占领郑州,奉军无法抵挡,认为北京不保。根据姜亮夫的回忆,王国维面临着这样的情况:"一九二七年四月,李大钊先生遇害……广州北伐军已渐渐逼近南京,并攻下南京,渡河北上……政治牵连较大的是王静安先生,他是末代皇帝的老师,脑后有长辫,又听说长沙叶德辉被杀,罗振玉已经进入东交民巷某国大使馆,清代遗老们都纷纷'逃难',犹如大祸临头!……静安先生很着急,他本来不问政治,外交情况也不知,但他有一个同乡同学经常到他那里去,劝先生剪发。有一天,北大教授马先生来看王先生,也谈到剪辫子的问题……这时梁任公先生突然去天津,所以静安先生心中更为惶恐。……先生说:'有人劝我剪辫子,你看怎样?'"①叶德辉、王葆心都被杀害,清代遗老纷纷避难,再加上友人都让他剪辫子,这些都时时让他感到清王朝不保,他作为清朝皇帝的老师还留着革命派最痛恨的辫子,所以也意识到自己面临着生死问题,这比屈原还危险。

第四,二人都忠君爱国而遭排挤。屈原是楚王的忠臣,因为正直爱民而被贪官污吏诬蔑,在政治上的抱负无法施展。而王国维也是一个爱国忠君的老实人,讨厌小朝廷中的钩心斗角、尔虞我诈,也被郑孝胥等人排挤而得不到重用。

第五,二人都远离了为新君效忠的地方。新楚王即位,屈原遭到贵族排挤毁谤而被流放汉北和沅湘流域,无法抑制那些奸佞小人,无法效忠国君。而王国维也是为新君溥仪尽忠,虽然做过"南书房行走"的官,但是最终无法参与政治,而到清华大学教书,而那时溥仪已在天津了。

---

① 张连科:《王国维与罗振玉》,天津:天津人民出版社,2002年版,第329页。

第六，都受到了国君的知遇之恩。屈原出身于楚宗室贵族，早年受楚怀王信任，任左徒、三闾大夫，兼管内政外交大事。王国维在1923年春以布衣身份到北京充任逊帝溥仪的南书房行走，也曾深受皇帝信任。

第七，二人都有诗人的抑郁气质，对时局都抱有悲观态度，对现实感到绝望。在文学上也都颇有成就。

此外，当然二人的心情都是极度悲痛的。所以王国维与屈原的境遇非常相近，他与屈原肯定有情感上的共鸣，怎能不受到屈原的影响呢？

"经此世变"的"世"有人写作"事"，一字之差，含义迥异，"事变"可以指影响小的政治、军事变化，而"世变"则是大范围的世间变化。如果说"事变"还可以说他的儿子病逝和与挚友断交的话，那么"世变"则点明了当时王国维关心的是整个国家的混战以及生灵涂炭。具体所指应该是1911年辛亥革命后溥仪退位、1924年冯玉祥发动北京政变废除帝号和逼走溥仪以及直皖战争、直奉战争、北伐战争等。所以说这里只有理解为王国维是"殉节"爱国而死才合适。而且这里的世变与王国维受辱有关。

那么"义无再辱"四字该如何理解呢？是受到罗振玉的侮辱才死的吗？

这个侮辱他的应该不是罗振玉，因为罗振玉有恩于他，罗振玉待他就像父亲对待儿子一样，又比他大十多岁，就算罗振玉训斥他惩罚他，他也应该不会认为是受到了罗振玉的侮辱。如果以我们一般局外人的立场来看，罗振玉对王国维的最大侮辱就是不受他给罗女的抚恤金。前文已经说过王国维的大女儿王东明的话，王国维因此大为恼火而烧信、断交。但即使如此他也没有在当时自杀，而是7个月之后才自尽的。况且那时罗振玉没有再侮辱他。所以这里的"义无再辱"绝对不是指罗振玉的事。

张连科的一段话是"义无再辱"的最好解释，他说：

> 王国维一生把人格看得重于一切，侵犯人格，也就使其受到了侮辱，

1917年,他在上海时就曾经于写给罗振玉的信中说:"海上人心浮动,以后便拟简出,恐招意外之侮辱也。"(《王国维全集·书信》第196页)而他的脑后却又偏偏拖着一条不肯剪去的辫子,倘若北伐军到来,一些激进的年轻人剪掉他的辫子应该是可能的。另外,他把诚实、正直、始终如一当成自己必须遵守的道德规范,对世俗的见风使舵、反复无常深恶痛绝,他称张勋复辟中"此次负责及受职诸公,如再靦然南归,真所谓不值一文钱矣"(同上书第197页)。王国维自己后来也为溥仪奔走,成为"受职诸公",所以他不能"靦然南归",不能"不值一文钱",如果他坚持自己过去的理想、信仰和道德规范,前面就只有死这一条路了。况且他对死一点也不恐惧,认为为道义而死是一种光荣,1917年,他曾说:"黄楼赴荷使署,报言系西人迎之,殆信。又言其志在必死,甚恰,此恰公道。三百年来乃得此人,庶足饰此历史。"(同上书第198页)黄楼指张勋,张勋复辟失败,逃入外国使馆,王国维认为张勋应该去死,"不成功则成仁",失败后只有死才能为清朝的历史增辉。张勋是个软骨头,没有像王国维期望的那样去做,看来不负其期望的只有王国维自己了。①

可见,王国维的前辱是皇帝溥仪被废被逐而受到冯玉祥军队侮辱,他的"再辱"应该是北伐战争中溥仪复辟再失败、天津皇室不保,再次受到冯玉祥军队的侮辱。君辱则臣耻,当然也可能包括他自己被北伐军侮辱。罗继祖说:"又谁知这年五月,王竟效止水之游,心忧革命北伐将成,恐更予故君以不利。"②这里的"止水之游"源自《庄子·德充符》:"仲尼曰:'人莫鉴于流水而鉴于止水。唯止能止众止。'"成玄英疏:"鉴,照也。夫止水所以留鉴者,为其澄清故也。"③《庄子》的话用现代汉语说就是:孔子说:"人不会到流动的水面上来照自己,而是到静止的水面上来照自己,因为只有静止的事物才能让事物静止下来。"意思是说静止的洁净澄清之水可以作为人们的镜子来使人照见自己的情况。当然王国维跳到昆明湖中是想让他心目中的那些"乱军"明白"忠君爱国"的大义,用自己的效

---

① 张连科:《王国维与罗振玉》,天津:天津人民出版社,2002年版,第330页。
② 罗继祖:《也谈"罗王之间"》,罗继祖:《我的祖父罗振玉》,天津:百花文艺出版社,2007年版,第249页。
③ 郭象注、成玄英疏:《庄子注疏》,北京:中华书局,2010年版,第106页。

忠行为反照"乱军"的言行,不要再让皇帝溥仪受辱了。有人说王国维投水之前曾经说过一句话,大意是说现在只有昆明湖这一汪净水了,也能表明他的这种想法。

吴宓是王国维的好友,他在日记里说:"知其昨日就义,至为从容。……王先生忠事清室,宓之身世境遇不同。然宓固愿以维持中国文化道德礼教之精神为己任者,今敢誓于王先生之灵,他年苟不能实行所志,而腆忍以没;或为礼教之敌所逼迫,义无苟全者,则必当效王先生之行事,从容就死。惟王先生实冥鉴之。"①"王先生此次舍身,其为殉清室无疑。大节孤忠,与梁公巨川同一旨趣,若谓虑一身安危,惧为党军或学生所辱,犹为未能知王先生者。"②"(黄节)谓以彼意度之,则王先生之死,必不忍见中国从古传来之文化礼教道德精神,今将日全行澌灭,故而自戕其生。宓又详述遗嘱种种。黄先生谓,如是则王先生志在殉清,与彼之志稍异。然宓谓二先生所主张虽不同,而礼教道德之精神,固与忠节之行事,表里相维,结为一体,不可区分者也。特因各人之身世境遇及性情见解不同,故有轻此重彼者耳。"③当时的著名学者黄节和陈寅恪都认为他是为中国文化道德而死,而吴宓认为是为效忠清王朝而死。这两种看法本质上是一样的。

张连科曾这样描述王国维被任命为南书房行走之后的心理:"他是一个道德观念极强的人,'食君之禄,分君之忧'、'主辱臣死'等观念占据着他的灵魂,反复无常,背主叛亲为其深恶痛绝,他深知自己一旦北上,就是拿自己的生命当抵押。"④

综上所述,王国维是为了忠君爱国而死,不是由于罗振玉的逼迫。所以让罗振玉背负逼死王国维的罪名实在不应该,"逼迫说"是片面误解的看法。

---

① 张连科:《王国维与罗振玉》,天津:天津人民出版社,2002年版,第336页。
② 张连科:《王国维与罗振玉》,天津:天津人民出版社,2002年版,第339页。
③ 张连科:《王国维与罗振玉》,天津:天津人民出版社,2002年版,第340页。
④ 张连科:《王国维与罗振玉》,天津:天津人民出版社,2002年版,第272页。

第七章

存书刊书为大家,国学国宝放光华

罗振玉甲骨文书法

这一章,我们详述罗振玉在保存国学、研究国学方面的成绩。这些成就的取得可以在教育治学方面给我们带来一些有益的启示。

罗振玉在保存国学上的成绩是他一生中最大的也是最显著的成就。他出版的著作多达 130 多种(一说 189 种),整理校刊书籍 642 种。仅从这一点来讲,尊他为国学大师毫不为过。也可以说他是晚清和民国的"书圣",只不过这里的"书圣"不是书法家,而是文献学家。

教育是离不开书的,就狭义的学校教育来讲,教材和辅导书则是实施教育的必备之物,是教育要首先具备的条件;就广义的社会教育来讲,各级人群都要从他们的专业图书中不断进步,进行自我的终身教育。所以振兴教育,首先要丰富各种教育所需的书籍。

就研究而言,书籍也是研究的先决条件,在文史哲方面,没有研究资料是无法进行研究的,可以说是寸步难行。而缺少相关的资料也会严重制约我们全面而深入的研究,从而无法正确而透彻地认识某个问题。利用大量新的研究资料进行研究则是取得成就的重要因素。

在整理、出版图书方面,罗振玉的经历可以给我们带来很多启示。

第七章 存书刊书为大家,国学国宝放光华

第一节 珍稀古本集成版

罗振玉把传播中华文化遗产作为自己一生的使命和志向。这个志向在他青年时候就树立起来了。在中年以后,他看到了古籍遗失的情况,很多的珍贵古籍出现后,被某个人收藏,但是过不了几代人,就消失了,于是就产生了一种抢救、保存这些古书的紧迫感。他想通过自己的力量使这些凝聚着古人心血的成果流传下去,于是就有一种责任感。他抓住一切机会搜集古籍,包括去日本考察和避难时都是这样。

1928年,罗振玉在《碑别字》(增订本)书后附的《雪堂校刊群书叙录》中说:"没有才能的我一直有传播古代文化的志向,凡是古人有记录而没有刊出的书以及以前刊出但流传很少的书,我都想通过汇集有志之士创建古书流通会把这些书刊印出来。但是几十年来,有相同爱好的朋友不常聚集,再加上社会动荡,这个愿望最终无法实现。辛亥革命后,我一个人居住,没有朋友来往,没有别的事可做,于是决定以我一个人的力量来做这件事。这样做了十几年,共得到250种书,本想都刊印出来,但是还没有印到一半,我的钱就花光了。"①

罗振玉确实很早就有了传播古书的志向,早在1888年,23岁的罗振玉得到了山阳县人阮葵生②的《风雅蒙求》稿本,这是一部简明完备的音韵学书。他把这本书拿出来让路岯和邱崧生看,二人为此书各作了一篇序。路岯在序中说:"这本书按照古音来订正现在的韵部,用五音匹配四声,用唇齿和清浊确定通转,并用古代诗歌的押韵来证明。""用简单的方法来处理复杂纷繁的音韵,从根本着手来梳理各种枝杈问题,使学习者能够明白古韵和今韵分合的痕迹、声母和反切

---

① 译文参考罗琨、张永山:《罗振玉评传》,南昌:百花洲文艺出版社,2015年版,第64页。
② 阮葵生(1727—1789):字宝诚,号吾山,清代淮安府山阳县(今江苏淮安市楚州区)人。1752年考中举人,历任监察御史、通政司参议、刑部右侍郎,是清代乾隆时期有成就的诗人、散文家和法学家。

的方法。"①罗振玉和这两位朋友凑钱出版了这本书。这可能是他收集刊布稿本的开始。后来罗振玉又把这本书与另一本当时罕见的古书《经史动静字音》合在一起出版，这本《经史动静字音》是元代刘鉴②写的，现在多称为《经史正音切韵指南》，成书于1336年，用十六摄归纳韵类，做成了二十四张韵图，是在《四声等子》的基础上改进而成，与韩道昭的《五音集韵》一书互为表里，书后还附有综合了宋代和元代等韵学家的等韵门法理论而编成的《门法玉钥匙》，这本书对后世的等韵学、等韵图的发展产生了较大的影响。但是谢启昆在《小学考》中却说没有见过这本书。所以罗振玉根据明代刊本精心抄写影印出版了。

1892年，27岁的罗振玉在做私塾老师之余，开始学习谱系、目录学，并写成了《新唐书世系表考证》《艺文志校议》《三国志证闻》《淮阴金石仅存录》《小学钩沉续编序》等著作。

1902年他去日本考察教育时，在闲暇的时候就到周围的书店搜索我国古书，每次都有收获。这年买的书有《梵唐千字文》、影印宋刻本《三因方》、《祖庭事苑》、《食医心鉴》、影印元刻本《儒门事亲》、影印宋刻本《本事方后集》、《济生续方》、《备急灸法》、《唐六典》、《列子鬳斋口义》、森立之影摹唐《新修本草》残本等。

1903年在广州任两粤教育顾问时，罗振玉很清闲，于是每天到双门底府学东街逛书店，正好有一家以藏书而闻名的南海孔氏岳雪楼，当时正在出售藏书，而且很便宜，罗振玉在这里买了很多善本书，为了买这些书他把所有的工资都花光了。这就是罗振玉收藏善本书的开始。他的善本书大多都来自这个藏书楼，如《明宣宗实录》《宪章录》《皇明大政记》《明列卿记》《嘉靖以来首辅传》《皇明制书》等。③

1909年再次到日本考察教育的时候，罗振玉更是每到一个地方就一定要到

---

① 参考罗琨、张永山：《罗振玉评传》，南昌：百花洲文艺出版社，2015年版，第65页。
② 刘鉴：字士明，关中（今陕西中部一带）人，生卒年不详，元代音韵学家，著有《经史正音切韵指南》。
③ 参考罗继祖：《雪堂类稿·永丰乡人行年录》，沈阳：辽宁教育出版社，2003年版，第26页。

书店搜集图书。在东京时,田伏侯①告诉罗振玉说:"东京报纸上有诋毁您的话。"罗振玉就问他是什么话,他回答说:"好古多藏。"罗振玉听后笑了。②看来那句话还真说到罗振玉的心里去了。这次罗振玉确实收获了很多。罗继祖在《永丰乡人行年录》有记录:"罗振玉在日本,除了重点视察并拜访日本的首长、为学部聘请日本技师以外,就是到处寻找珍贵罕见的书籍,收集黎庶昌、杨守敬两家流入日本的藏书。每到一个地方,一定会去书店找书。在东京,通过岛田翰介到宫内省图书寮③看书,见到了很多秘本,而且把那里私家的藏书都看了一遍。值得说的有六件事:一、在日本宫内省图书寮看到古写本《春秋经传集解》的全本。二、南宋刻本《世说新语》三卷本,与前面的书都是枫山官库的旧藏。三、在德富氏的成篑堂见到了宋代刻本《庐山记》,只有第二卷和第三卷,其余的第一卷、第四卷和第五卷是后来补抄的。这本书在明代初年就遗失了,金山钱氏守山阁刊《四库》本现在只有前三篇留存了下来。四、贵阳陈氏重刊的宋代刻本《二李唱和集》,书中有缺页,后来这本书被德清县的傅氏所得,又被罗振玉买到。而他这次忽然在日本富冈氏桃华庵看到一本,与陈氏刻本款式相同,没有缺页,于是就摹写了前书所缺的部分,回去补上了。五、平子尚告诉罗振玉奈良市的仓库正仓院里藏有《王子安集》残卷,写于唐代庆云县一带,是我国写本中最古老的一个,但书中有很多缺字。于是罗振玉就迫不及地跑去看,最终请求为平子尚画一幅画作为交换,他才得到在自己原有版本里所缺的5页,并把这5页赠给了蒋斧,因为蒋斧的祖先蒋清翊著有《王子安集注》。六、在宫内省图书寮见到南宋初年刻本《王文公集》,目录与明代刻本不同,而且有的篇目缺失了。于是把它的目录记下,回国后把目录交给合肥的蒯光典④。蒯光典非常喜爱《王文公集》,常抱怨看不到宋代刻本。回国后,田伏侯又在东京某个世家大族的家里为罗振玉买到一本古写本《尚书孔氏传·周书·洪范》等五篇残卷,字形朴素雅致,是年代非常久远的书。"⑤

---

①田伏侯:名潏,原名吴炤。时任自强学堂汉教习。曾任湖北全省学务处参议官,善于《说文》学。
②译文参考罗继祖:《雪堂类稿·永丰乡人行年录》,沈阳:辽宁教育出版社,2003年版,第36页。
③图书寮:日本负责朝廷书籍管理、国史编纂的部门。
④蒯(kuǎi)光典(1857—1911):字礼卿,号季述,又自号金粟道人、斤竹山民,安徽合肥人,晚清著名学者、教育家、政治思想家,革新派、清流派重要人物,曾任诰授资政大夫、二品衔候补四品京堂、学部丞参上行走、京师督学局局长,著作有《说文蒙求广义》等。
⑤译文参考罗继祖:《雪堂类稿·永丰乡人行年录》,沈阳:辽宁教育出版社,2003年版,第37—38页。

这里只是举一些典型的例子,其实罗振玉几乎每年都能搜得一些书,具体参看罗继祖在《永丰乡人行年录》的记录。

根据罗琨、张永山的不完全统计,罗振玉在 1901—1936 年编辑出版的丛书有:

《玉简斋丛书》初集 14 种,二集 8 种,共 72 卷;

《宸翰楼丛书》初编 5 种,续编 8 种,共 48 卷;

《眘古丛刻》10 种,11 卷;

《永慕园丛书》6 种,20 卷;

《云窗丛刻》10 种,14 卷;

《吉石庵丛书》初集 10 种,二集 3 种,三集 6 种,四集 8 种,共 56 卷;

《海东古籍丛残》5 种,10 卷;

《雪堂丛刻》52 种,117 卷[①];

《四时嘉至轩丛书》3 种,3 卷;

《嘉草轩丛书》11 种,28 卷;

《雪堂金石丛书》10 种;

[①] 罗琨、张永山《罗振玉评传》65 页原文为"一百一十卷",错误,而 55 页为"一百一十七卷",这里改为 117 卷。

《东方学会丛书》初集30种,49卷;

《六经勘丛书》13种,171卷;

《七经勘丛书》7种;

《殷礼在斯堂丛书》20种,59卷;

《百爵斋丛刊》14种,28卷;

《楚雨楼丛书》8种;

《鸣沙石室佚书》①初编19种,续编4种;

《鸣沙石室古籍丛残》群经丛残15卷,群书丛残15卷;

《敦煌遗书》3种;

《史料丛编》21种,16卷;

《明季辽事丛刊》4种,14卷。②

如果把《鸣沙石室古籍丛残》中的群经丛残15卷和群书丛残15卷各算一种,以上就有314种书。

其中《雪堂丛刻》有很多是收集到的稿本,如张澍③《西夏姓氏录》是对西夏

---

①原文误抄为《鸣沙石室古佚书》,这里引用时将其改正。
②罗琨、张永山:《罗振玉评传》,南昌:百花洲文艺出版社,2015年版,第65—66页。
③张澍(1776—1847):字百渝、寿谷、时霖等,号介侯、鸠民、介白,凉州府武威县(今武威市)人,清代著名文献学家,在姓氏学方面很有成就,著作有《姓氏五书》《姓韵》《辽金元三史姓氏录》《姓氏寻源》《姓氏考辨》《西夏姓氏录》《二酉堂丛书》等。

姓氏的研究，张氏广征博引，整理出西夏姓氏162个。这本书是伯希和①在张澍的老家得到的，在他带到法国之前，罗振玉在北京见到这本书，就自己抄写了一本并写了跋，为今后的研究提供线索，并特别记录：作者说这本书附在《辽金元姓氏录》后面。此外，《洛阳石刻录》，王绍兰的《读书杂记》《列女传补注正讹》，翁大年的《陶斋金石文字跋尾》，钮玉树的《匪石先生文集》等十几种书都是根据稿本刊刻的，有的罗振玉还进行了整理。有些书传本很少，如施国祁的《吉贝居杂记》，罗振玉在跋语中说："施国祁先生精研金国历史，所写的书先后都已经刊行，只有这个杂记十几条刊刻在乌程县范锴的《花笑庼杂笔》里，而这个《杂笔》流传下来的本子很少见，所以让儿子罗福苌抄录出来，独立刊行。"②

罗振玉在这三十多年中刊刻的古籍非常多，1934年墨缘堂编订的《贞松堂校刊书目解题》按照经、史、子、集的顺序介绍了其中的大部分书。

1913年罗振玉编的《鸣沙石室佚书》收录了法国巴黎图书馆藏的敦煌古写本《尚书》残卷，1918年他又在日本京都神田香巖的家里看到古写本《尚书》残卷，他发现正好可以补敦煌本的不足，于是立即用珂罗版影印，放在《群经点勘》中。因为珂罗版成本高，印量少，所以在1928年把敦煌本和流传到日本的唐人写本合刊为《古写本隶古定尚书真本残卷》，按照原本摹印。

罗振玉出版的不但有汉语的经典和研读这些经典的语言文字学书，如《古写本原本玉篇残卷》等，而且有其他少数民族文字书籍和佛学经典，如《番汉合时掌中珠残卷》是俄国人柯智洛夫在我国张掖市黑水河遗址盗走的西夏文字书，是西夏学者骨勒茂才的著作，在1190年刊刻发行。然而这种西夏文字在中国流传很少，所以很少有人认识。而《番汉合时掌中珠残卷》把汉字和西夏文并列编排，并且在旁边注音，所以是我们研究西夏文的重要字书。1921年俄国学者伊凤

---

①保罗·伯希和（Paul Pelliot，1878—194），世界著名的法国汉学家、探险家。精通13种外语，而且博闻强记。有人评价说："伯希和不但是法国的第一流汉学家，而且也是所有西方的中国学专家的祖师爷。"1908年他盗买了敦煌藏经洞珍贵的经卷和语言学、考古学上极有价值的6000多卷写本和一些画卷并运到巴黎。1909年，伯希和在北京向直隶总督端方和一些学者如罗振玉、王国维等出示了几本敦煌珍本，这才引起中国学界的注意。

②译文参考罗琨、张永山：《罗振玉评传》，南昌：百花洲文艺出版社，2015年版，第55页。

阁博士带着这本书中的一页到日本向罗振玉请教,罗振玉告诉他这本书是学习西夏文字的金钥匙,并希望他能提供复制本,不久就得到了这本书,也立即影印发行。1922年伊凤阁博士又带着其余的残卷到天津罗振玉家里请教,罗振玉知道后非常惊喜,于是就请假回家摹写了一本,并让儿子罗福成抄写好并出版了,书名为《番汉合时掌中珠残卷足本》。

在历史书方面,罗振玉也出版了不少,这里举一个例子。罗振玉在日本有钱人的家里得到了古写本《贞观政要》第5卷、第6卷的残卷,而这部书是记载李世民政绩和君臣讨论政事的史书,很长一段时间内只见到元代学者戈直的集论本流传,而这个版本是重新编排过的,而且文字也有缺失和增多,罗振玉得到古写本后又写了校对记录和序,在1925年出版。罗振玉在序中说:"这个古写本是日本六百年前的书,我根据这个古写本残卷校订戈直本,凡是文字增多和减少而不通的地方,我都纠正过来,并且补上了丢失的几章。我刊刻出来,让学者能看到唐写本的样子。"

文学方面的书,罗振玉刊印了《唐写本世说新书残卷》,就是现在所说的《世说新语》,他在跋中说:"我国流传下来的最古老的善本是嘉靖袁氏覆宋本,后来我才知道日本所收藏的唐写本已经分成了四部分,分别被小川简斋、京都山田氏、小西氏和神田香巗四人收藏,因此我请求他们说想把他们收藏的合在一起出版,他们慷慨答应了,所以才能影印出版。"

在罗振玉刊印的古人文集中,有一部可以反映他在保存古书方面的努力程度。我们知道南朝梁武帝的太子萧统编了一部《文选》,它是我国最早的一部文学总集,在文学史上占有重要地位,唐代李善为它做了注释。唐代时,又有吕延祚把5位大臣的注本进呈给朝廷,于是就有了两种注本,而罗振玉在《唐写本文选集注》辑佚方面做出了很大贡献。《唐写本文选集注》因为残损了大部分,不知道作者是谁,书中引用的除了李善和那5位大臣的注以外,还有陆善经的注、音决、钞,这都是传世本没有的。罗振玉在北京得到了一卷,很喜爱并重视它,1909年到日本考察教育的时候,他知道日本金泽文库收藏了古写本《文选集注》残卷,想去看看,但是因为太匆忙而没能如愿,于是让一个了解的人前去抄写,得到了残卷15卷。这个抄写本由武进县的董氏收藏,罗振玉请求他借来出版,董氏后来同意了。后来罗振玉把所得的抄本和李善注本详细校对,发现不同的地方很多,并把李善注本的60卷分成120卷。之后,再搜求,知道《唐写本文选集注》全书早就散失了,他这么辛苦收集才得到一个全卷和两个残卷。此外,日本的小川简斋、海盐县的张氏、楚中的杨氏都收藏了一部分残卷,于是又前去收集。这样在1918年罗振玉把收集的所有残卷合并在一起,除去了重复的,共得到了16卷,于是写了跋并刊印出来。从1909年到1918年,他足足坚持做了10年! 罗振玉说:"我想,这些残卷虽然不到原书的十分之二,但是如果不想办法出版,以后连这些都难以得到,所以就出版了,这本书是我自己借钱影印了出来的。"在整理的过程中,他还发现小川简斋收藏的誊写小字本钞补部分与原本所注的部分有详略的差别,但是因为材料太少无法对比验证,所以在跋的最后注释说:"好像在这本书的原本之外还有誊写的本子,并且与这个版本有些不同,回想起来也没有听日本学者说过,所以在这里记下,等以后再去日本访求。"①

从这本书的搜集整理的过程,可以归纳出罗振玉在整理研究文献方面的方法:长期关注有价值的书,并抓住一切机会访求,不断积累,到一定程度,进行整理、考证、校对,并把没有解决的问题放在书后记下,以便后人在他的基础上不断取得新成果。

1919年罗振玉从日本回国时,还不忘搜集、刊刻古籍。在离开东京时,他把这个愿望写信托付给两位日本朋友内藤、狩野两位博士帮助实现。他说:

> 我曾经为我国的黎莼斋先生在贵国出版《古逸丛书》感到惋惜,因为它只收宋元刻本,而不收唐代流传到贵国的古抄本,这是令人非常遗憾的地方。我曾经不自量力地计划自己完成这个出版古抄本的工作,然而因为我要马上回国,这个愿望无法自己实现了。我想:我的房子可以出售一些钱来作为印书费……就用这些费用烦劳您二位先生帮助我出版唐代的古抄本书籍……书出版后,除了送交各国图书馆收藏以外,售书的收入就作为继续筹编这套书的费用。②

---

① 以上参考罗琨、张永山:《罗振玉评传》,南昌:百花洲文艺出版社,2015年版,第66—69页。
② 译文参考罗琨、张永山:《罗振玉评传》,南昌:百花洲文艺出版社,2015年版,第71页。

从这封信里可以感受到罗振玉传播古代文化的志向,为了出版唐代古抄本书籍而把日本的房子卖掉,出版后所得除了邮寄图书的费用之外都用在继续搜集出版的工作上。可见罗振玉是把流传我国文化作为自己的事业甚至是使命的。这并不是一般以盈利为目的出版商可以相比的,也是我们一般人做不到的。

后来,日本友人内藤、狩野两位博士果然没有辜负罗振玉的苦心,辑录并出版了《京都大学文学部影印唐钞本丛书》,并把罗振玉拜托的书信印在了书的前面,还说了编写缘起以及对罗振玉的评价,现在翻译如下:

> 我的朋友罗振玉先生带领全家人来到日本生活,在京都东山脚下建造了房屋,因为在家没事,就把所有的精力用在了研究上,而他的著作也完全可以流传后世。先生又因为黎莼斋出版《古逸丛书》不涉及唐代的古抄本而感到遗憾,于是利用寺庙、世家的藏书,影印《尚书》《史记》《文选》几种书,大正己未年(译者注:即1919年),先生将要回国,委托炳卿博士和我,卖掉他的房子,把所得钱款全部捐给京都大学作为印书费,这套书就是罗先生委托的丛书的第一集。我们特意记录了印书缘起并把罗振玉先生的信附在后面,从中可以看到罗先生高尚的道德和行为,远超世间庸俗逐利之辈,而先生探究古代文明、以做善事为乐的志趣,即使在处境困难情况下也没有丝毫减少,这尤其令人敬佩。①

日本友人这么敬佩罗振玉,我国的朋友怎样评价他呢?我想王国维的看法最能反映实际情况。他在《雪堂校刊群书叙录》的序言中说:

> 近代的学术繁荣昌盛,我们不能不说这是刊印书籍者的功劳。刊印书籍的人大概可以分为三类:一、追求利润的商人,二、爱好古书的人,三、痴迷于古代文化的人。第一类的人不用一一说明,像近代的吴县的黄先生、长塘的鲍先生、虞山的张先生、金山的钱先生都可以说是古书爱好者;像阳湖的孙先生、钱塘的卢先生可以称得上痴迷于古代文化的人。然而这些先生们都

---

① 译文参考罗继祖:《庭闻忆略——回忆祖父罗振玉的一生》,长春市政协文史资料研究委员会,1985年版,第62页。

生活在国家兴盛的时候，物产丰富，士大夫们又崇尚学术，这些先生们有的很富有，有的是高官，都有依靠，所以成书很容易，而他们做的事业不能说达到了顶峰。

而在灾祸连年的社会生活的人，在古代文明都荒废之后，又以传承学术为自己职责，搜集、考订、流通古籍，把全天下的好东西都给他也难以改变他的爱好，经历天下最艰苦的生活而最终实现他的愿望，这类人我在古代刊印书的人中还没有听说过，而在罗振玉先生身上看到了。

我曾经拿做官的打比方，在没有战争的时代，侍奉圣明的君主，他即使是一个贤能的人，也应该只是一个遵守法纪的官员。因为官员关系到一代人的兴亡和一万代人立身处世的道德规范，上天当然会降生这样的一两个人来维持这个社会。在学术上也是这样，孙、卢等先生的刊书就像当官的遵守法纪而已。但是神仙、圣人的出现是与社会情况不相一致的，上天既然让他诞生，当然就不会是让他自生自灭的。而像罗先生这样有奇伟的志向、宏伟的谋略的人才是天下的英杰。他又把传承学术作为自己的使命，这和在乱世树立道德楷模相似。所以上天也会降生这样一两个人来维持学术传承。

罗先生校刊的书多达几百种，对于其中很珍贵的好书都写有叙录，1918年夏天，罗先生把这些叙录汇集成两卷，独立刊行。我认为，罗先生的书对学术界贡献最大的有三种：一是《殷墟书契》前后编，二是《流沙坠简》，三是《鸣沙石室佚书》及《鸣沙石室古籍丛残》。这三种书中的任何一种都足以比得上孔子墙壁和汲郡古墓中的古书。其余书中所汇集的古器物和古籍也都是间隔一代人才出现的神物，而大都出现在罗先生那一代。神物刚出现时，全世界都不知道，而那些知道的人也没有谁会重视它们。即使偶尔有人重视也只是搜集一两个供自己秘密地玩赏而已。而想保存、流传它们，一想到这样做很艰难，也就半途而废了。即使有人有这个志向和能力，但是如果没有像罗先生这样渊博的学识和超强的毅力，也未必能够做成。即使做成了，也一定不会像罗先生这样做得这么多、这么快。这隔一代才出现的神物当然有毁灭或丢失的时候，或者永远锁在海外的书库中，即使想拿来看看也弄不出来。只有罗先生把学术作为自己的性命，而把这些古器物和古籍当作性命所寄托的身体,他想让这些古物古书永久流传的心情就像让自己的肉体长久存在一样,这和普通人通过吃东西让自己健康长寿是一个道理。

辛亥革命以后,罗先生流落在日本居住,靠卖一些像样的东西为生,这时殷墟甲骨与敦煌古简佚书先后刊印出来,这些书如果依靠国家和众人的力量来刊印也是不能做到的,他竟然以流浪外地的一个人的力量做成了。他刊印的其他书籍也与这些书差不多,都令人称赞。客居日本八年,他刊印书籍所用的费用非常多,而连维持家里一个月生活的积蓄都没有,他却乐意这样,也习惯了这样。从编目录、校对、抄写、挑选工人、监督工人,到装潢的款式、纸墨的多少等各种繁琐、杂乱又卑贱之事,都是古代学者觉得不屑一顾的事,罗先生都亲自去做,每一个工序,都用心去做务求让古书流传久远。

由此可知,上天显现神物,罗先生恰恰又生活在这个时候,这一定不是偶然的。《尚书》说:要取得伟大的功业,就要有高远的志向和不懈的勤奋。罗先生所取得的功业是伟大的,而他的志向和勤奋是世人很少知道的。

我跟随罗先生学习和交往很久了,一些细节我最为了解,所以写了上面的文字作为序言,为的是让世人明白罗先生之所以能取得这么大的成就一定是上天开导他这么做的,而不是那些古书爱好者和一般痴迷于古代文化的人所能相提并论的。

1918 年 7 月 23 日

海宁王国维[①]

王国维把赞美之辞都说完了,笔者认为除了上面较为夸张的赞美之外,王国维所说的都是实情,是对罗振玉整理出版古书所取得的伟大成就的最好总结。

这个总结以及罗振玉的行为品德可以带给我们很多启示,如图书资料是文史哲研究者的必不可少的粮食,多买书多读书才能在文史哲方面取得成就;吃

---

① 译文参考罗振玉:《罗振玉校刊群书叙录》,江苏广陵古籍刻印社,1998 年版,第 1—5 页。

苦可以锻炼毅力；用心做事才能做好；作为社会的人要懂得为社会为人民做点贡献，不能一味索取……其中最重要的一条就是：要取得伟大的成就，就要有高远的志向并坚持不懈。这个道理已经存在了2500多年了，出自我国最早的书《尚书》，原文是"功崇惟志，业广惟勤"。那么，为什么很多人不知道呢？因为不读书。道理很容易明白，为什么很多人知道却做不到呢？因为能够做到很不容易，很多人半途而废了。可见，辛勤努力地坚持去做是最重要的。这也是著名国学大师王国维赞美罗振玉、佩服罗振玉的重要原因，也是笔者花很大力气把王国维的序言翻译成现代汉语的原因。这句古话值得张贴在每一个想成功的中国人面前，时刻提醒我们自己要树立远大的志向，只有志向高远才能有正确的目标和足够的动力；我们更要在实现这个志向的路上时刻提醒自己：勤奋！只有辛勤付出才能收获硕果。

第二节 提议建成芸帙馆

罗振玉认为,振兴教育离不开书籍。当时的教育需要众多的中西图书,而有了足够的书籍就必须建设足够大的图书馆来放置它们,所以图书馆的建设就迫在眉睫了,而建好图书馆又有利于更好地提高国民素质和搞好科研。

1906年8月,任学部参事厅行走的罗振玉在《教育世界》第130期上发表了《京师创设图书馆私议》,这是我国真正第一个创建京师图书馆的详细建议,对于京师图书馆的建立做出了巨大贡献。而京师图书馆就是现在的中国国家图书馆的前身,它创建于1909年,对于我国教育和学术研究起到了巨大的推动作用。但是最先提出建图书馆建议的不是罗振玉而是孙家鼐[①],他在1896年2月上奏创办官府书局,建议在北京建设藏书院。同年6月12日,刑部左侍郎李端棻[②]为朝廷献策,在《请推广学校折》中主张:"自京师及十八行省会,咸设大书楼。"[③]然而这两个建议都没有被采纳,直到十几年后,罗振玉发表了《京师创设图书馆私议》,才引起了朝廷的重视并着手创建。可见罗振玉这篇文章中的建议对于建设京师图书馆有巨大的推动作用。

为什么罗振玉一提倡就被采纳了呢?我们先仔细看看罗振玉的《京师创设图书馆私议》,全文翻译如下:

要保存我国优秀的传统文化,并且引进全世界的科学知识,没有比建设

[①]孙家鼐(1827—1909):字燮臣,号蛰生、容卿、澹静老人,安徽寿州(今淮南寿县)人。与翁同龢同为光绪皇帝老师。历任内阁学士、工部侍郎,1898年7月3日以吏部尚书、协办大学士的身份受命为京师大学堂(今北京大学)首任管理学务大臣,1900年后任文渊阁大学士、学务大臣等。
[②]李端棻(1833—1907):字苾园,贵州贵筑(今贵阳)人,清朝著名政治家、改革家、中国近代教育之父,历任监察御史、刑部左侍郎、礼部尚书。1896年第一个上疏请求建立京师大学堂(今北京大学前身)。1899年秘密举荐康有为、梁启超,支持戊戌变法。
[③]程磊:《罗振玉与京师图书馆的创建》,《赣图通讯》1983年第3期。

图书馆再好的措施了,可谓一举两得。现在美国、日本以及欧洲各国都争相增加图书馆,以求促进本国文明的发展。但是我们中国还没有听说有什么动静。我想这件事急需由学部倡导并实施,先规划建设京师图书馆,然后再向各省会推广。现在把创建京师图书馆的办法分条列举如下:

一、选地建设场馆。

京师图书馆应该建在交通方便而又远离喧嚷的街市,不容易产生火灾的地方。规模宏大一些比较好,大约需要用地四五十亩,还要预留将来发展的空间。至于建筑的风格,应该调查各国已经建好的图书馆之后再进行模仿。建设经费至少需要一百万金,分三期筹措,每三年一期,这样九年就全部完成了。每三年筹措三十三四万金,我想现在国家财政支出虽然有困难,但是如果这样去筹措也不难办到。(这个经费是把建筑费和购书费放在一起算的。)但是调查外国图书馆也需要时间,而建场馆和搜集图书也不是短时间内可以办到的。所以要早点在建设京师图书馆的事情上拿定主意,不能拖延啊。

二、请各方贡献图书以求打好藏书基础。

京师图书馆的书籍可以分为两大部分,一是我国图书,二是外国图书。我国的图书应该请各级政府贡献所藏图书,以作为基础藏书。检查以前各省贡献来的书就可以知道,云南、贵州和四川等省献出的书,有一半被烧毁了,而奉天、热河两省献出的书都保存完好。而且以前的《四库全书存目丛书》等也都在皇宫里保存着,其中很多都是善本书。皇上亲自审定的书,如《图书集成》以及历代的治国方针和策略的书,和翰林院保存的《永乐大典》残余部分,都应该上奏朝廷移存到京师图书馆。(还听说外务部保存的外国图书很多,也应该储藏在京师图书馆。)至于武英殿和钦天监[①]收藏的印书底板也应该归京师图书馆保存,这样就可以方便我们随时修补,并广泛传播。

---

①钦天监:古代官署名,负责观察天象,推算节气,制定历法。

三、打开民间献书的门路。

以前的藏书大多都是从民间采集而来的。但是一百多年来,新书不断出版,而在国内藏书家所藏的古籍中,没有献给朝廷的也有不少。现在应该按照惯例采集民间藏书,而对藏书者的奖励也应该像以前那样。目前东南部的藏书家所收藏的书有一大部分都散失了。但是像聊城的杨氏[①]、归安的陆氏[②]所藏图书都完好无损。杨氏的后人很重视保存藏书,但是也很难继续保存了。而陆氏曾经在报纸上登广告说,如果谁造藏书楼,他愿意把自己的藏书全部捐给他。如果把这两家的藏书放到京师图书馆收藏,并破格奖励他们,那么这两位先生就可以表达对父辈的孝心,而古籍也不至于散失,何况这样做还能引起其他藏书家来响应号召。这也是一个搜集前人藏书的大好时机,不能放过啊。

四、征收各省的方志书籍和古今刻石。

各省的方志书是历史、地理方面的重要资料,急需搜集。应该咨询各省后征收储藏。(各省出版社的刻本也一起收集。)至于古代青铜器和石刻文物,在秦汉以前的都对于古文字学有大帮助,而秦汉以后的也对历史研究有用。应该仿照通志馆的惯例,让各省献出。对于私人收藏的文物,按照征调书籍的惯例来收藏就可以了。

五、设置负责抄写书籍的官。

京师图书馆应该设负责抄写书籍的官,凡是民间珍稀图书,藏书者不想

[①]杨氏:指杨以增(1787—1856),字益之,号至堂,别号东樵,山东聊城县(今属聊城市东昌府区)人,曾任按察使、巡抚等职,清末四大藏书家之一,建"海源阁"藏书楼,藏书达3236种,20余万卷,成为闻名中外的中国四大私人藏书楼之一。这些图书后来在军阀兵乱和日军侵略中大部分散失,少部分由北京图书馆、山东图书馆保存。

[②]陆氏:指陆心源(1834—1894),字刚甫,号子稼、存斋、潜园等,浙江归安县(今浙江湖州)人,官至福建盐运使,清末四大藏书家之一,建丽宋楼、十万卷楼、守先阁等3座楼藏书,藏书总数为5000部,近6万册,25万卷左右。1906年陆心源之子陆树藩将丽宋楼、十万卷楼的名贵图书都卖给日本人岩崎弥之助。1908年陆树藩又把守先阁藏书捐给刚办的海岛图书馆。

捐献的,就可以让抄书官抄写一本,把原书还给所有者。关于抄书官的选用,可以通过考试选各省学生中在文学方面成绩好的来担任。待遇就像各部的书记官一样,根据任职的年数和劳动成绩来奖励他们。人数还不好预先确定,大概二三十人就可以了。

六、采集外国图书。

外国的图书非常的复杂深奥,应该选择最新的和最重要的书购买。可以先让调查员在调查各国建筑时向各国专家咨询,写成应该选购的书单,回国后可以按照书单购买。以后每年增加一些书,使收藏逐渐完备。

以上是大概的办法。至于监督看守的方法、借阅的规章制度、设置官员的人数等方面,都应该参考各国的已有的规则和办法来做。先让调查员进行调查。在京师图书馆之外,各省省会都应该建立一个省立图书馆,这样就可以给各府、厅、州、县带个好头。这样,二十年以后,我国的图书馆也许就可以达到较高的水平了![1]

从上面的译文还可以看出,罗振玉对于建设京师图书馆有一套完整的计划,而且还详细说明了具体的实施办法。

关于采纳罗振玉的建议的原因,程磊说:"封建藏书楼只有保存国粹的一面,但适应不了'西学'盛行的近代中国社会发展的需要。只有像先进的外国那样,建立现代化图书馆(公共性),既保存了国粹,又促进了新学,为的是'与文明之进步相追逐',达到民富国强之地步。基于他对公共图书馆的重要性和必要性有如此高明之识,才进一步提出了仿效欧美、日本图书馆形式开设'京师图书馆'为宗旨的办法"[2]。当然,客观原因是当时的形势需要;而主观原因则是罗振玉这个教育家、收藏家的远见与卓识,也有他主办的颇具影响力的杂志《教育世界》的推动。

---

[1]译文参考罗振玉:《京师创设图书馆私议》,袁咏秋、曾季光主编:《中国历代国家藏书机构及名家藏读叙传选》,北京:北京大学出版社,1997年版,第76—77页。
[2]程磊:《罗振玉与京师图书馆的创建》,《赣图通讯》1983年第3期。

第七章 存书刊书为大家，国学国宝放光华

根据学者梁经旭和王若的考证，1907—1909年罗振玉还写了《京师图书馆拟定章程》。梁经旭认为这个章程是在1907年8月刊发的，并说："从内容上说，其可视为《京师创设图书馆私议》的一个补充本。有其相同之处，也有其完善之处。如，该《拟定章程》的宗旨为'保存国粹，输进文明'。这与罗在《京师创设图书馆私议》中所提的'保固有之国粹，而进以世界之知识'基本无二。而《拟定章程》中的宗旨、名称、位置、图书四项基本就是对《私议》一至六条的合理归类和细化。而《拟定章程》中的后五、六、七、八、九、十、十一条，则当是《私议》中所说'参考各国成规而采用之。先由调查员从事调查'的结果。"①王若认为这个章程是罗振玉在1909年年初受学部委托为京师图书馆撰写的，并说："如果说《京师创设图书馆私议》只是一种理论探讨，那么《京师图书馆拟定章程》可以称得上是一次实践。两个文件在思想上是统一的。如《私议》中关于藏书建设提出了五种方法，包括'颁赐库藏'、'民间献书'、'征取各省志书及古今刻石'、'置写官抄写'、'采买外国图书'。而在《章程》第三部分'古书搜集'中，同样采取了上述五种方法，并增加了'寄存'一条。另外，从清宣统年间出版的《学部官报》中记载的有关京师图书馆活动来看，基本上是在《章程》的框架下进行的。罗振玉撰写的《京师图书馆拟定章程》，借鉴了当时外国一些图书馆管理经验，架构了我国早期公共图书馆独具特色的管理体系，对我们了解、研究中国图书馆发展历史，以及罗振玉的图书馆学术思想和其早期的文化活动，无疑是一份珍贵的史料。"②虽然二人所说的时间不一致，但是都一致同意是罗振玉写了这个《章程》并高度评价了它的价值。这是值得肯定的。

在采纳这个意见方面，还有一位人物做出了贡献，就是张之洞，1909年他呈上了《奏请建京师图书馆折》，提出："只有图书馆是学术成果聚集的地方。所以京师图书馆的规模和标准一定要考虑到长远发展，而搜罗图书时一定要有精细周详的安排，总的目标就是希望能够让更多的学生来借到和读到，展示我朝在文化上的繁荣昌盛。"③

---

① 梁经旭：《新发现的光绪丁未年(1907年)〈京师图书馆拟定章程〉浅议》，《当代图书馆》2008年第3期。
② 王若：《新发现罗振玉〈京师图书馆章程〉简述》，郭富纯主编：《旅顺博物馆学苑》，长春：吉林文史出版社，2007年版，第132页。
③ 译文参考程磊：《罗振玉与京师图书馆的创建》，《赣图通讯》1983年第3期。

得到批准后，学部就选派翰林院编修缪荃孙任监督（即馆长），选派国子监丞徐坊任副监督，并任总务司郎中杨熊祥为提调，开始筹办京师图书馆。这样，就在这一年我国第一个国家公共图书馆建成，它标志着我国两千年封建藏书楼时代的结束和现代图书馆的诞生。这是一个具有划时代意义的事件。

在罗振玉等人的推动下，1909年学部还向宣统皇帝递呈了《拟定京师图书馆及各省图书馆通行章程折》，奏折说："京师图书馆业经臣部奏明开办，各省图书馆亦须依限于宣统二年一律设立。臣等复查图书馆之设，所以保存国粹，造就人才。"①同年，内阁翰林院的《永乐大典》残本等都移交京师图书馆。1910年清朝驻库伦的办事大臣把唐代开元年间御制《阙特勒碑》拓片赠送到京师图书馆，并开始藏入敦煌藏经。1912年京师图书馆正式对外开放，并颁布了图书借阅规则。根据1913年的统计，该馆已经有善本书880部，28412卷，10822册；阅览书4544部，122963卷，41504册；另有敦煌写经8662卷。②学部在1916年征集各省区新志书和各种著名碑碣石刻拓本。又在1919年在《教育公报》刊登《京师图书馆征求书籍启》，广求民间图书，从此，馆藏逐渐丰富。这些都是按照罗振玉的意见逐步实施的。

1906年春天，罗振玉在视察山东教育的时候，准备去《京师创设图书馆私议》中提到的聊城杨以增的海源阁，想问一问是否可以把这批藏书收进京师图书馆，山东巡抚杨士骧告诉他，杨以增的后人不但很珍视他父亲的那些藏书，自己也收集了一些善本，并且发誓要守好藏书不让人看。但是现在的情况是他老了，后继无人了，所以担心以后藏书会散失。还说阁主有一个愿望，就是想得到一个京卿③的头衔，他就可以在政府机关注册登记，把全部藏书捐献国家，并呈交书目，让朝廷奖赏并封京卿头衔，以后再按照书目清点书籍、送往北京。罗振玉认为这个办法是切实可行的，于是回到北京后就立即禀报学部尚书荣庆，当时荣庆也同意了，但是因荣庆认为不太重要而搁置了下来。

---

① 王若：《新发现罗振玉〈京师图书馆章程〉简述》，郭富纯主编：《旅顺博物馆学苑》，长春：吉林文史出版社，2007年版，第132页。
② 来新夏等：《中国近代图书事业史》，上海：上海人民出版社，2000年版，第256页。
③ 京卿：是对京堂的尊称。清代对都察院、通政司、詹事府以及大理、太常、太仆、光禄、鸿胪等寺及国子监的堂官，统称京堂；负责文书、草拟者也称京卿。

在收集民间藏书方面，政府终究没有按照罗振玉的建议去做，结果杨以增的海源阁的3236种藏书在军阀兵乱和日军侵略中大部分散失；而陆心源的皕宋楼、十万卷楼的20万卷名贵图书都被他儿子卖给了日本人。这两家的图书大部分都散失了，令人非常痛心！罗振玉晚年还在他的《集蓼编》提到这件事，并感叹说："现在杨氏的藏书经历战争而大多散失了，当年我上奏的建议没有实行，真可惜啊！"①从中可见罗振玉是多么有远见卓识的人，他早就料到这些书都很难继续保存了，为了古代遗产不丢失，苦口婆心地劝清政府收购保存，但是清政府的行动真让人失望。

从这件事我们也可以知道罗振玉每次去日本都去图书馆和书店搜求古籍的原因：他知道日本人从中国通过各种途径弄走了很多古籍。古书是古代文明的承载者，他想振兴国学、繁荣优秀的传统文化，就得搜求并出版，从而让更多的人了解和传承古代文明。所以他不顾自身生活而不惜重金刊刻得到的珍稀书籍。现在我国的各级图书馆都已经建立，且有经费，更应该像罗振玉那样尽自己最大力量搜集图书，尤其是珍稀古籍。而作为教育工作者和研究者，我们应该充分利用这些书籍，以求发展教育、推进研究、繁荣国学。

---

① 译文参考罗琨、张永山：《罗振玉评传》，南昌：百花洲文艺出版社，2015年版，第52页。

第三节　构想国学愿复兴

在学部刚刚建立的时候，罗振玉还提出一个建设国学馆的提案。他在《集蓼编》回忆说：

> 各省应该建设一所国学馆，其中分为三个部分，一是图书馆，二是博物馆，三是研究所。因为治学应该多读书，而考古则应该多见古器物，现在关中和洛阳一带的古器物不断出土，这些都已经流入外国商船了，我们更应该购买下来以供研究。至于研究所，选在国学方面有基础的，不论已经做官还是没有做官，不管是举人、贡生，还是监生，都允许他们进入研究所，在经学、史学、文学、考古等门类方面不设限制，也不限研究的年数。选国内有名望有学问的老年人做所长，指导那些年轻人，研究方法和以前的书院的相同。各研究人员的著作可以通过馆长呈送所在省的提学司，向督抚说明情况后送到学部。学部检查后，如果觉得书确实写得很精深，把作者招到学部当面考试，那些学识渊博的、出名很久的学者就不用到学部考试，直接由学部上奏奖励。①

罗琨、张永山评价说："据今所见，明确提出将近代图书馆、博物馆纳入国学研究的机构，改进研究手段，这是最早一份资料。这样的国学馆，已经有近代研究所的雏形，而与旧式书院有了根本的不同。"②笔者很赞同这种评价。

1907年张之洞被调到北京做官，任体仁阁大学士、军机大臣，兼管学部，到

---

① 译文参考罗琨、张永山：《罗振玉评传》，南昌：百花洲文艺出版社，2015年版，第52页。
② 参考罗琨、张永山：《罗振玉评传》，南昌：百花洲文艺出版社，2015年版，第52页。

任后拿建设古学堂的事征求罗振玉的意见。罗振玉认为,国学广博繁多,而学堂的年限很短,同时还要学习其他科学知识,所以学堂难以教授国学,而为了弘扬优秀传统文化,建设国学馆最容易取得成效。张之洞听后很赞同,并表示要上奏实施。罗振玉把奏折呈送上去后,又是因为主管官吏认为不太重要而搁置了下来,两年后张之洞病逝,这个国学馆的提议就泡汤了。

有意思的是罗振玉的国学馆设想在110年后的今天实现了。

2016年8月30日,我国已经在北京奥林匹克公园建成了中国国学中心,全称是中国国学研究与交流中心,又称"中国国学馆"。国学馆以弘扬中华优秀传统文化、建设中华民族共有精神家园为宗旨,致力于研究和展现中华优秀传统文化所蕴含的道德、智慧、审美的丰富内涵及其当代价值,促进中华文化与世界文化的交流。设行政秘书处、财务管理处、工程建设处、展陈策划处、学术研究处、对外交流合作处等6个处。与罗振玉的设想相比,除了图书馆之外,博物馆和研究所都有,宗旨都是弘扬中华优秀传统文化。

此外,在2006年,中国国学文化艺术中心成立,宗旨是广泛传播中华优秀文化,与罗振玉的也相同,主要从事国学教育、编写国学教材和国学交流的工作。

罗振玉认为研究国学,首先应该整理出版经学书籍。1916年他在《适园丛书序》中回顾了当时在学部时刊刻六类经书的设想。

> 我以前在北京时,六次尝试与朋友们讨论筹备"刊经苑"的设想,专门刊刻经部的书,分为六类:一、群经。把现存的历代石经的墨本和雕版刻本刊印出来,以前的古写本虽然仅剩残卷也要刊印,并且要刊印宋代刻本。二、经注。把现存的各经书的注疏单行本和宋代十行本中第一次刻印且没有补刻的本子刊印出来。三、经说。把各家讲解儒家经典的书刊印出来,如徐

乾学①编的《通志堂经解》②、钱仪吉③编的《经苑》④、当朝的两《经解》⑤，经反复考虑后增加或删去一些再刊印。四、训诂、文物、小学、校勘。刊印古代说解文字的书，《尔雅》、《方言》、《广雅》、《释名》，解释礼乐、车服、宫室、天象、地形的书，各种名物图，对各种儒家经典进行校勘的书。五、目录。刊印史书和方志所记载的经部书目，宋代《崇文总目》等书目中的经部书目，《经义考》、《小学考》的书目，《四库全书总目》的经部提要、《四库存目》的经部书目。六、传记。刊印《通经表》、《传经表》、各种史书中的《儒林传》、当朝精通儒经的各家的传记。如果按照这个计划编辑，一万卷即可刊印完毕。刊刻的时间大概需要十年。筹集刻印的费用时，只要能得到几位喜爱古籍又有钱的有识之士就可以了。再有十位高雅通达之人担任编校工作，这件事就一定能成功。这套书编成后，各位有功之人的崇高品德和伟大功业将和天地一样永垂不朽！这就不只是超过佛家《大藏经》的功德了。⑥

对于这个设想，刘琨、张永山说得好："按此六类刊出经部之书，即可反映诸经较原始的面貌和最早的注疏，又汇集后来的研究成果。而通经诸家传记则可揭示各个时代研究成果的背景材料，这不仅对'保固有之国粹'有积极意义，更

---

①徐乾学(1631—1694)：字原一、幼慧，号健庵、玉峰先生，江苏昆山人，顾炎武外甥，清代学者、藏书家。家有藏书楼"传是楼"，是中国藏书史上著名的藏书楼。1670年考进士得第三名(探花)，被授编修，先后担任日讲起居注官、《明史》总裁官、侍讲学士、内阁学士、左都御史、刑部尚书。1673年编成《通志堂经解》。

②《通志堂经解》：徐乾学、纳兰性德编，最初成书于1673年，是清代最早出现的一部阐释儒家经义的大型丛书，收录先秦、唐、宋、元、明经解138种，纳兰成德自撰2种，共计1800卷。

③钱仪吉(1783—1850)：初名逵吉，字蔼人，号衎石、新梧、心壶，浙江嘉兴人。1808年中进士，历任翰林院庶吉士、户部主事、刑科给事中、工科给事中。博通群籍，精研儒家经典，治经先求训故，博考众说，折中取义，不拘成说。酷爱藏书，拥有仙蝶斋藏书楼，是浙江著名藏书家。著作有《经典证文》《说文雅厌》《碑传集》等，编有《经苑》等丛书。先后在粤东学海堂、河南大梁书院担任主讲。

④《经苑》：又名《大梁书院经解》，清钱仪吉编，专收唐、宋、元、明人经说，而以宋元人为主，意在补《通志堂经解》之缺，纠《学海堂经解》之偏，共25种、254卷。

⑤两《经解》：指《皇清经解》和《续清经解》，是清代两部重要的经学丛书，都是清人解经之作，以汉人的观点为宗。《皇清经解》又称《学海堂经解》、《清经解》，清代阮元编，共收清代著作73家、183种，共1400卷，是汇集儒家经学经解之大成，是对乾嘉学术的一次全面总结。《续皇清经解》又称《皇清经解续编》、《续经解》、《南菁(书院)经解》，清代王先谦编，共收清代学者训释儒家经典的著作111家，209种。

⑥译文参考罗振玉：《适园丛书序》，罗振玉编：《贞松老人外集》(卷一)。

能为进一步的研究奠定良好的基础。"①

这是一个宏大的计划,需要很多钱、很多人、很多时间,主持、参与者没有大志愿和大毅力是难以完成的。儒释道三家,除了儒家外,在古代都有图书总集,道家有《道藏》,佛家有《佛藏》(《大藏经》)。

拿《道藏》来说,不说唐代编的《一切道经》、宋代编的《三洞经书》,早在明代正统十年(1445)就刊行了《正统道藏》,收书5305卷,万历三十五年(1607)又辑印了《万历续道藏》,这正续《道藏》共收入各类道书1476种,5485卷。清代编有《道藏辑要》,共收入道书314种,集成244册。到了当代,1992年和1994年编纂出版了《藏外道书》,收道教经籍和著述991种,16开36大册,由巴蜀书社出版。此外,还有《敦煌道藏》,成书于南北朝后期至唐朝中期约200年的时间,收录道教遗书抄本500余件,尤其以唐高宗、武后至唐玄宗时代的抄本最多,其内容包括道家诸子、道教经典、科仪等约有100多种道书,其中约有半数抄本是《正统道藏》未收入的早期道教典籍。1996年起,由中国道教协会副会长张继禹道长主持编修《中华道藏》,是以明代正统、续《道藏》为底本,保持三洞四辅的基本框架,对三洞四辅以外的经书又根据不同的内容进行了相应的归类,共分七大部类,各部类所收经书,按道派源流和时代先后编排次序。聚集大量的人力和物力,耗时8年,终于在2004年正式出版发行。1999年,中国台湾出版了《中华续道藏》,是补续《正统道藏》及《万历续道藏》的道书丛编,旨在出版明代《道藏》所未收之道书。在出版之初,预计修纂5辑,每辑20册,全书出齐共100册。由龚鹏程、陈廖安主编的《中华续道藏初辑》已于1999年由中国台湾新文丰公司出版。2015年,我国大陆也开始编纂《中华续道藏》,2016年"《中华续道藏》编纂工程"列入国家"十三五"规划,被列为2016年度国家社会科学基金特别委托项目。《中华续道藏》是继《中华道藏》之后的又一大型道教文化工程,将对大量未收录的道教典籍及流传于民间的道教经书和科仪文献进行抢救、整理和点校。

而就《佛藏》而言,现存的《大藏经》,按照文字可分为汉文、藏文、蒙文、满

---

①罗琨、张永山:《罗振玉评传》,南昌:百花洲文艺出版社,2015年版,第53页。

文、西夏文、日文和巴利语系等7个大系统。汉文《大藏经》是大小乘佛教典籍兼收的丛书,我国从宋代开始编纂,各个时代编纂的《大藏经》都不相同。北宋开宝年间(968—976),我国第一部木版雕印的《大藏经》问世,此后,经历元、明、清、民国,共出版过木刻和排印本的《大藏经》20种。《中华大藏经》由《中华大藏经》编辑局编辑,中华书局出版,汉文部分由3编组成。第1编为历代《大藏经》所收集的编有千字文编号的典籍,共2000多部,10000多卷。它以稀世珍本金代《赵城藏》为影印底本,补足它本而成。《赵城藏》缺失的部分,用《高丽藏》补足,同时收录了包括《房山石经》在内的12种《大藏经》中按千字文编次的全部经籍。另外,此编还选用了《房山石经》《碛砂藏》《资福藏》《普宁藏》《永乐南藏》《径山藏》《清藏》《高丽藏》等8种有代表性的《大藏经》作校本,与《赵城藏》对比校勘,罗列异同。《中华大藏经》的第2编是历代汉文《大藏经》中所收的没有千字文编号的典籍,也有2000多部,10000多卷,它包括《嘉兴藏》的续藏、又续藏,日本《续藏》,《房山石经》正编未收部分,《频伽藏》、《普慧藏》以及敦煌遗书中的特有经论等。《中华大藏经》的第1、第2两编总数可达4200多种,23000多卷,将分装220册。第3编是新编的,打算收入历代《大藏经》中未收的藏外佛书和近代新出现的佛教译著。《中华大藏经》汉文部分第1编在1984年开始出版,已经发行90册。

  相比之下,《儒藏》的编纂实在是太晚了。20世纪末,我国才开始编纂《儒藏》。季羡林先生说得好:"《儒藏》实在是非做不行啦,要不然影响我们国家的面子。人家问,《佛藏》有了,《道藏》有了,为什么没有《儒藏》?人家一问,我们回答不出来。此外还得要补课,年轻人还得认识繁体字。我们现在的年轻人不认识繁体字的情况必须改变。原来我有个想法,大学一年级,不管哪个系,开马克思主义课程的同时,也开中国的国学课。不管哪个系,一年级没有修完这个,不能毕业。我觉得应该这样。此外,过去有个说法认为,我们的《四库全书》就是《儒藏》,这个观点是不对的,当然,《四库全书》是了不起的东西,但《四库全书》不能叫《儒藏》。""儒释道三家,我们有《佛藏》和《道藏》,唯独缺少《儒藏》,交代不过去啊。中国不是提倡中国文化吗?'藏'里面就包含中国文化。"①

---

  ① 季羡林口述、蔡德贵整理:《〈儒藏〉是一件非做不行的事情》,《辽宁日报》2008年12月,转引自历史千年网,网址:http://www.lsqn.cn/wenhua/ctwh/news/201002/196301.html,访问时间:2017年2月17日。

"四川大学《儒藏》,系儒学文献大型丛书,旨在收集、整理、保存和传播儒学文献及其史料,所收典籍上起先秦,下迄清末,两千余年儒学成就及历史集兹于一编。"《儒藏》以"三藏二十四目"统摄之。"关于这一分类体系,四川大学《儒藏》总编纂舒大刚教授曾有专文论述,详见《〈儒藏〉编纂之分类体系初探》、《论〈儒藏〉史部的分类问题》及《试论〈儒藏〉论部的分类方法》。据舒教授所言,从学术史的角度审察,儒学文献的类别大致不外乎三类,即:以经书为主体的经注、经解和经说著作系列;以儒学理论为主体的儒家子学、礼教、政论等系列;以儒学历史为内容的人物、流派、制度等史料著作系列。由此可称其为'儒经'、'儒论'、'儒史',或简称为'经'、'论'、'史'。换言之,儒经,即以儒学'十三经'本经为核心,以历代儒者对'十三经'的解释、阐说和论述为主体的经类图书,略当于综合性丛书中的'经部',或《汉书·艺文志》中的'六艺略'。儒论,即在'十三经'启发下产生的儒家理论性著作,略当于综合性丛书'子部'的'儒家类'和其他门类中有关儒学理论的著作。儒史,即有关儒学史的著作和资料,如儒学人物传、年谱、学案,有关儒学教育、选举、机构等制度的著作等。它们分布于综合性丛书'史部'的各个子目(如传记、编年、政书)之中。如此,经、论、史三大藏,可以统摄所有儒学著作和儒学史料。每部之下,再根据需要,将文献分为若干类目。"①

而北京大学的"《儒藏》工程包括《儒藏》编纂和'儒家思想与儒家经典研究'。《儒藏》编纂分《儒藏》'精华编'的编纂(包括《儒藏总目》)和《儒藏》大全的编纂两步走。《儒藏》大全将收录中国历史上重要的儒家典籍文献近6千部,约15亿字,计划于2022年完成。先行编纂的《儒藏》'精华编'将收录中国四部之书及出土文献中在学术思想史上具有代表性的儒家典籍文献461种,分编为281册,并选收韩国、日本、越南历史上以汉文著述的重要儒学著作100种,分编为40册,共计321册,2亿多字"②。2014年《儒藏》"精华编"已经由北京大学出版社正式出版100册,约6000余万字。

从内容看,我国现在正在编纂的《儒藏》是包括罗振玉的"刊经苑"儒家经学

---

① 李冬梅:《信息技术与儒学文献研究——兼谈四川大学"网络儒藏"编纂始末及意义》,舒大刚主编:《儒藏论坛》(第7辑),成都:四川大学出版社,2006年版,第351—354页。
② 北京大学《儒藏》编纂与研究中心:《北京大学〈儒藏〉工程简介》,据北京大学《儒藏》编纂与研究中心网站,网址:http://www.ruzang.com/gcgkdisplaynews.asp?id=282,访问时间:2017年2月17日。

丛书的设想的。四川大学《儒藏》的经、论、史三藏分别相当于罗振玉所说的"群经""经注""经说""传记"。再过几十年,罗振玉的"梦想"就会实现了。

　　罗振玉的目光远大,思想超前,很多重要的提议都没有得到很好的实施,主要是由于当时的社会条件不具备。

第四节　古籍编纂推发展

20世纪初,清政府的腐败和各种社会矛盾影响了中华传统文化的复兴。罗振玉意识到整理大规模的经学丛书是不可能实现的。但他想以自己的力量为国学做出一些贡献,所以他在1910年开始创办《国学丛刊》,写了下面的《〈国学丛刊〉序》:

间尝闻今之论学者言稽古之事,今难于昔。又谓道莫大于因时,事莫亟于致用,礼教足以致削,诗书不能救衰,古先学术必归淘汰。

蒙窃以为不然。夫自三古以来,人文斯启,东迁以后,百氏踵兴,至秦定挟书之律,汉严中秘之藏,两京师承,率资口授,四部群籍,咸出手写,成学匪易,往哲所嗟。今则刊本流传,得书至便。加以地不爱宝,山川效灵。雍郊获鼎,补伏孔之逸篇;洹阳出龟,窥仓沮之遗迹。和阗古简,鸣沙秘藏,继鲁壁而重开,嗣厘冢而再出。古所未有,悉见于今。此今易于古者一也。

古者风化阻于山川,学子劳于负笈。文翁莅蜀,西州方起诵声;道真还乡,南域乃兴文教。然交游终限于九州,驰观不及于域外。今则声气相应,梯航大通。长庆乐府传入鸡林,《尚书》百篇携来蓬岛。将见化瀛海为环流,合区宇为艺府。观摩逮于殊方,交友极于天下。此今易于昔者二也。

继事者易为,后来者居上。是以汉末经师,兼综六艺;唐初《正义》,备采南北。国朝二百余年,儒风益振。王、郝诂训,上扶五雅之衰;段、桂《说文》,遥夺二徐之席。焦、张之图礼制,陋李、聂之前闻;阮、吴之鼎彝,压宣和之御制;謦欬匪遥,流风未沬。此今易于古者三也。

> 至若先圣遗书,经世大典,固已范天地而不过,揭日月而俱行。即诸子之学说,百家之撰论,文字之训诂,名物之考证,挹其精华,固光焰之常在;存其糟粕,亦史氏所取资;求其义理,则有光大而无沦;骨语其方法,则有变通而无弃置。在昔六籍灰尘,东鲁之弦歌自若;五季傲扰,群经之雕椠方新。今且旁行斜上,尽译遗经。海峤天涯,争开文馆。矧兹宗国尚有典型,老成未谢,睹白首之伏生(伏生,两汉经学家,亦称伏胜。济南人,秦时为博士。始皇焚书时,藏《尚书》于壁中,使得传存。西汉《尚书》学者多出其门下);来者方多,识青睛之徐监。方将广鲁于天下,增路于椎轮。张皇未发之幽潜,开辟无前之涂术。信斯文之未坠,仁古学之再昌。杞人之忧,斯亦惑矣!
>
> 予性不通敏,幼学多歧。屠龙之技未成,雕虫之心转炽。朝市中隐,闭户自精,朋从往还,稽古相勖,于是乃有《国学丛刊》之约。岁成六编,区以八目:曰经,曰史,曰小学,曰地理,曰金石,曰文学,曰目录,曰杂识。将以续前修之往绪,助学海以涓流。蚊负之身,知非可任,鸿硕之士,幸共图成。跂予望之,毋我遐弃。宣统辛亥春。①

罗振玉在这则序言中,针对当时流行的"现在研究古代文化比古代难""读书不能拯救社会衰退,古代的学术必定会被淘汰"的观点,认为当时研究古代文化比古代容易,理由有3个:1.当时得到古代的资料要比以前容易;2.国际国内的学术交流比以前容易而频繁;3.清代乾嘉学派的学风已经流传下来并为以后打好了基础,我们可以以此后来居上。他认为文化并未衰落,当时的学术大家还在,并且可以开创新天地,古代文化还会再次昌盛,而不会被淘汰。

他最后说明了《国学丛刊》编纂计划:1年出版6编,每编的内容包括经学、史学、小学、地理学、金石学、文学、目录学、杂论等8个方面。并申明了宗旨:发扬学术传统,培养青年学者,推动学术发展。并希望学识渊博的人士为此而共同努力。

在罗振玉的努力下,《国学丛刊》在北京出版了3编,后来因为辛亥革命而暂

---

① 罗振玉著、文明国编:《罗振玉自述》,合肥:安徽文艺出版社,2013年版,第145—146页。

停。到日本后,1913年罗振玉在上海朋友的支持下筹备恢复刊行,并把编辑的工作交给了王国维。这样在1914年《国学丛刊》正式复刊,刊登新说和旧著,王国维自己的国学论文大都在这里发表。1916年王国维回国担任《学术丛编》的主编。所以此后罗振玉自己继续编《国学丛刊》,刊印了他想刊布的古籍和古器物的拓本。1915年他把《国学丛刊》上的大部分著作收入《雪堂丛刻》,共刊印了52种,117卷,为学界保存了很多珍稀稿本,为国学发展做出了巨大贡献。

而罗振玉在批驳"古代的学术必定会被淘汰"的观点时,展现了对我国传统文化的自信。而这个自信与习近平主席所提的"文化自信"是一脉相承的。"谈文化软实力,总书记指出,体现一个国家综合实力最核心的、最高层的,还是文化软实力,这事关一个民族精气神的凝聚。我们要坚持道路自信、理论自信、制度自信,最根本的还有一个文化自信。要从弘扬优秀传统文化中寻找精气神。"①我想,在这方面罗振玉已经给我们做出了表率,值得学习。赵悦说得好:"在当代,文化已成为世界范围内经济社会发展的价值维度。我国作为四大文明古国之一,有着悠久的历史和灿烂的文化。在文化融合加剧的今天,中国传统文化更应为中国社会各界所重视与扶持。我们须知,传统文化是一个民族发展的不竭动力,是文明的创造力所在,只有立足于优秀传统文化之根,才能保证中华民族的持续健康成长。"②

罗琨、张永山对罗振玉弘扬国学的主张做了很好的总结:"罗振玉一贯主张弘扬国学不仅要继承传统深入研究,而且要和古籍的搜集传布、古器物的研究联系在一起,还要沟通信息,进行学术交流和研讨。"③

前面已经谈了前两个方面,下面我们说一说他在学术交流方面的贡献。

第一次世界大战后,世界各国争相研究中国学术,法国大学推荐罗振玉任东

---

① 《聚焦两会热点:2014》编委会编:《聚焦两会热点:2014》,中国文史出版社2014年版,第226页。
② 赵悦:《习大大讲话中的"文化自信"》,据通讯网"腾讯新闻",网址:http://news.qq.com/a/20151003/016203.htm,访问时间:2017年2月17日。
③ 罗琨、张永山:《罗振玉评传》,南昌:百花洲文艺出版社,2015年版,第56页。

方通讯员。中国文化受到了西方的重视,也使罗振玉有一种振兴国学的紧迫感,因此联合全国的仁人志士成立了东方学会。他规划了学会的机构,设置4个部门:一、印刷局,用以出版古籍。二、图书馆,用以收集古籍。三、博物馆,用以搜集古器物。四、通信部,用以与国内外的学者交流切磋。1920年,罗振玉回国后住在天津,用自己收藏的书画金石几百件作品拍卖所得资金筹办了京旗生计维持会,并在天津办博爱工厂,其中有一个印刷科,就作为东方学会印刷局。以后募款用完,罗振玉就自己筹款维持。这样在1923年,他编辑出版了《东方学会丛书》初集,共30种,49卷。后来,因为罗振玉经济上的困难,实在无法维持了,于是东方学会被迫解散。

罗振玉为了出版国学古籍费尽了心机,但以他个人的力量终究是有限的,这也是动荡而落后的社会形势造成的。而现在,我国国力强盛、社会稳定、人民安居乐业,确实是繁荣国学的大好时机。

第七章 存书刊书为大家,国学国宝放光华

第五节 档案保存功可嘉

对于清代内阁大库档案,罗振玉有两次查看、两次抢救的经历,所以才有了我国现代文化史上震惊中外的"八千麻袋"事件。

清代的内阁,在乾隆之后,变成了清朝皇帝宣布圣旨、进呈题奏、举行典礼仪式和收存国家档案文书的重要机构。而属于内阁的大库是保存大量珍贵的档案和书籍的地方,就是历史上常说的"秘府"①。它的位置在故宫东南角,午门以东,东华门以西,文华殿以南。大门向西,它的西边就是内阁大堂。内阁大库分东西两个大库:东库主要储存《实录》《圣训》《起居注》,又称实录库;西库主要储藏档案和书籍,又称红本库。每个库都由一座坐南朝北的楼房构成,上下两层,各有5间。但是西库所藏的档案占十分之七,书籍占十分之三,而且书籍大多是明代文渊阁的藏书,档案包括清代各朝的朱谕,臣子的题本、奏本,藩属国的表章,历代殿试的卷子等。这些档案都随便堆积在一起,没人管。西库的资料比东库的多。

大库中的大量档案是研究清代近三百年历史的第一手资料。但是内阁官员并不重视,反而破坏过。光绪年间就焚毁过红本库的档案。1909年大库因为年久失修而漏水,还有几面墙倒了,所以其中档案损毁不少,于是开始维修。

1909年宣统皇帝继位后,当时清王朝的实际统治者、任摄政王的载沣,让内阁查找清初摄政典礼的档案,内阁官员在大库内没有找到,就采取光绪年间内阁官员的办法,谎称大库中无用的旧档案太多,于是体仁阁大学士兼学部尚书的张之洞就上奏请求焚毁无用的档案。奏章被批准后,不少内阁官员担心自己和以前科举名人的试策被烧掉,就进入大库寻找。章梫在典籍中发现了宋写本

---

① 秘府:古代皇官中保存国家机密文件和书籍的地方。

165

《玉牒》残页，于是就拍照赠给朋友，还给了张之洞和荣庆。在一次荣庆宴请张之洞的午宴上，张之洞向学部参事罗振玉请教那个《玉牒》的来历，罗振玉说："大库内的宋人《玉牒》应该是《宋史·艺文志》中的《仙源集庆录》和《宗藩庆系录》，南宋灭亡后，元代试行海运，就先运临安国子监的藏书，因此这本书才能在这里收藏着。这个内阁大库就是明代文渊阁旧址，因此大库内除了这本书，还应该有更多的其他宋版书。"并请他问大库管理人员。张之洞听了很高兴，就问管理人员，结果正如罗振玉所说。但是管理人员说那些书都已经严重残破了。之后，罗振玉赶忙把《文渊阁书目》给张之洞，并告诉他，这些书即使损坏严重，也应该整理保存好，并提出可以上奏请求把大库图书放在学部，储藏在正在筹建的京师图书馆。张之洞马上就同意了，他就奏请把大库书籍和其他有关资料归学部使用，即使一个有字的纸片也不能丢弃。

得到批准后，下属执行时并没有按照张之洞的要求去做。当时张之洞命内阁中书曹元忠和刘启瑞清查整理档案，也让罗振玉经常去帮助他们。有一天，罗振玉到曹元忠的整理现场后，见曹元忠正在整理，有人告诉罗振玉西边的是选好保存的，东边的是没用的、丢弃的，罗振玉心想：不是明确要求一个有字的纸片也不能丢弃吗？为什么丢弃这么多呢？于是就去丢弃的那部分看，在架子上看到清初绘制的几十大轴地图，就问他："这些也要丢弃吗？"那人回答："旧地图已经没用了，应该焚毁。"罗振玉随手拿出一幅打开看，是清初绘制的，觉得这些都是很有价值的文史资料，丢了太可惜了，应该保护好，于是赶忙给张之洞说明这种情况。于是张之洞立即派人把所有的都运到学部。这样那些被认为无用的资料才保存了下来。

之后，罗振玉再次查看时，发现大库院里有一大堆书，很像一座小山，一看都是红本、题本，而且都按年月的顺序捆扎得很整齐，就随手拿出两本看，一本是管干贞督漕时的奏折，一本是阿桂征金川时的奏折。罗振玉心想，这可是清初的重要历史资料啊！怎么能烧毁呢？于是，立即回学部告诉了学部侍郎宝熙，并请他告诉张之洞。当时宝熙感到为难，就说：这些已经上奏并批准焚毁了，这该怎么办呢？罗振玉再三请求他，他才告诉了张之洞。而张之洞是上奏的人，这时虽然很赞同罗振玉的意见，但因为自己已经上奏烧毁，所以思考了很久，最后让宝熙转告罗振玉说："让罗参事迅速想办法转移到学部，不能流入外面。"

于是，罗振玉就和内阁会稽司长宗树枏商量，宗树枏说："学部很在乎资金，如果不肯出钱怎么办？"罗振玉说："如果学部不出，我出钱。"于是宗树枏回学部看，回来告诉罗振玉说："学部大院可用空间不过原地的三分之一，我看那堆书的样子用五六千木箱才能装下。不管运输还是保存都得花不少钱，你一个人恐怕负担不起啊。不如向张之洞申请资金。"罗振玉说："这件事张之洞已经觉得很为难了，再请求资金，如果他说你们没办法就按照原计划烧毁，那就坏事了。我们先想办法运到学部，之后再想办法保存。"宗树枏想了半天说："那我们就先用米袋子装上就可以运过来了，那些有窟窿的米袋子，一个才一百多钱，比木箱子便宜多了，这样花的钱只是木箱子的十分之一，这笔钱学部里能出得起，但也必须告诉明堂官才行。"罗振玉说："你的办法很好。"于是就亲自去学部找学部唐尚书，唐一听就皱着眉头，不回答。罗振玉说："这笔费用不过一千银元，如果学部实在拿不出，就让我一个人出吧。"唐一听笑了，没有让罗振玉出，答应让学部出钱。这样他们用了3天时间把那些档案装进了八千条麻袋里（一说是九千条麻袋①），陆续运到学部堂后的空屋子里暂存。

第二天，唐尚书把罗振玉找来，说："你想保存史料，我怎么会不同意呢？只是堂后放了这么多麻袋，万一别人看到了，恐怕会怀疑我们学部开办米庄啊！你最好想办法转移到别的地方。"罗振玉说："这好办，我用纸把后面的玻璃糊上，他们就看不见了。"唐尚书听后一时无话可说，但还是让丞参和罗振玉商量放到别处。这样罗振玉只好找宗树枏，宗树枏说："国子监那里空屋子多，好像可以放在那里。"于是罗振玉又跑到国子监找徐梧生商量，徐梧生刚开始不同意，这样两人差点吵了起来。乔左丞出面调解，说："国子监当初如果没有罗先生大胆发言支持保存，我们这里早就变成学堂了。他现在需要帮助，我们应该帮助他。"这样徐梧生才同意，于是就把档案放在国子监的敬一亭存放。②这样，在罗振玉的努力争取之下，他们几经周折，才把那批档案保存了下来。这就是罗振玉第一次抢救大库档案的事。他虽然没有花多少钱，但是费的力气不少。

---

①笔者认为实际数量可能接近九千麻袋。因为王国维在《库书楼记》、金毓黻在《中国史学史》都认为是九千麻袋，吕坚在《内阁大库及其档案》中说，"历史博物馆又因经费积欠，除一小部分完整的档案外，就将装入麻袋的档案约有八千麻袋，十五万斤，以四千元代价全部卖给了西单大街同懋增纸店"，再加上之前北京大学借去的一千多麻袋，就有九千麻袋了。具体数字有待进一步研究。

②以上参考罗继祖：《我的祖父罗振玉》，天津：百花文艺出版社，2007年版，第79—82页。

罗振玉对这些档案的第二次抢救却让他花了不少钱。1910年大库修好了，但是只把《实录》和《圣训》送回大库保存。1913年教育部在罗振玉的建议下在国子监设立了历史博物馆，于是就把这批档案放在博物馆。1915年历史博物馆迁移到了午门，档案也随着搬到了午门。当时的教育总长傅增湘让人在午门上拆开麻袋，寻找宋元刻本、写本这些珍贵的书，他想通过傅斯年把找到的珍本卖给历史语言研究所。但是工作人员的做法令人吃惊。邓之诚的《古董锁记》说："在整理内阁红本的时候，大概有一千多条麻袋，放到午门博物馆整理，干这件事的有几十个人，他们把档案都倒在地上，然后每个人拿一根棍子，就这么翻找稍微整齐的，其余的还装进麻袋，非常可笑！"①当时有不少档案就被这些不负责任的人用棍子挑坏了。当时的历史博物馆馆长彦德也从麻袋里找到了《司马法》这个孤本，卖了很多钱。这次损失了不少好书。

此后，北京大学选出并借去了比较完整的档案12箱、1502麻袋档案进行整理。而到了1921年，历史博物馆又因为经费不足，除留下一小部分完整的档案外，把剩下的几千麻袋当作"烂字纸"以4000银元的价格卖给了西单大街的同懋增纸店，而纸店要用这些档案制作"还魂纸"。他们去掉麻袋捆成包，打算运到定兴和唐山化成纸浆，同时也出售一些档案。1922年3月，罗振玉因为有事去北京，在市场上看到了《洪承畴揭帖》和《高丽国王贡物表》，马上就知道这是内阁大库的档案，于是与朋友金梁一起打听，才知道大部分档案已经归同懋增纸店了，并且听说大部分档案已分别发往定兴和唐山的造纸厂了，于是立即答应用他们买进时的3倍的价钱（12000银元）买下所有档案。罗振玉马上就在北京和天津借款13000银元才买了下来。他是怎么买回来的呢？罗琨、张永山说：

甲子（1924年）十月，（罗振玉）立遗嘱时着重指出，有债务约4万元②，须变卖所藏书籍、字画、文物以偿清，"诸欠款中以金息侯（引者注：即金梁）老伯之一万元最要，此系京旗生计维持会公款，借以购大库史料者，次则借周作民之五千元……"可知当时是举私债13000元才换回这批"烂字纸"的。③

---

① 译文参考吕坚：《内阁大库及其档案》，《文献》1984年第4期。
② 这里指银元。
③ 罗琨、张永山：《罗振玉评传》，南昌：百花洲文艺出版社，1996年版，第73页。

可见，当时罗振玉为了购买、运输和保存这些档案，向金梁和周作民共借了15000银元，只购买一项就花了13000银元。

罗振玉把这些大库档案买下后，先把留在纸店的几麻袋带回去，并且让人迅速追回已经运出的档案。从定兴运回北京的那些先保存在彰仪门货栈，后又放在了商品陈列所大楼，再转移到善果寺的屋子里。从唐山运回的放在天津，存放在他专门为存放这些档案而设的库书楼中。因为第二次抢救及时，大部分大库档案才能保存下来。但罗振玉也因此而负债累累。

罗振玉抢救保存大库档案的消息广泛传播以后，各方人士纷纷打听整理的进度。罗振玉这时因为没有财力，无法出钱请很多人帮助整理，他说："如果能够有三五个志同道合的人共同整理，一边建房保存，一边租赁大屋子进行整理，随时刊发整理成果，如果一个月可以整理一百页，那么十年就可以整理一万多页，这样就可以整理完毕，重要的史料也会得到保存和传播。"这个愿望不但无法实现，而且连保存也成了问题，在1924年罗振玉因为经济困难，以16000银元的价格把这些档案卖给了大收藏家李盛铎，他当时向李盛铎提出了一个条件：不得卖给外国。后来蔡元培筹款18000银元又从李盛铎那里买下了所有档案，保存在史语所。这样大库档案才最终归国家收藏。

罗振玉虽然最终卖了档案，但并没有停止对档案的整理，在1924年至1936年间，他的成果有：《史料丛刊初编》22种，《清太祖实录稿》3种，《史料丛编》22种，《皇清奏议》68卷，《皇清奏议续编》4卷（未出版），《大库史料目录》等。这些资料不但引起了国内学术界的重视，而且让日本、法国学者很羡慕。

从1909年开始到1922年结束，罗振玉用了13年时间，费尽周折，借债13000银元才把大部分档案保存了下来。之后，从1924年至1936年，他又用了13年时间整理出版这些档案。在保存、整理、出版这些档案方面，罗振玉前后共用了26年时间。著名国学家、教育家曾国藩说过："人凡有恒，其事必成。"两次用心检查，两次及时抢救，共用了两个13年，他如此不遗余力地坚持做，最终成就了我国明清历史的华彩篇章。中国档案史上有名的"八千麻袋"事件也是中国文化史上的重要事件，罗振玉的保存之功是值得铭记的。

单从历史学方面来讲，这些档案对我国历史研究非常重要，都是难得的资料，如其中的明代档案有关边境战争的记载，清初郑成功、李定国的战绩，康熙平定三藩等资料是最真实的记载，根据这些可以补充和修改明代历史、清代历史。所以罗振玉有功于历史，他也因此名垂青史，所以笔者用"档案保存功可嘉"表彰他的功绩。王国维在《库书楼记》中说："如果罗参事不痴迷于古籍，那么他是无法做成这件事的。"这点明了罗振玉的初衷是为了中国传统文化的保存。徐中舒也在《内阁档案之由来及其整理》中说罗氏有"保存内阁大库档案的伟绩"。这些都说明了罗振玉所做的实际成绩。

由这段经历可以得到两个启示：一、文史哲研究者应该注意保存自己所见到的各种有价值的资料，我们要着眼于资料的研究价值去做这件事，而不能只看资料可以卖多少钱。二、要普及文献学知识，让更多的人知道那些看似没有用的东西的重大研究价值和文化内涵。内阁大库档案在那些官员眼里、商人眼里和工作人员眼里，除了那些好的宋版书有价值以外，那些残损的档案都被看作没用的废纸，历史上这种无知的人不知道葬送了多少有价值的资料。我们不能让这种悲剧重演。

第六节 石室文书筹款买

敦煌文书是指中国甘肃省敦煌县莫高窟所藏的公元5世纪到11世纪的多种文字古写本。1900年,在莫高窟17窟藏经洞、1944年在莫高窟土地祠塑像中、1965年在莫高窟122窟窟前都有发现。文书总数超过40000件,其中汉文写本在30000件以上,还有少量的刻印本。

敦煌文书的最初发现地点是莫高窟(俗称千佛洞),在敦煌县县城东南25公里的大泉沟西岸,背靠鸣沙山,面向三危山,中间有溪流经过,是一片沙漠绿洲。在鸣沙山东侧的断崖上有一些洞窟,其中都是佛教雕像和壁画。这些洞窟最早在公元366年建造,到了698年已经有1000多窟了。由于遭到历代的战火破坏,到了清末,只剩下400多窟了。光绪年间,肃州的士兵湖北人王园箓退伍了,到敦煌莫高窟的道观做了道士,就住在143窟(现在编号为17窟),每天诵经忏悔礼神,靠给人做道场为生。1900年5月15日,王道士雇佣的写经人杨先生发现现在编号是17窟的墙壁后面是空的,于是王道士就打开一个洞口,他走过一个通道,就见到了一个方形的石室,其中堆满了经卷文书。这样举世闻名的敦煌文书就被发现了。

当时王道士为了赚钱,把其中的经卷送给酒泉安肃道道台廷栋,但是因为廷栋不懂,还说写经人的书法水平还不如他,所以没有在意这些。1904年英国人斯坦因从印度来到中国,奉命到新疆探险,从土耳其商人那里听说了在敦煌发现古书的消息,就在1907年春天从南疆到达敦煌。找到王道士以后,为了弄到这些古书,他告诉王道士说他自己是印度来的佛家弟子,这样取得了王道士的信任,知道王道士爱财,于是就用30000两白银的价钱购买这些文书。他在洞窟的附近搭建了一个帐篷,请人去洞窟石室中选出精美而完好的经卷、绘画和绣像等,一直选了七天七夜才选完,然后把这些文书装进木箱中,动用了40头骆驼才全部运走,放在伦敦的大英博物馆收藏。这件事很快就在欧洲传开了,在国外引起了轰动,但是国内还没有人认识到这些文书的价值。

1905年正在我国西北组团考察的法国人伯希和知道后,在1908年夏天赶到莫高窟,也像斯坦因那样买文书。这时王道士知道文书宝贵,不想再便宜卖,伯希和给了他很多钱,在重金的诱惑下王道士同意了。伯希和是法国河内远东学院的大学教授,不但懂汉语识汉字,而且对中国古代文化很有研究,所以他选的文书都是精品,这次他买走了全部经卷的三分之一,总数约6000件,装了10大车运走了,放在巴黎国家图书馆收藏。

在1907、1908这两年时间,敦煌文书中的精华都没有了,剩下的几乎都是佛经了。奇怪的是这些国宝被偷走,当时的清政府竟然不知道！

1909年伯希和再次来到中国,是受河内远东学院委托到北京买书的,他顺便想修补一下一些破损的文书。当时他认识了直隶总督端方,因此了解我国学术界的名人,这样他通过端方才知道罗振玉是一位有声望和学识的文献专家,于是通过董授经联系罗振玉,说想与他交朋友,并请他到伯希和的住处见面。这样罗振玉就在9月下旬的清晨率领王国维、董授经、蒋斧、王仁俊、叶恭绰等人来到苏州胡同参观,罗振玉见到了唐人写本和石刻,非常惊喜,认为这些都是瑰宝,拿在手里目不转睛地仔细看,不舍得放下。一想到伯希和要回国,他就想跟随伯希和一起去看看,因为怕再也见不到这些宝贝了,于是急着请伯希和吃饭并请求他把保存在法国的敦煌文书通过照相技术陆续在中国出版以便于学者研究,还先把在北京的十几种文书拍照,又找了伯希和十几次来抄写经卷的目录,并写出提要。罗振玉在1909年在《东方学报》第6卷第10期发表了《敦煌石室书目及发见之原始》,目的是让我国人民了解这个新发现,重视这些国宝,并说四部中所有的精品及完好的经卷都被盗走了。又在《东方学报》第11、12期发表《莫高窟石室秘录》,说敦煌国宝包括书卷、刻本、石刻、佛像、壁画和古器物六大类,是研究隋唐思想文化、历史、经济、地理等方面的宝贵资料。这两篇文章是我国第一次报道敦煌文书的情况,这样才引起了国人的注意。

罗振玉还从伯希和那里知道,敦煌藏经洞里还有大约8000个卷轴,大部分都是佛经。为了保护这些国宝,他急忙请学部左丞乔树楠给陕甘总督毛庆蕃发电报,让他代学部购买藏经洞的所有文书。乔树楠写好电报文字后,交给学部代尚书唐景崇,但唐景崇为了节省学部经费,让罗振玉把还款的文字删去再发,意思是让甘肃出钱买。罗振玉认为不合适,甘肃贫困,未必有能力付款,也不应该再给他们增加负担,如果学部出不了,就建议大学出钱买。而京师大学堂总监督刘廷琛说没有这么多钱买。于是罗振玉就说,如果京师大学堂没有这么多钱,就从他主持的农科节省资金来出,如果还不行,就用他的工资购买。由于罗振玉的坚持争取,刘廷琛和唐景崇最终同意按原文发电报。一个月后,甘肃方面发电报说已经把那些文书都买下了,共8000卷,用了3000银元。学部主管的官吏原来怕价格太高,实际才用了这么点钱就把宝贝买了,于是决定把文书留在学部,不给京师大学堂了。这些主管官员一提到出钱就借口说没钱,一看宝贝很便宜,又争着出钱抢。我们从中可以领略清代官场惯用的"踢皮球"的本领和抢东西的手段。

正在罗振玉热切期盼着早点见到这些国宝时,意想不到的事情发生了,罗继祖在《我的祖父罗振玉》中详细记载了文书被盗的经过。翻译如下:

> 运输过程中又出了问题,有人在中间插手,这个插手的人就是新疆巡抚何彦升,不知道学部、京师大学堂的领导与何彦升有什么特殊的关系,竟然做成了圈套,他们让何彦升担任接收和监督运送的工作,押送的官员又是江西人傅某,他们用大车运到北京打磨巷的时候,就被何彦升的儿子何震彝截住,让李盛铎(何彦升的岳父)、刘廷琛和方尔谦挑选其中的精品。李盛铎和刘廷琛是老乡,又都是通过科举考试的人,还都是高官,李盛铎还是著名的藏书家,他出使日本的时候,买了不少日本的好书。这几个人中,李盛铎是权威专家。这样他们就千方百计地盗窃精品的文书。大家都知道总数是8000卷,少了很多怎么办呢?他们为了凑足8000卷,竟然把长的卷子分成两三段,有的甚至分成五六段。他们交给学部以后,外面就有了传言,但是因为是这些高官做的,百姓明明知道也因为怕他们对自己不利而不敢说,据说,当时学部侍郎宝熙打算向朝廷揭发他们,因为辛亥革命爆发而没有做。(见谢稚柳《敦煌石室记》)其实这个时候距辛亥革命还远,宝熙不上奏的真正原因可能是他是李盛铎和刘廷琛的晚辈,封建社会里有所顾忌的事情很多,碍于情分和面子,最终没有揭发。在当时的情况下,即使宝熙敢揭发他

们,也不可能彻底追究的。在封建社会晚期,见不得人的事太多了,这种小偷小摸的事情,只不过是一个小事儿,早就司空见惯了,也不算什么。

当时,学部为了掩人耳目,只是把押送的官员傅某扣留了几天,最后还是因为有人在中间说好话,而把人释放了(见吴昌绶《松邻书札》致张祖廉札,文中说:"甘肃省的押送的官员傅委员,已经被扣留很久了,那个事既没有证据,又是因为风雅而导致的过错,他再不回去,家里人都没东西吃了,每天求何震彝帮忙疏通关系,兄弟我听说之前的事已经过去了,堂宪本不想深究,能不能请您说几句好话,恳求各位主管官员把他放了吧……"),最后用"事出有因,查无实据"8个字结案了。我在1964年在北京刚见到吴昌绶《松邻书札》的时候,以为问题可能出在那个傅委员身上,就在《春游锁谈》里写了一篇札记。后来见到谢稚柳《敦煌石室记》,才知道中间的关键人物是何彦升和他儿子何震彝,而何震彝竟然厚着脸皮给傅委员说好话,好像与他无关一样,这个家伙内心很阴险,颠倒黑白,什么都做得出来。特别是李盛铎(出使日本的大臣)和刘廷琛(京师大学堂总监督),身为朝廷一品、二品高官,都是全国人民仰视的身居高位的官,言行举止,本该端正,并且都是从翰林院出身,最清高可贵的人,竟然言行不一,干出这种见不得人的事来。身为京师大学堂的总监督,刘廷琛是祖父的上级,他开始对这件事并不太支持,把公家没钱作为借口,最后竟然肆无忌惮地伸出了贪婪的手。①

这种合谋盗宝的勾当罗振玉是知道的,更非常生气,他在《鸣沙石室佚书》序言中说:"比既运京,复经盗窃……遗书窃取,颇留都市,然或行剪字析,以易升斗。其佳者,或挟持以要高价,或藏匿不以示人。遇此伧荒,何殊覆瓿?"②意思是:"等到这些敦煌文书被运到北京以后,又遭到了盗窃……敦煌遗书被盗窃后,很少一部分出现在大城市的集市上,但是这些宝物的情况是这样的:有的人把这些文书剪成一条一条的来卖钱。那些好的文书,不是仗着稀少开出很高的价钱,就是藏起来自己赏玩,不让别人看。这种粗俗卑劣的行为,与打破的瓷盆有什么

---

① 译文参考罗继祖:《我的祖父罗振玉》,天津:百花文艺出版社,2007年版,第73—75页。
② 罗振玉著、文明国编:《罗振玉自述》,合肥:安徽文艺出版社,2013年版,第142页。

区别呢?"

罗振玉虽然无法阻止这种盗窃行为,但是他知道后就想办法保留这些文书。后来他在《姚秦写本僧肇维摩经解残卷校记序》说得更清楚:"李君富藏书,故选择尤精,半以归其婿,秘不示人。方君则选唐经生书迹之佳者,时时截取数十行鬻诸市,故予箧中所储。方所售外,无有也。"①意思是,李盛铎藏书很多,所以选了很多精品文书收藏,其中一半给了他的女婿,(因为怕事情败露,所以)从来不让人看。而方尔谦不同,他竟然选唐代抄经中文字写得好的,常常剪下几十行在集市上卖,所以我小箱子里保存的这些纸片中除了方尔谦卖的以外,就没有什么了。从这句话里可以推断,罗振玉应该没有参与盗窃,而是积极寻找被偷的文书,在李盛铎那里看不到,就从方尔谦手里一片一片地买。可见罗振玉保存中国传统文化的苦心和坚持不懈的努力。而与方尔谦的破坏、李盛铎的私藏相比,他走的是另一条路,不断收集并刊印出来,不但保存了文化,而且利于更多人研究。这一点值得我们学习。

不管是国家收藏还是私人收藏,很大一部分敦煌文书保存在我国,这与罗振玉当初的努力是分不开的。

罗振玉在1909年8月与蒋斧合作编成了《敦煌石室遗书》,由武进诵芬室刊印。书中收录了十几种重要的文书,如《尚书顾命残本》《沙州志残卷》《西州志残卷》《慧超住五天竺国传残卷》《温泉铭》《老子化胡经》《摩尼教经》《景教三威蒙度赞》等。对这几篇文书,罗振玉还写了跋,或者进行了考释,并对比了文书本与传世本的异同及优劣。在1913年他出版了《鸣沙石室佚书》,1916年出版《敦煌古写本周易王注校勘记》,1917年出版了《鸣沙石室古籍丛残》,为了让这些国宝永久流传下去和利于学者研究,罗振玉采取的是精工影印,其中的《鸣沙石室佚书》《鸣沙石室古籍丛残》是敦煌文书的精华,当时所见的重要文书几乎都有。《鸣沙石室佚书》收录了《隶古定尚书》《春秋穀梁传解释》《郑氏注论语》《春秋后国语》《晋纪》《阃外春秋》《张延授别传》等书。《鸣沙石室古籍丛残》收录的文书有:《周易》《毛诗传笺》《春秋经传集解》《易释文》《汉书》《道德经义疏》《庄子》

---

① 罗继祖:《我的祖父罗振玉》,天津:百花文艺出版社,2007年版,第75页。

等。而且很多书后面都有罗振玉的跋语。1924年出版了《敦煌拾零》,收录了《秦妇吟》和十几部小说;还出版了《敦煌石室遗书三种》。1925年出版了《敦煌石室碎金》,内容有《老子义》《毛诗豳风郑氏笺》《食疗本草》《汉书匡衡张禹孔光传》等残卷171篇。

罗振玉在刊印敦煌文书方面用力做多,成就也最大,我们可以看出他一贯的治学思想:以最快的速度及时出版最新资料,以引起更多人的关注和学习,并让更多的学者共同研究,从而促进这个学科的发展。这种利国利民的思想也受到了后来学者的一致称赞。

现在新出土或新发现的资料的拥有者或管理者们,都应该向罗振玉学习。20世纪的罗振玉整理敦煌文书的情况是:1909年发现,在当年就整理了出版了《敦煌石室遗书》,1917年出版了《鸣沙石室古籍丛残》,算基本整理出版完毕,共用了约8年,如果以他在1925年出版的《敦煌石室碎金》算结束的话,才共用了16年。而他靠的是一两个人的力量、自己出钱、八九十年前的技术手段完成的。而21世纪的整理者及其主管人员,因为自己想在这方面研究、想在这方面出名取利而长时间地垄断新资料,迟迟不出版,不让外人研究。这种不良的做法是应该受到批评的。

第七节　搜刊甲骨耀中华

提到甲骨文,很多人都知道中国第一部甲骨文著作是刘鹗著的《铁云藏龟》,他是用自己的字"铁云"来命名的。但是不少人不知道这个"第一"中也有很多是罗振玉的功劳。

1900年,发现和收藏甲骨文的第一人王懿荣跳井自杀,他儿子因为还债在1902年把他收购的一千五百多片甲骨卖给了刘鹗。这时刘鹗的甲骨共有5000多片了。1903年罗振玉在上海刘鹗家里看到了甲骨文的拓片,感到非常惊讶,并说这是像张、杜、杨、许等汉代以来的小学家都没有见过的文字。于是就劝说刘鹗把他所有收藏的都做成拓片,刘鹗同意了,罗振玉亲自在所有的5000多片甲骨中选出1058片来做拓片,并在夏天完成了拓印,这样《铁云藏龟》就在1903年11月由刘鹗的抱残守缺斋石印出版了。书前还有罗振玉的序言。[①]而且罗振玉的《〈铁云藏龟〉序》大约1440字,他认为制作甲骨是先钻坑后灼烧;钻灼的部位是龟甲腹面比较粗糙的位置;占卜的日子没有禁忌;在夏商周三代已经有人用骨头占卜了;甲骨上的文字是史籀(周代)之前的古文;这些龟甲(包括文字)都是夏商时代的,而不是周代的。这些见解很有见地,因此这篇文章可以算作第一篇研究甲骨及甲骨文的学术论文。

由此看来,罗振玉不但鼓动刘鹗出版,而且帮他做了所有的拓片,还写了很长的序言。如果这些甲骨是他的,那么这甲骨文第一本书一定是罗振玉的了。总之,罗振玉为《铁云藏龟》的出版所做的贡献非常大。我们应该记住他的功劳。

可惜罗振玉就差一点(甲骨)而没有写出我国第一部甲骨文的书,但是他写出了我国第二部甲骨文著作《殷墟书契》,也是相当不错的。

[①] 顾音海:《甲骨文发现与研究》,上海:上海书店出版社,2002年版,第84—85页。

他是怎么写出来的呢？我们知道，在建议和帮助刘鹗出版《铁云藏龟》的时候，罗振玉已经对甲骨文有相当深刻的认识了。在 1909 年，44 岁的罗振玉遇到的两件事使他决定写这第二部甲骨文的书。

第一件事是这一年日本人林泰辅发表了日本学术界第一篇有关甲骨研究的论文《论清国河南省汤阴县发见之龟甲牛骨》（发表在 1909 年日本《史学杂志》第二十卷第 8、9、10 期）。这个人值得介绍一下，林泰辅（1854—1922），名直养，字浩卿，号进斋，通称泰辅，是日本东京高等师范学校教授，文学博士，是日本近代著名的中国学家。1914 年他以《上代汉字之研究》获得文学博士学位，1921 年出版《龟甲兽骨文字》，是日本第一部甲骨文研究著作。他被认为是日本从传统"汉学"向近代"中国学"转变时期的一位具有过渡性质的学者，著作还有《周公与其时代》、《论语源流》、《论语年谱》、《汉字要览》等。①

林泰辅《论清国河南省汤阴县发见之龟甲牛骨》是根据《铁云藏龟》写的。当时他没有见到实物，问甲骨出土地时被商人欺骗，所以就认为龟甲的出土地点是河南省汤阴县的古羑里城。虽然如此，他明确提出这些甲骨是殷代王室占卜的人所掌管的遗物，这是刘鹗和孙诒让都没有说过的观点。而罗振玉恰在林泰辅之前在《〈铁云藏龟〉序》中认为这些龟甲（包括文字）都是夏商时代的。当时，在北京的日本文求堂书店的店主田中庆太郎把林泰辅的这篇文章通过邮局寄给了罗振玉，林泰辅还顺便向罗振玉请教了他在读《契文举例》中出现的一些疑问。罗振玉看完文章后感到非常惊讶，认为此人知识渊博，令他佩服，他的观点不但与罗振玉的相似，而且还可以补充《〈铁云藏龟〉序》的不足，还启示他发现一些疑点并打算进行深入研究，并纠正林泰辅的错误。

第二件事是甲骨收藏大家、罗振玉的好友刘鹗去世。1908 年，刘鹗正想深入研究甲骨文时，因为他为了救济北京的饥民而购买联军所掠夺的粮食这件事而遭到诬陷，被清政府以"私售仓粟"的罪名把他流放新疆，结果在 1909 年忧伤而死，而他收藏的甲骨也都散失了。罗振玉知道后既很生气又非常痛惜，而林泰辅也是因为刘鹗去世才请教罗振玉的，所以罗振玉觉得回答这些问题也是他的责任。他决

---

① 谢云：《〈论语年谱〉所涉日本之材料的若干考察》，北京大学中国古文献研究中心编：《北京大学中国古文献研究中心集刊》（第 8 辑），北京：北京大学出版社，2009 年版，第 242—243 页。

定按照刘鹗的志向,继续收集并研究甲骨。

于是,罗振玉在 1909 年利用闲暇时间把他小箱子里存放的甲骨刻辞的拓本翻出来看,又在河南商人那里买了不少带字甲骨,选出一些很奇特的文字,并进一步设法询问出了这些甲骨文的真实发现地是安阳县西五里的小屯,而不是汤阴。于是在这一年就派人在小屯买了一些。又在甲骨刻辞中看到十几处都有殷代帝王名字和谥号。于是恍然大悟:这甲骨文确实是殷代的遗物,是殷代太卜①掌管的!这些文字可以纠正历史学家的错误,考证文字学的源流,还可以研究古代的占卜方法。

这样他在 1910 年 3 月写成了《殷商贞卜文字考》这篇重要的论文,其中一卷用来给林泰辅回信,对于他不清楚的一一说明,并在这年 6 月正式出版。这是罗振玉第一篇专门研究甲骨文的论文(或称专著)。

当时罗振玉见到的甲骨才几千片,他用来收集的甲骨的小箱子中才七八百片。罗振玉认识到:必须大量地占有甲骨文资料才能得出可靠的结论。在甲骨文字方面见得少的情况下急于考释文字,就连自己也难以相信自己的考释。罗振玉后来在《〈殷墟书契前编〉序》中说:

> 这些甲骨留存下来的数量有限,又因为骨头和龟甲质地脆,上面的文字容易消失或者看不清楚,所以从 1899 年发现甲骨文到现在(1913 年)已经十几年了,全世界的人都还不知道它的贵重,所以不急切寻找、搜集,这样下去,甲骨文出土的时间就是它灭亡的时间了。况且如果对这些文字见得不够多,考释出来的字又怎么说服自己相信呢?这样看来,搜集甲骨文比考释甲骨文更加急迫。②

---

①太卜:也作大卜,是古代掌管卜筮的官,也称为卜正,是殷代六大之一。《礼记·曲礼下》:"天子建天官,先六大,曰大宰、大宗、大史、大祝、大士、大卜。"郑玄注:"此盖殷时制也。"《周礼》春官大宗伯的属员,下大夫爵,卜师、卜人之长,掌三兆、三易、三梦之法。凡立君、大封、迁国、征伐、祭祀、丧事等国家大事,太卜都通过龟卜问吉凶。

②译文参考罗振玉:《〈殷墟书契前编〉序》,罗振玉著、文明国编:《罗振玉自述》,合肥:安徽文艺出版社,2013 年版,第 138 页。

又想到《铁云藏龟》出版已经7年了,我国学术界才在1904年底出版了第一部研究甲骨文的专著——孙诒让的《契文举例》。这也促使他决定自己收集甲骨并深入研究。

在1910年,罗振玉派北京琉璃厂的书商祝继先、秋良臣两个人直接去河南安阳小屯村大量购买甲骨,一年之内,买到了20000多片。去掉其中伪造的甲骨,认真挑选出精品甲骨3000多片。让他弟弟罗振常和妻子的弟弟范兆昌也来帮他制作拓片,各种桌子上放的都是甲骨文拓片,他们3个人的衣服上都是黑色的墨汁。为了专心拓印甲骨文,罗振玉下了班就回家做拓片,连客人也不见,一直做到深夜。冬天太冷了,就在屋里放一个大炉子,围着炉子做。这样在1911年2月编成了《殷墟[①]书契》20卷,并在《国学丛刊》上发表了前3卷。后面十几卷的刊发因为辛亥革命爆发而终止,也因此这本书没有引起很多人的关注。

1911年3月15日罗振玉派弟弟罗振常和内弟范兆昌再去河南安阳小屯村购买甲骨,并叮嘱他们说:这次除了甲骨以外,凡是精美的古代兽骨、牙齿、兽角、雕刻物、石磬、兵器等物都要买下。这样罗振常就带着一班人马直奔小屯,17日就到达安阳火车站并住下。每天都去小屯收购,直到5月5日,前后共50天,罗振常每天都记录所购古物,最后写成《洹洛访古游记》并在1912年出版。这次收获很多,根据这本书所记共购买甲骨12500多片。

1911年10月10日武昌起义爆发后,罗振玉去日本继续整理甲骨。他把甲骨片带到了日本,但是因为在运输过程中的颠簸和检查,到日本后已经损坏了二分之一左右,罗振玉打开箱子后一看碎了这么多,非常生气,但是已经无法挽回,于是他感觉到这些甲骨难以保存,必须尽快拓印出版,否则前功尽弃。于是又用了一年的时间重新编了《殷墟书契》8卷,1912年底完成,1913年用珂罗版影印出版。这部书就是后来很多人所说的《殷墟书契前编》,被称为是《铁云藏龟》之后的第二本甲骨文著作,这本书比《国学丛刊》的石印本更清晰,有351页,共收录拓片2229张(2106片甲骨),拓片的数量是《铁云藏龟》的二倍以上,印刷精美,图片清晰,所以比第一部甲骨文著作更受欢迎,影响更大。

---

① 其中的"墟"字原书写作"虚",根据现在的用字而改。

《殷墟书契前编》的编辑体例大体与《殷商贞卜文字考》相似,每卷都是把卜辞内容相关的拓片按顺序编在一起,第一卷是人名类,有先公、先王、妣母、父兄、神祇、人名等;第二卷主要是地名类,包括帝王的出入往来、田猎、地名等;第三卷是纪年类;第四卷以后是杂类,分类不清,因为每一版甲骨记录的不是一件事。书中资料相当丰富,从王世、官吏、军队、征伐、刑罚、都邑,到农牧业生产、社会等级、礼制(祭礼)、气象、历法等,基本包括了社会生活的各个方面。有些是研究商代阶级关系和军队编制不可多得的资料。由此可以认为,罗氏为甲骨的搜集、保存和流传做出了重大贡献。[1]

因为这本书中的资料非常重要,又印刷清晰,所以研究历史学、文字学的学者常常引用。第一版只印了一百部左右,早就销售一空,所以在1932年重印。1970年在台湾翻印。1993年在天津翻印。从1913到1993年,整整80年,经久不衰,真是甲骨学的经典著作。

1914年,罗振玉的第二部甲骨文著作出版了,名叫《殷墟书契菁华》。该书收录了68片甲骨珍品,大的有8片,小的有60片,都是从罗振常、范兆昌购买的12500多片中选出的精华,罗振玉非常喜欢,并由此产生了辞官去安阳居住研究甲骨文直到老死的想法。其中前8张拓片骨板很大,内容重要,文字精美。现在所能见到的最大的甲骨就收录在这本书里,罗振玉称之为"骨片大王",因为上面满是甲骨文字,所以它同时也是字数最多的甲骨(约有150字),现在命名为《王宾仲丁涂朱牛骨刻辞》。这些刻辞是研究殷代国家关系和人们认识自然的重要资料,对于研究甲骨学、历史学、文字学等都很有帮助,所以这本书博得了很多人的赞叹,多次翻印,畅销不衰。

1915年2月,罗振玉正在箱子里翻看甲骨,看到了好友刘鹗当年赠送给自己的那些甲骨,于是想起与刘鹗相处的往事和刘鹗被流放的事,而这时刘鹗已经去世6年了,自己又亡命日本,"同是天涯沦落人",睹物思人,无限感伤。为了纪念这位好友,也觉得自己应该为刘鹗做点什么,于是他就在刘鹗赠送给自己的骨

---

[1] 参考许嘉璐主编:《传统语言学辞典》,石家庄:河北教育出版社,1990年版,第532页;罗琨、张永山:《罗振玉评传》,南昌:百花洲文艺出版社,1996年版,第102页。

片中选出40片,编成《铁云藏龟之余》1卷,共17页,在这一年的7月出版。这些甲骨都是《铁云藏龟》等出版的书中没有收录的,而且内容也比较好。罗振玉以出版书来纪念友人的做法值得后人学习,既可以纪念朋友,还可以保存甲骨文字,有利于后人研究。

1916年,罗振玉又一口气出版了《殷墟书契后编》和《殷墟古器物图录》。其中《殷墟书契后编》收录甲骨1104片[①],《殷墟古器物图录》只有4片。这两本书是受到他回国经历的直接影响而出版的。

1915年4月8日,罗振玉开始带着儿子罗福成从日本回国去扫墓,4月19、20日到达淮安南郊外五里松和县西边70里的西黄庄祭扫了坟墓。罗振玉见到了邻居和老朋友,有八九十岁的,越来越贫困,衣服非常破烂,有的一天还不能吃饱一顿饭。所以罗振玉就在临走时留下了三万钱让李妹妹分给他们。5月8日到达山东曲阜并拜孔庙,9日拜了颜庙(复圣庙)和孔林。5月13日到达安阳小屯。终于来到了曾经想颐养天年的小屯,罗振玉非常高兴,他在《五十日梦痕录》中记载了这次的经历:

> 13日10点左右,我到达安阳,在和昌客栈住下,急忙吃了午饭,就租车直奔小屯,殷墟就在安阳县城的西北方向五里外的地方,它的东、西、北三面有洹水环绕。《彰德府志》说这里是商代国君河亶甲的都城。宋代的《考古图》记载,古代祭祀用的各种器物有不少出自这个河亶甲的都城,大概就是这个地方。这十几年所见的龟甲和兽骨都在这里出土。
>
> 我向本地人打听这里的情况后,才知道出土甲骨的地大概有四十多亩,

[①] 罗琨、张永山的《罗振玉评传》(百花洲文艺出版社2015年第2版)第103页说"《后编》全书共收拓本一百零四片",这个数字是错误的,因为罗振玉在《〈殷墟书契后编〉序》中说:"遴选《前编》中文字所未备者,复得千余品,手施毡墨百日而竣。"明确说是一千多片,后来的学者有精确统计,如高明的《中国古文字学通论》(北京大学出版社1996年版)第229页说该书有甲骨"一一〇四片",韩鉴堂的《图说殷墟甲骨文》(文物出版社2009年版)第96页、陈重远的《收藏讲史话》(北京出版社2000年版)第66页、刘佳的《话说甲骨文》(山东友谊出版社2009年版)第185页也都说有"1104片",所以本书采用"1104片"的说法。

于是就去那块地里，我看到没有字的甲骨在地里到处都是，于是我就在地里捡了一个古代的兽角、好几捧的甲骨片。这块地是种小麦和棉花的，我每次在割掉棉花后就开始挖掘，所挖的洞深的就有6.6米左右，刨过后就把洞填上，再种上小麦和棉花。挖出来的东西，除了甲骨以外，贝壳最多，几乎和甲骨片的数量相同，这是我以前所不知道的。古代的兽角也很多，这个角并不是现在所见到的兽角。我在一个当地老百姓家里见到了几十个兽角，角的根部靠近额头大约一两寸的地方有像竹节一样的凸起部分，就像人手指上戴着一个环形戒指一样，本地人把这种兽角叫做"龙角"。

几年前我在这里得到了3个石磬，它们的形状与《周官·考工》所说的形状很不一样。《尔雅·释乐》以"大磬"来形容它，郭璞注解说："形状像犁。"现在殷墟出土的石磬和犁的形状非常相近。我想：殷代和周代的石磬形制不同，郭璞注解所说像犁的，应该是古老的说法，殷代的形制与《周官·考工》记载的不同。《周官·考工》记载的与犁的形状差别很大。我以前还得到有雕刻花纹的石磬片段，磬的两面和侧面都刻有花纹，这和古代祭祀所用器物的花纹是一样的。宋代人写的《博古图》记载了两个古代石磬，与殷墟的有雕刻花纹的石磬非常相似，也和周代石磬的形状差别很大。当时以"磬"来命名是非常准确的。我曾经和王国维先生说：宋代人的考古学问与清代乾嘉学派各位大师的学问相比并不逊色，就拿确定古代祭祀用具的名称来说，宋代学者把名字弄错的常常占十分之一二，但是他们正确的情况总是有十分之七八。王国维也同意我的看法。石磬只是其中的一种。现在我在小屯再寻找断的石磬，怎么也找不到了。

我以前得到的还有骨头做的箭头、象牙做的匕首、骨头做的匕首、象牙做的搔头用具、骨头做的筒、石刀、石斧，自然状态的有象牙和大象的牙齿。现在我寻找过后，发现这些也很少见了。但是，我得到了一个贝璧，是用蛤蜊的壳子做的，上面雕刻的花纹和玉蒲纹的璧相同，可惜已经碎了。这是我以前没有见过的。能得到这个珍奇的东西，这一趟就没白来。

我以前早就想写一本《殷墟遗物图录》了，今天又得到这些东西，回去后我一定努力写成这本书。观赏之后，因为天气很干燥，我很口渴，就急着回到住处了。①

根据朱彦民《巫史重光——殷墟甲骨发现记》所说,罗振玉的这次考古是我国甲骨学家第一次来到甲骨出土地勘察,意义非常大。罗振玉是第一个找到甲骨文出土地的研究者,还考证出这个地方就是殷代国都的遗址,这次又从日本远涉重洋来这里考察,不顾炎热干燥亲自发掘。可见他确实是专心研究甲骨文的第一人。②

郭沫若评价说:"罗氏在中国要算是近世考古学的一位先驱者。他的搜藏与从来骨董家的习尚稍有区别,他不仅搜集有文字的骨片,并还注意到去搜集与骨片同时出土的各种器物;在1916年他还亲自到安阳小屯去探访过一次。这种热心,这种识见,可以说是从来的考古家所未有。"③

回到日本后,罗振玉马上在他所收藏的几万甲骨片中,选出《殷墟书契前编》没有收录的1104片,亲自制作拓片,一百天就完成了。这样在1916年出版了《殷墟书契后编》,是让英国人哈同④放在《艺术丛编》第一集中刊发的。也是珂罗版影印,非常精美。他又把这次搜集的古器物与派他弟弟购买的古器物放在一起,编成了《殷墟古器物图录》,共有古器物55件,其中4片是甲骨。

从1916到1932年,罗振玉又千方百计地收集各家所收藏的拓片三千张,这些来自刘鹗、王襄、马衡和北京大学收藏的拓本。1933年,68岁的他用了一个月的时间,就在这17年收集的甲骨拓片中选出2016片,编成了《殷墟书契续编》并出版。这部书分类更科学,按照祭祀、帝系、农业、征伐、方国、往来、田猎、干支、天象、旬习、疾病、人名、杂卜、卜旬、卜王等顺序排列,更便于读者查找资料。

---

①译文参考罗振玉:《五十日梦痕录》,罗振玉著、文明国编:《罗振玉自述》,合肥:安徽文艺出版社,2013年版,第109—110页。
②参考朱彦民:《巫史重光——殷墟甲骨发现记》,天津:百花文艺出版社,2001年版,第67页。
③转引自吴浩坤、潘悠:《中国甲骨学史》,台北:贯雅文化事业有限公司,1990年版,第15页。
④哈同(Silas Aaron Hardoon,1847—1931):全名为西拉司·阿隆·哈同,也被译为欧司·爱·哈同。英国人,生于巴格达犹太人家庭,上海房地产巨商,曾任上海法租界公董局董事及公共租界工部局董事。1901年创办哈同洋行,并以大量资金资助中国文化事业,创办仓圣明智大学,聘请著名学者罗振玉、王国维、章太炎等任教。哈同无子女,逝世后巨额遗产全部留给上海。

罗振玉的一生在搜集、公布甲骨文方面是不遗余力的，从 1903 年他建议刘鹗出版、帮他做拓片并写序言开始算起，到 1933 年《殷墟书契续编》出版，他用了 30 年时间整理和刊布甲骨文拓片。他收藏的甲骨共约 30000 片，是我国早期收藏甲骨最多的收藏家。他记录甲骨文的书共有 6 部：《殷墟书契前编》《殷墟书契菁华》《铁云藏龟之余》《殷墟书契后编》《殷墟古器物图录》《殷墟书契续编》。他公布的甲骨拓片共有 5461 张。在 20 世纪 50 年代以前，罗振玉公布的甲骨文拓片数量和质量在全世界范围内都是最多的、最好的，收藏的甲骨数量也是数一数二的。罗振玉的流传甲骨文的功劳非常大，得到了世界学术界的一致好评。

郭沫若对于罗振玉在这方面的评价很恰当，也具有代表性，他说："罗振玉的功劳即在为我们提供了无数的真实的史料。他的殷代甲骨的搜集、保藏、流传、考释，实是中国近三十年来文化史上应该大书特书的一项事件。"①

这对我们现在的文史哲治学的启示有：第一，要及时整理出版新材料，这些新材料是取得更新、更大成果的重要条件。第二，要注意搜集和使用新材料进行研究。目前我国已经公布了很多新材料，但是学术界在利用这些材料方面所做的工作太少。未来的学术发展需要更多的学者充分利用新材料进行深入的研究。第三，有志于从事研究的学者要有传播古代文明的高度责任感，用心去研究，把研究做细、做精。

---

①郭沫若：《中国古代社会研究·自序》，张岂之等编：《史学概论文献与资料选编》，北京：高等教育出版社，2009 年版，第 100 页。

第八节　考释契文功被疑

上几节,我们探讨了罗振玉在保存国学方面的巨大成绩以及给我们的重要启示。其实,他在国学研究上的成绩也很大。只是在他保存国学的耀眼成绩的反衬下,他的国学研究的成就显得暗淡无光。很多人因此而忽视了他的治学成绩,这是片面的。

罗振玉不但在保存、刊布甲骨文字方面功勋卓著,而且在研究甲骨文字方面也取得了巨大成就。

我们知道,世界第一部著录①甲骨文的著作是刘鹗的《铁云藏龟》,第二部著录甲骨文的著作就是罗振玉的《殷墟书契前编》(或称《殷墟书契》)。有意思的是,与此相似,我国第一部研究甲骨文的著作是1904年孙诒让出版的《契文举例》(也是全世界第一部),而罗振玉在1910年3月写成的《殷商贞卜文字考》则是中国第二部研究甲骨文的著作。(日本人林泰辅在1909年发表的日本第一篇有关甲骨研究的论文《论清国河南省汤阴县发见之龟甲牛骨》可能是世界第二部研究甲骨文的著作。)

但是很多地方只是说《殷商贞卜文字考》是"甲骨文研究初期考释甲骨文字的专著"②。从时间上排序,这似乎不是很准确,没有给予它应有的地位,而应该说是中国第二部研究甲骨文的著作。从学术成就的排序看,这种说法不如《中国大百科全书》的论断准确:"1910年所著《殷商贞卜文字考》,首先考定甲骨出土地安阳小屯为殷墟,并正确地判明甲骨属'殷室王朝的遗物'。"③

---

①著录:记录。这里指只是记载甲骨文的书,没有进行考释研究。
②长孙博主编:《2016年全国硕士研究生入学统一考试历史学基础名词解释》,济南:山东人民出版社,2015年版,第327页。
③姜椿芳总编辑:《中国大百科全书》(考古学),北京:中国大百科全书出版社,1992年版,第293页。

同样,长久以来学界也没有正确认识罗振玉在 1914 年出版的《殷墟书契考释》。以前有人认为这本书是王国维的著作,直到现在还有人这么认为,如王本兴在《甲骨文诠释与辨异》中说:"(郭沫若)虽然起步较晚,但起点较高,一开头就进入了王国维的《殷墟书契考释》,一两天的工夫郭沫若就基本破译了甲骨文字的秘密。"①

有文章指出关于这本书的作者有 4 种说法。曹萌主编的《千古悬疑》,施宣圆主编的《千古之谜——中国文化 1000 疑案》,施宣圆、林耀琛、许立言主编的《千古之谜——中国文化史 500 疑案》都引用了周朝民写的《〈殷墟书契考释〉出于谁手?》一文,这篇文章最后说:"一本《殷墟书契考释》,引出三个著作权,四种解说。究竟《殷墟书契考释》出于谁手?是罗振玉;还是王国维?是王国维奉献给罗振玉;还是罗、王合作?目前尚无定论。"②

这是怎么回事呢?上文所说的这 4 种说法,从作者而论,其实只是 3 种说法:

第一种说法:王国维所作说。这种说法包括周朝民所说的"王国维奉献给罗振玉"一说。周朝民说:

> 这本书的作者署名是罗振玉,但在很早以前,曾一度盛传乃是被郭沫若誉为"新史学开山祖"的王国维所作。这种疑端,是由王国维的弟子最初提出的。周传儒③所著《甲骨文字与殷商制度》第五章,谈到这事便说:"罗氏之印行《殷墟书契前编》、《菁华》诸书,王氏躬与其役。《殷墟书契考释》则王氏所手书也。题名虽为罗氏撰,实则王氏亦与有力焉。王氏跋语有谓:'比草此书,又承写官之乏,颇得窥知大体,扬榷细目。'弦外之音,盖可知矣。"这里虽没有直接肯定为王氏之书,却已有极端怀疑的看法了。至郭沫若先生著《历

---

① 王本兴:《甲骨文诠释与辨异》,沈阳:辽宁美术出版社,2014 年版,第 65 页。
② 曹萌:《千古悬疑》(文化卷)第 3 册,海口:海南出版社,2001 年版,第 434 页。施宣圆主编:《千古之谜——中国文化 1000 疑案》(甲编),郑州:中州古籍出版社,2003 年版,第 842—843 页。施宣圆、林耀琛、许立言主编:《千古之谜——中国文化史 500 疑案》,郑州:中州古籍出版社,1989 年版,第 663 页。
③ 周传儒(1900—1988):湖北麻城人,文史学家。著作有《书院制度考》《甲骨文字与殷商制度》《国学大师王国维先生》等。

史人物》时,这种怀疑变成了肯定。郭老说:"王对于罗,似乎始终是感恩怀德的。他为了报答他,竟不惜把自己的精心研究都奉献了给罗,而使罗坐享盛名。例如《殷墟书契考释》一书,实际是王的著作,而署的却是罗振玉的名字,这本是学界周知的秘密。单只这一事,也足证罗之卑劣无耻,而王是那样的克己无私,报人以德的了。"后来,末代皇帝溥仪在《我的前半生》第四章内,对这一说法作了补充说明:"王国维求学时代十分清苦,受过罗振玉的帮助,王国维后来在日本的几年研究生活,是靠着罗振玉一起过的。王国维为了报答他的这份恩情,最初的几部著作,就以罗振玉的名字付梓问世。罗振玉后来在日本出版、轰动一时的《殷墟书契》,其实也是窃据了王国维甲骨文的研究成果。"最近四川人民出版社出版的周君适著《伪满宫廷杂忆》一书,也赞同此说。其言:"王感恩知己,无以为报,便把自己的著作让给罗振玉,用罗的名义发表,著名的《殷墟书契考释》就是其中之一。"①

第二种说法:罗、王合作说。就是认为这部书是罗振玉和王国维合著的。周朝民说:

  王国维在清华研究院的弟子何士骥发表《近四十年来国人治学之新途径》一文,很明确地叙述道:"甲骨搜藏之富,与各种古史材料著录传播之广,当以罗叔言氏为第一。罗氏于甲骨之学,著有重要之书十数种,又与王静安先生著《殷墟书契考释》,最称巨作。体例虽略近于《契文举例》,而考证详密,论断精确,条理清晰,几乎为一部绝代科学现代化之书。不惟远出孙书价值之上,实亦是早期甲骨学中第一部成功之作也。"如此,何氏并又自注云:"此书规模体例,大致均出王手。"②

第三种说法:罗振玉所作说。这个说法放到后面详细阐述,现在先考察一下前两种说法。

---

①曹萌:《千古悬疑》(文化卷)第3册,海口:海南出版社,2001年版,第432页。转引时进行了校对,更正了几个错字。
②曹萌:《千古悬疑》(文化卷)第3册,海口:海南出版社,2001年版,第433页。转引时进行了校对,更正了几个错字。

关于第一种说法"王国维所作说",周传儒的"弦外之音"的意思是倾向于王国维作,或二人合作。证据是王国维的"比草此书,又承写官之乏,颇得窥知大体,扬榷细目"一句。翻译成现代汉语就是:"我对着这本书的原稿进行抄写,这只是在专门抄写书籍的人员中充数而已,但是我抄完后能明白书中的大概内容,在细小的地方也能大概复述,甚至还可以提出自己的看法。"这本是王国维在抄写和校对过程中的收获和感悟,不能作为他参与创作的证据。周传儒的《甲骨文字与殷商制度》在1934年由开明书店出版,虽然很早,但是他只是非常怀疑,且有误解,所以不必细论。

郭沫若的观点出自他在1946年发表的《鲁迅与王国维》(原载《文艺复兴》第2卷第3期),溥仪的《我的前半生》最早在1957年由群众出版社出版。周君适的《伪满宫廷杂忆》在1980年由四川人民出版社出版。郭沫若的影响虽大,但是不是最早的。现在能查到的最早的说法是傅斯年1945年在《〈殷历谱〉序》的观点:"若夫综合研究,上下贯穿,旁通而适合,则明明有四阶段可寻。其一为王国维君之考订殷先公先王,与其《殷墟文字考释》之一书(此书题罗振玉撰,实王氏之作,罗以五百元酬之,王更作一序,称之上天,实自负也。罗氏老贼于《南北史》、《两唐书》甚习,故考订碑志每有见地,若夫古文字学固懵然无知。王氏卒后,古器大出,罗竟搁笔,其偶辑矢尊,不逮初学,于是形态毕露矣。亦可笑也)。"①至于傅斯年所说的根据下文详说,但大骂罗振玉为"老贼"恐怕不妥。

黄裳也倾向于这种说法,他在《关于"知识产权"》说:"郭沫若说'王对于罗,似乎始终是感恩怀德的,他为了要报答他,竟不惜把自己的精心研究都奉献了给罗'。这些话并非'想当然耳',是有事实根据的。《考释》问世后,'王先生又补释罗氏《待问编》中疑义,罗氏《考释》重订时亦均录入'(赵万里:《静安先生遗著选跋》),这不是说共同研究各有所得么?王国维致缪荃孙信(见《王国维》全集书信)说起'近为蕴公编《封泥集存》'(一九一三年十一月),又说'岁首与蕴公同考释《流沙坠简》,并自行写定,殆尽三四月之力为之'(一九一四年七月十七日)。罗振玉致缪荃孙书也说'近撰定《流沙坠简》……现分为三书……第二为"屯戍丛残",由王静翁考之,亦略成就'(《艺风堂友朋书札》)。属名罗振玉的《徐俟斋先

---

①傅斯年:《傅斯年集》,广州:花城出版社,2010年版,第483页。

生年谱》也是王国维代撰的。王国维一九一九年三月十六日致罗信云:'《徐俟斋先生年谱》已成二十页,其附录中维为增入张秋水《冬青馆》中乙集《徐昭法先生画像记》一篇。'又一九一九年六月十二日致罗信云:'近日细读《俟斋先生年谱》,似尚有小误须改正者。……'王国维自己的《观堂集林》前罗振玉序,也是王氏代撰的,王国维一九二三年六月十日致蒋汝藻书,'敝集雪堂一序已代撰就,后由其改定数语'。仅就此数事已可看出,王国维代罗振玉著书撰文几乎是常例,用不着大惊小怪。他们之间对写作有所商榷更是常事。民国二年王国维依罗振玉旅居日本,《永丰乡人行年录》记,'时静安迫于生事,乡人(罗)乃以编校之事委之,月致饩二百元'。既然已是秘书,一切撰作编校自然'理'所当然地归入主人名下,而《考释》适于第二年编成,其中吸取了王氏的劳动成果不但是合理简直是必然的。这也就是赵万里所说的'间为罗氏校录《殷墟书契考释》'。"①

此外,黄裳还在《罗王之间》一文中提到傅斯年和陈寅恪的看法,他说:"我在《读书》上发表过一篇关于知识产权的文章,曾涉及罗振玉的《殷墟书契考释》的著作权问题。最近得见《高阳说诗》,在'笺陈寅恪《王观堂先生挽词》'文后的附记中看到傅斯年在《考释》上亲笔批语的转录,非常有趣,也是过去未知的得之陈寅恪口述的第一手史料。略云:'民国十六年夏,余晤陈寅恪于上海,为余言王死故甚详。此书本王氏自作自写,因受罗赀,遂畀之,托词自比于张力臣(按,张力臣尝为顾亭林抄写《音学五书》)。盖饰言也,后陈君为王作挽词,再以此等事叩之,不发一言矣。''此书再版,尽删附注页数,不特不便,且实昧于此书著作之体。举证孤悬,不登全语,立论多难复核矣。意者此亦罗氏露马脚处乎?十八年七月十四日。''今日又问寅恪,此书王所得代价,寅恪云:王说,罗以四百元为赠。亟记之。十九年七月二十七日晚。''此书所论至允,不自尝甘苦者不能如此明了也。罗振玉以四百元易此书,竟受真作者如此推崇而不惭,其品可知矣。孟真。十九年八月九日。''彦堂(董作宾)近自旅顺晤罗返云:与之谈谈殷契文,彼颇有不了解之处,此可记之事也。'"并说:"罗振玉花了四百元买下王国维的著作,是陈寅恪亲闻王国维所说,在挽王诗中也只有"考释殷书开盛业,钩探商史发幽光"两句,并未细说此中消息,傅斯年再问他时,也就不发一言了。陈先生大概是将这一切都归之'流俗恩怨荣辱委琐龌龊之说',置之不论的吧。"②黄裳说

---

① 黄裳:《黄裳文集》(春夜卷),上海:上海书店出版社,1998年版,第8—9页。
② 黄裳:《黄裳文集》(春夜卷),上海:上海书店出版社,1998年版,第12—13页。

第七章 存书刊书为大家，国学国宝放光华

王国维代写的情况多，所以这次也可能代写，还搬出了傅斯年和陈寅恪的话。

杨树达先生也表达过这种倾向，在《积微居金文说》说："《贞松堂集古遗文补遗》上卷（二十六页下）……☒字罗振玉释作☒。余按甲文有☒字，罗氏释为《说文》之寮字，是也。（《增订殷墟书契考释》中卷五十下）而于此乃不知释寮，何也？尤可怪者，罗氏释甲文云：'古金文中……有☒字，与卜辞同，'是明知此器之字为寮字也。一人著书，竟自忘其前说，虽善忘不宜至此。……（引者注：此处又举了3个例子），世间或云罗氏早年所著书多出自王静安之手，而《贞松堂集古遗文》一书，则成于静安死后。观上述数事，与《殷墟书契考释》之说全不相应，然则人言殆不诬尔。"①可见，杨树达先生也受到了以前传言的影响，怀疑《殷墟书契考释》可能不是罗振玉所作，但是并没有肯定。

郭沫若、溥仪、周君适只是说是王国维写的，没有足够的证据，只是说署名罗振玉的原因是王国维为了报答罗振玉的恩情。傅斯年在《〈殷历谱〉序》中说是罗振玉用五百银元买王国维的。黄裳说：陈寅恪听王国维说是罗振玉用四百银元买王国维的。而黄裳自己也认为是王国维因报恩而给了罗振玉，他的"事实根据"是王国维经常代罗振玉写书写文章。这个证据只能说王国维可能写了《殷墟书契考释》，但也没有足够的证据。陈寅恪听王国维说，傅斯年听陈寅恪说，黄裳又听了傅斯年、陈寅恪的说法。这些都是听说而已，而且说法还不一，傅斯年说罗振玉给了王国维五百银元，而陈寅恪自己说给了四百银元。傅斯年把陈寅恪的原话都改了，而且把书名《殷墟书契考释》也改成了"《殷墟文字考释》"，从这两处错误就可以看出傅斯年不忠于原话和原字，那么他的话就难以让人相信了。

从上面几位大师的说法可知，最早说罗振玉用钱买《殷墟书契考释》的是陈寅恪，奇怪的是，最后傅斯年再问陈寅恪时，陈不再说了。我想他不说是因为他自己也只是听说而已，没有切实的证据证明确实是王国维卖给罗振玉的，所以说了也没有用，反而会给王国维及罗振玉带来不好的影响。也许陈寅恪当时知道了对他这个说法很不利的情况。杨树达先生的怀疑也是有道理的，但是因为只有

---

① 杨树达著、中国社会科学院考古研究所编辑：《积微居金文说》增订本，北京：中华书局，1997年版，第93—94页。

几个例子,不能证明全书绝大部分字不是罗振玉考释的,所以他也没有下肯定的结论。

关于第二种说法"罗、王合作说",何士骥的证据是从《殷墟书契考释》的规模和体例判断大致是由王国维写的。这个说法很笼统,笔者考虑这个说法的根源,当是王国维曾经校订抄写了这本书的原稿。

那么,王国维在抄写过程中做了哪些改动呢?王世民把王国维的抄写本和罗振玉的手稿本进行了认真的比较和分析,他在《〈殷墟书契考释〉的罗氏原稿与王氏校写》中说:"王国维校写的《考释》初刊本与罗氏原稿对比,其间的差异除原作'△'者改'某'、原作'谊'者多改'义'、原作'于'者多改'於'、原作'欤'者改'与',以及卜辞篇中列举各类卜辞的次序调整,均未逐一统计外,总共约有四百多条差异。其中,半数以上属个别文字的加工,其次是订正笔误和查核引文,幅度稍大的改动极少。"他分4个方面说明:1.个别文字的加工。这方面改动最多,对整个语句没有影响,如把"甚众"改为"颇多"、"误"改为"譌"等。2.订正笔误与核查引文。这方面有几十条,如"《史记·殷本纪》",原稿是"《殷世家》"和"《商本纪》"。3.使表述更为简明适当。这方面的改动较少,如原稿"汉省安阳入荡阴,师古曰荡音汤,汤阴即荡阴,今为安阳",改为"今安阳,汉荡阴兼有今安阳地"。4.幅度稍大的几处改动。这方面很少,不过十几处。例如原稿是:"来牟虽为周瑞,然远在后稷之世,故殷代已有此字。然予意天赐瑞麦或更在上古,后稷播此嘉种,诗人因遥溯生民之初,后人乃误认为后稷时事矣。"改为:"来牟之瑞在后稷之世,故殷世已有此字矣。"王国维还有不少地方改错了,比如16页"古文作"后面忘记抄录古文字形;60页引用《说文解字》"澡洒手也",原稿是正确的,而王国维却改错为"洗手也"。最后的结论是:"以上事实充分说明,《殷墟书契考释》确为罗振玉所著,并不存在名为罗著实为王作或罗王协力合作的问题。王国维为罗氏校写,进行文字加工,订正笔误和查核引文,花费了许多劳动,但印本中幅度稍大的改动极少。……这有如今日出版社责任编辑所做工作,对原作者确有莫大的帮助,他们的劳动应该充分肯定,受到尊重,但责编和作者毕竟是两回事,既不能本末倒置,又不能等量齐观。"①当然这都是编辑做的工作,我们不能因为

---

① 王世民:《〈殷墟书契考释〉的罗氏原稿与王氏校写》,张永山主编、中国社会科学院甲骨学殷商史研究中心编辑组编:《胡厚宣先生纪念文集》,北京:科学出版社,1998年版,第284—289页。

他参与了编校就说是他写的。对此,张舜徽先生说得好:"本来当一九一四年罗氏写成《殷墟书契考释》时,是由王氏手写上石的。这可能是使人们怀疑的根本之点,而没有注意到那时王氏是以师礼事罗氏,又侨居日本,住在罗家,替罗氏写书付印,有何不可。如钱玄同替章太炎写《小学答问》,本是儒林雅事,用不着十分怀疑。"①

再看看这本书初版的体例和内容。全书共有8章,第1章"都邑",考证安阳西五里的小屯就是武乙都城的废墟,就是《彰德府志》中的河亶甲城。第2章"帝王",列举了甲骨卜辞中的36个先王、先妣的名号。第3章"人名",列举了卜辞中的78个人名。第4章"地名",列举了193个卜辞地名。第5章"文字",考释了485个甲骨文,楷书字头后先列各种甲骨文字形,然后分析字形,大多通过《说文解字》中的说解进行分析和辨识。第6章"卜辞",列了655条卜辞,有祭祀、征伐、田猎、风雨、出入等。第8章"卜法",通过对甲骨的凿、钻、灼、兆等情况分析商代的占卜方法。

通过比较,罗琨、张永山说明了《殷墟书契考释》是对《殷商贞卜文字考》的增补、删订。这里引用一个例子:"如前书(引者注:指《殷商贞卜文字考》)'正名第二'最后一段记待问的字……其中有一个作以手牵象之形的甲骨文字,释'疑牵',夹注'疑牵为后起之字,此为初字'。此行上有亲笔眉批'即"为"'这一认识,后被《考释》初版吸收,在该书五十五页释字有'曰为',而不释牵了,并与金文、石鼓文进行了比较,指出《说文》的解释欠妥,现在该字释'为'已成定论。"②二人的说法是正确的,《殷商贞卜文字考》共有四部分:考史、正名、卜法、杂说。其中"卜法"之名直接沿用,并有所删订,"正名"则分为"人名"、"地名"等几章,是对原作的大量补充。

总之,从体例、内容来看,"罗、王合作说"是错误的。

第三种说法"罗振玉所作说"最符合事实。我们先看看前辈如何考辨。

---

① 张舜徽:《考古学者罗振玉对整理文化遗产的贡献》,罗继祖主编:《王国维之死》,广州:广东教育出版社,1999年版,第112页。
② 罗琨、张永山:《罗振玉评传》,南昌:百花洲文艺出版社,1996年版,第107页。

最早申明作者是罗振玉的学者是陈梦家①。他在1956年出版的《殷墟卜辞综述》中说："当时罗、王虽常同处一城,而王氏的兴趣并不在此。直至此年,王氏于校写之际,乃因讨论而自作精深的研究。初刊本《考释》所引王氏之说,或为创见如释西、昱等字,或为补充如释王字,或为引申其意义如凤、罤等字。1951年,我得到《考释》的原稿本,都是罗氏手写,其中书头上常注有某条应移应增改之处,并有罗氏致王氏便笺,请共补入某条者。称之为'礼堂先生'。《考释》的纲领和分类次第,与罗氏以前诸作,实相一致,不过有所改善而已。在编作中,二人对细目的商榷则确乎是常有的,由稿本与初刊本相校,王氏在校写时对于行文字句的小小更易是常有的,但并未作重大的增删。都邑一章引用今本《竹书纪年》,和王氏的看法大相违背。王氏后来作《戬释》时,对于罗氏所考定的文字并不完全接受,有另作新释的,有加补充的,有引而不加可否的。他所作《最近二三十年中中国新发现之学问》的夹注中曾说《贞卜》、《考释》、《待问编》'诸书详考笔画,审慎阙疑,虽间亦有附会,而十之七八确凿可信'。此种坚持真理独立研究的精神,是值得推崇的。"②陈梦家找到原稿并直接把原稿与初刊本对照,说明了王国维只是进行了小的编校,作者确实是罗振玉。这是第一次从著作内部找证据来论证,很有说服力。

张舜徽在1981年的《王国维与罗振玉在学术研究上的关系》一文较为全面地批判了上述两种说法："王国维在所撰《殷墟文学类编序》中,早已明确肯定《殷墟书契考释》是罗振玉继《殷墟贞卜文字考》之后而撰述的又一重要著作,并称其'创获甚多'。王氏又自告奋勇,帮助他手写付印,自比之于张力臣为顾炎武写《音学五书》,本是儒林雅事,值得后人称颂。近世如钱玄同为章太炎手写《小学答问》,此例甚多,原无足怪。不料今天还有些人因此而产生怀疑,错误地认为《殷墟书契考释》本出王氏之手,或者是两人合作,而不愿罗氏独居其名。这种疑端,是由王门弟子最初提出的。"随后,引用了周传儒《甲骨文字与殷商制度》的怀疑、何士骥在《近四十年来国人治学之新途径》中的罗王合著说,并批判了他们的说法："周、何两人,都是清华研究院的学生,曾亲自受业于王国维之门,对于老师的学问,极端敬仰;又看到《殷墟书契考释》一书的重大价值,对于近世学

---

①陈梦家(1911—1966):浙江上虞人,生于南京。中国现代著名古文字学家、考古学家、新月派后期代表诗人。著作有《梦家诗集》《不开花的春》《殷墟卜辞综述》《西周铜器断代》《汉简缀述》等。
②陈梦家:《殷墟卜辞综述》,北京:中华书局,1988年版,第58页。

术,实有启辟途径、创立条例的不朽功绩,不愿罗氏独擅其名,便不顾事实地臆断这部书的写成,他的老师出了大力。这种盲目推崇,连他的老师本人恐怕也是不愿接受的"。然后引用了郭沫若在《历史人物》中的"王国维所作说",并指出:"这已明目张胆地攻击罗振玉。这段推论,不知何所据而云然。如果我们进一步追索他的根据,必然是'想当然耳'四字的回答。"接着,引出溥仪在《我的前半生》的话并批评说:"这自然是随声附和的话!溥仪生长在深宫之中,虽在幼年时代,随他的师傅念过《四书》、《五经》。竟不知'学问'为何物;对罗、王功力所至,更是一窍不通。《我的前半生》,是在他接受改造以后写出的一部检讨性的回想录。他懊悔着过去,埋怨到许多人,连那些左右扶持他的遗老旧臣如陈宝琛、郑孝胥之流,没有一个好评的,罗振玉自然不例外。对他的这样贬斥,不足奇怪。至于溥仪所谈'最初的几部著作,就以罗振玉的名字付梓问世',指的是罗著《殷商贞卜文字考》、《殷墟书契考释》之类的几部书。这些书是在 1910 年、1911 年印行的;至于收集材料,从事撰述,更在其前。那时王国维正在研究西洋哲学、宋元戏曲和通俗文学,兴趣很浓厚,还没有转变他的治学方向,更没有把精力转移到探究《说文》、《尔雅》,点读《三礼注疏》等方面来,有何能力撰写有关研究甲骨文字的专著?溥仪不顾事实,信口而谈,不值一驳。"①张舜徽先生分析了前两种说法的由来,理由合情合理,见解很深刻。

商承祚说:"把罗骂得一文不值,批得体无完肤。这种'退人若将坠诸渊'及'恶之欲其死'的思想行为,既无以服人,而且是令人反感的。这还不算,更进一步造谣说:《殷墟书契考释》乃王著而为罗窃有。正在此期间,我适在北京,有一天,途遇陈梦家,他悄悄地同我说:'《殷墟书契考释》的稿本被我买到了,完全是罗的手笔,上有王的签注,印本即根据此稿写定的,您有空,请到我家看看。'(陈去世后听说此稿归考古所)该书是请王为之誊正②并加入王说而付印的,那些头脑简单和从恶意出发的人,以为王写的就是王著,得此'证据',就断下结论,足见其可笑程度。"③商承祚先生指出的有力证据是罗振玉的原书手稿,并对骂罗振玉的做法很不满。

---

①张舜徽:《王国维与罗振玉在学术研究上的关系》,吴泽主编、袁英光选编:《王国维学术研究论集》(一),上海:华东师范大学出版社,1983 年版,第 416—418 页。
②誊正:原文误作"腾正",引文已经改正,重新抄写改正的意思。
③商承祚:《关于王国维先生之死》,《晋阳学刊》1983 年第 3 期。

萧艾[①]说："《考释》确是罗振玉在一九一〇年出版的《殷商贞卜文字考》的基础上钻研写成的。我们如果把两书互勘，不难发现其前后的递变的痕迹。《殷商贞卜文字考》全书分四章，以考史、正名开始；考释内容为八个部分，都邑第一、帝王第二……仍是从考史、正名写起，两书体例大致相同。后者仅是前者的扩大、补充、修正而已。"[②]萧艾说明了《殷墟书契考释》确实是从《殷商贞卜文字考》而来的。这是追根溯源，证明罗振玉的《殷墟书契考释》不是通过王国维而突然出现的，也很有说服力。

胡厚宣说："关于罗振玉《殷墟书契考释》一书，在很早以前，曾有一个时期，盛传乃王国维氏所作。以罗氏之才识与学风，不大可能……除此以外，我还可以提出一点补充。罗振玉氏 1910 年作《殷商贞卜文字考》，1914 年又作《殷墟书契考释》，凡考释殷墟甲骨文字，得可读者'不逾五百'，后又为之校补，'乃增至五百四十余'。1916 年，又最录不可遽释之字，'得千名'，编为《殷墟书契待问编》一书。以后罗王两氏，又各有增释，则签识于书眉。我曾看到《殷墟书契待问编》罗振玉的'雪堂补注本'，其书眉之上，有罗振玉亲笔签注的新释 79 字，王国维亲笔签注的新释 54 字，另外还有 20 字，是罗氏亲笔批注，却特别标明了系'王释'或'王说'，或单标明了一个字'王'。今照录如下：

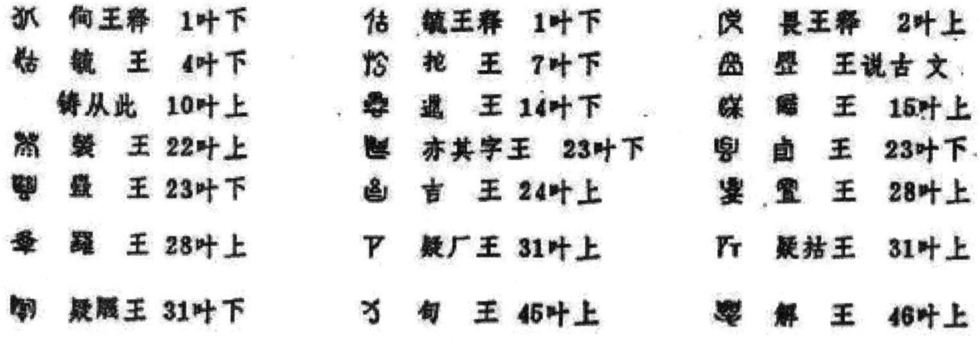

①萧艾（1919—1996）：原名萧家林，湖南宁远人，古文字学家。曾任湘潭大学中文系教授、湖南省政协常委。长期从事甲骨文、中国文学史、中国民族学的研究。著作有《殷契偶拾》《甲骨文史话》《王国维评传》《一代大师——王国维研究论丛》等。

②萧艾：《王国维评传》，转引自罗继祖主编：《王国维之死》，中国台北：祺龄出版社，1995 年版，第 153 页。

其所根据,大抵为王氏写给罗氏的书札。如屃字见第 16 札,畏、归、其、蛊、吉等字见第 17 札,旬字见第 45 札,佝、毓、挩、豐、邋、歸、裦、卣、蠱、厂、祐、旬、解等字见第 60 札,屃等字见第 73 札。私人来往的信札,本来没有公开,别人不会知道。我们看,就连这样一本没有整理成书的草本笔记,罗氏都一一标明这些字是王氏所释,而不肯掠人之美,这很可以看出他的高尚的学风。1914 年罗振玉作《殷墟书契考释》一书,其于西(24 叶①)王(28 叶)风(37 叶)罪(42 叶)裦(45 叶)昱(66 叶)诸字,俱引'王征君②'之说。1927 年又对《殷墟书契考释》加以增订,其于旬(中卷 6 叶)祐(中卷 19 页)王(同前)罪(同前 37)裦(同前 43)罪(同前 49)毓(同前 52)翌(同前 77)诸字,也都援引'王氏国维'的意见。如果罗氏这样一部精心的杰作,也剽自王国维,又怎么能够引用'王征君'或'王氏国维'的学说呢?"③胡厚宣也像陈梦家一样从作品内部进行了详细的分析,文稿中除了注明"王释"之外,还有"王氏国维",这可以说明不是王国维写的,所以说胡厚宣先生的证据最有说服力。从中可以看出罗振玉在写作过程中没有霸占王国维的观点,反而可以从中领略罗振玉的高尚学风。

罗继祖说:"《殷墟书契考释》这部书,作者自序及王氏前后两序说得很清楚,只因为出于王氏手写付印,竟被误认为是王氏的著作,以二百元(或作五百元)卖给罗,署上罗的名字,遂成为罗的著作,这种流言本不值一驳,天下哪有这样的傻人,既给人家把书做好,又亲手写成,同时又写了两篇序称颂人家,而所得的代价只有五百元。这样的人恐怕古今中外都难遇到……其实解决这个问题并不难,如果能平心静气地把《考释》拿来,从头到尾读一遍,再把罗在《考释》以前写的《殷商贞卜文字考》参看一下,便可看出两者出于一手的前后关系,《考释》是王代作,难道五年以前写的《文字考》也出于王氏吗?"④罗继祖说得有道理,王国维不是那种因钱卖文的学术败类,他耿直不屈,死都不怕,更不会玩弄把戏,如果他真这么做,也会考虑避嫌:他写的书不应该再自己抄写,还做两个序,如果真是这样,这么做是让人感到多么屈辱啊,所以说王国维不是这样的人。

---

①叶:书页。以前用"叶"表示"页"。
②征君:指不接受朝廷征聘的隐士,又称"征士"。这里的"王征君"是罗振玉对王国维的尊称。原文作"徵君",今据《通用规范汉字字典》改为简化字。
③胡厚宣:《关于〈殷墟书契考释〉的写作问题》,《社会科学战线》1984 年第 4 期。
④罗继祖主编:《王国维之死》,广州:广东教育出版社,1999 年版,第 120—121 页。

除了上述各家的证据之外,笔者还可以举出下面几个证据。

1.王国维本人多次在自己的文章中说这本书是罗振玉写的。他在《〈殷墟书契考释〉序》中说:"商遗①先生《殷墟书契考释》成,余读而叹曰:自三代以后,言古文字者未尝有是书也。"②又在《〈殷墟书契考释〉后序》中说:"余为商遗先生书《殷墟(书契)考释》竟,作而叹曰:此三百年来小学之一结束也! 夫先生之于书契文字,其搜集流通之功,盖不在考释下。……余从先生游久,时时得闻绪论,比草此书,又承写官之乏,颇得大体,扬榷细目。窃叹先生此书,诠释文字,恒得之于意言之表……窃谓我朝三百年之小学,开之者先生,而成之者先生也。……余今者亦得写先生之书,作书拙劣,何敢方力臣。"③可见王国维在前后序中共有 2 处写明了自己是替罗振玉抄书,而且共有 4 处指明是罗振玉的书。他还在《〈殷卜辞中所见先公先王考〉序》说:"甲寅岁暮,上虞罗叔言参事撰《殷墟书契考释》。"④他也在《〈殷墟文字类编〉序》中说:"殷墟文字之学,始于瑞安孙仲容比部,而实大成于参事。参事⑤于庚戌撰《殷商贞卜文字考》,甲寅复撰《殷墟书契考释》,创获甚多。"⑥他又在《最近二三十年中国新发见之学问》说:"罗氏于宣统庚戌撰《殷商贞卜文字考》,嗣撰《殷墟书契考释》、《殷墟书契待问编》等。商承祚氏之《殷墟文字类编》,复取材于罗氏改定之稿。而《戬寿堂所藏殷墟文字》,余亦有考释。此外,孙氏之《名原》亦颇审释骨甲文字,然与其《契文举例》皆仅据《铁云藏龟》为之,故其说不无武断。审释文字自以罗氏为第一,其考定小屯之为故殷墟,及审释殷帝王名号,皆由罗氏发之。余复据此种材料作《殷卜辞中所见先公先王考》。"⑦可见王国维自己至少在以上 5 篇文章中说明《殷墟书契考释》是罗振玉

---

① "商遗"是罗振玉的别号之一。
② 王国维:《〈殷墟书契考释〉序》,王国维:《观堂集林》(外二种),石家庄:河北教育出版社,2003 年版,第 566 页。
③ 王国维:《〈殷墟书契考释〉后序》,王国维著:《王国维自述》,合肥:安徽文艺出版社,2014 年版,第 50—51 页。
④ 王国维:《〈殷卜辞中所见先公先王考〉序》,王国维:《王国维自述》,合肥:安徽文艺出版社,2014 年版,第 52 页。
⑤ "参事"是指罗振玉,因为曾作过学部参事。
⑥ 王国维:《〈殷墟文字类编〉序》,张舜徽撰、姚伟钧导读:《中国文献学》,上海:上海古籍出版社,2005 年版,第 280 页。
⑦ 王国维:《最近二三十年中国新发见之学问》,王国维撰:《古史新证》,长沙:湖南人民出版社,2010 年版,第 60 页。

撰写的。

2.罗振玉本人也多次提到这本书是自己写的。他的《〈殷墟书契考释〉序》说:"予既编印《殷墟书契》,欲继是而为考释,人事乖午,因循不克就者,岁将再周。感庄生吾生有涯之言,乃发愤键户四十余日,遂成《考释》六万余言。"①罗振玉在《集蓼编》中说了这本书的由来:"宣统初元,予至海东调查农学,东友林博士(泰辅)方考甲骨,作一文揭之杂志,以所怀疑不能决者质之予。予归,草《殷商贞卜文字考》答之,于此学乃略得门径。及在海东,乃撰《殷墟书契考释》,日写定千余言,一月而竟,忠悫②为手写付印。并将文字之不可识者为《待问编》。"③可见罗振玉在 1910 年出版《殷商贞卜文字考》以后,才真正进入甲骨文的深入研究阶段。1914 年冬,罗振玉在日本用了 40 多天的时间废寝忘食地研究这些甲骨文,1915 年初,罗振玉还写过两首诗《撰〈殷墟书契考释〉成漫题》来纪念这段时光(均详见本书第六章"废寝忘食释契文"一节),没有真实的体验是写不出这些文字的。罗振玉也至少在上述 3 篇文章或诗歌中明确说明是自己写了这部书。

3.罗振玉有能力写这部书。有人说罗振玉没有能力写出这本书,王国维才有能力。笔者认为:如果说王国维有可能写出这部书,那么罗振玉更可能写出这部书。说罗振玉有能力写,是因为他在古文字研究方面确实有积累和心得。首先,从他研究古文字的著作看,1903 年他写出了第一篇研究甲骨文的学术论文《〈铁云藏龟〉序》(详见本章"搜刊甲骨耀中华"一节),1910 年写成了《殷商贞卜文字考》,在 1916 年他还写过《石鼓文考释》。其次,从他接触古文字来看,1884 年出版《读碑小笺》、《存拙斋札疏》,1885 年作《金石萃编校记》、《寰宇访碑录校议》,1892 年出版《淮阴金石仅存录》、作《〈小学钩沉续编〉序》,1894 年出版《碑别字》,1896 年作《〈汉隶辨体〉序》、《再续寰宇访碑录》,1903 年拓印《铁云藏龟》中的甲骨文拓片,1904 年至 1905 年应该阅读了第一部研究甲骨文的书《契文举例》,1906 年发表《唐风楼金石文字跋尾》,1908 年作《昭陵碑录》3 卷、《戊申碑

---

①罗振玉:《〈殷墟书契考释〉序》,张舜徽选编:《文献学论著辑要》,西安:陕西人民出版社,1985 年版,第 441 页。

②忠悫:王国维的谥号。谥号是古代帝王、诸侯、卿大夫等有地位的人死后,朝廷根据他们的生平道德事迹而给予的一种寓意着善恶褒贬的称号。

③罗振玉:《集蓼编》,罗振玉著、文明国编:《罗振玉自述》,合肥:安徽文艺出版社,2013 年版,第 44 页。

录》12卷，1909年作《〈货布文字考〉跋》，研读了日本人林泰辅的研究甲骨文的论文《论清国河南省汤阴县发见之龟甲牛骨》，1911年编成了《殷墟书契》20卷，1912年又重新编了《殷墟书契（前编）》8卷，1913年著《齐鲁封泥集存》、与王国维合著《流沙坠简》，1914年编成《殷墟书契菁华》1卷、《秦金石刻辞》、《唐风楼秦汉瓦当文字》、《四朝钞币图录》，1915年编成《铁云藏龟之余》1卷，1916年出版了《殷墟书契后编》和《殷墟古器物图录》。第三，单从接触的甲骨文拓片看，前文说过，他公布的甲骨拓片共有5461张，接触的更多。所以说，无论从接触古文字，还是研究古文字方面看，罗振玉都是最有可能写出《殷墟书契考释》的人。张舜徽也认为罗振玉很有能力，他指出："罗振玉在很年轻的岁月里，就已成为清末学术界的知名人物了。"①"王国维对罗振玉的学问，确是推崇备至。""象罗氏学识渊博、考订精审的老一辈学者，诚然是当之无愧的。"②"我早年留心他的著述，特别是他的早期写作，遇到即买，得以尽观其书。读了《读碑小笺》《存拙斋札疏》《眼学偶得》《五史校议》《面城精舍集文甲乙编》诸书以后，深深感到他的学问根底深厚，业务的修养在他青年时期已经很成熟了。经过他的不断努力，在古文字的研究上作出了成绩，所以《殷墟书契考释》一书能成于他的手，这是极其自然的事，没有什么值得大惊小怪。由于《读碑小笺》《存拙斋札疏》等早期著述，原来印本不多，坊间不易觅得，看到的人也就很少。于是，有的人未能按照罗振玉一生治学道路上的发展过程，全面地加以审断，便随声附和，轻率地否定了他在学术研究工作上的巨大成就。总之，罗振玉的学问足以自立，不是一个不学无术、靠窃据别人研究成果出名的人。"③

4.当时的王国维不仅还没有研究甲骨文（前文已说），而且根本没有时间写《殷墟书契考释》。罗琨、张永山专门用王国维在当时的活动证明他没有时间写，他们说："据孙敦恒《王国维年谱新编》所记，王氏在1914年至1915年初的学术活动为：'春，继续与罗氏合撰《流沙坠简》。正月，粗具梗概；二月，草成《屯戍丛

---

①张舜徽：《王国维与罗振玉在学术研究上的关系》，吴泽主编、袁英光选编：《王国维学术研究论集》（一），上海：华东师范大学出版社，1983年版，第414页。
②张舜徽：《王国维与罗振玉在学术研究上的关系》，吴泽主编、袁英光选编：《王国维学术研究论集》（一），上海：华东师范大学出版社，1983年版，第416页。
③张舜徽：《王国维与罗振玉在学术研究上的关系》，吴泽主编、袁英光选编：《王国维学术研究论集》（一），上海：华东师范大学出版社，1983年版，第418页。

残考释》,次第校录,至五月写定。六至九月,作《国朝金文著录表》六卷,作序称'自甲寅孟夏讫于仲秋,径涉五月乃始毕事'。又作《国学丛刊》序。十月,为罗氏《历代符牌图录》、《蒿里遗珍》、《四朝钞币图录》等书抄录序目考释,以备上板付印。岁末,阅读、抄录罗氏《殷墟书契考释》并作序和后序。'显然在这一年中,王氏是不可能再挤出时间去作《殷墟书契考释》。"①

5.罗振玉一生著作等身,他不需要从王国维那里购买这本书的著作权(包括署名权)。这一个方面,很多人没有考虑到。他一生共写了多少本书呢?李维东、冯春萍说:"罗振玉一生著作达189种,校刊书籍642种。"②王本兴说:"甲骨四堂之一罗振玉一生勤于治学,著述不辍,平生著书130余种,刊印书籍百余种,校刊书籍642种。"③范凤书说:"罗振玉一生……共校订刊布各种书籍凡四百余种,自著书凡一百三十余种。"④王同策说:"罗振玉一生著述极富,据统计他校刊书凡四百余种,自著书凡百三十余种。"⑤虽然各家说法不太统一,但是著述基本一致,就是他自己一生大概写了130部书。笔者根据罗琨、张永山的《罗振玉学术活动编年》⑥统计,从《殷墟书契考释》出版的1915年算,50岁的罗振玉已经写了76部书,这还不包括他刊印别人的书和自己编的丛书。他一不缺钱(卖古物足可以养家),二不缺名(曾是皇帝的老师,仅《殷墟书契》、《流沙坠简》、《鸣沙石室佚书》三书任意一部都可以名垂后世),还缺一本《殷墟书契考释》吗?

为了把这个问题说得更透彻,笔者最后引述刘蕙孙在《关于〈殷墟书契考释〉成书经过的回忆》中的回忆。

1993年,刘蕙孙说出了王国维抄写《殷墟书契考释》的经过,他说:1911年王国维跟随罗振玉到达日本京都,"由京都大学安排,暂时住在大学附近的吉田山南禅寺中。不久,罗、董两家都盖了房子,董在吉田山顶,罗家在山脚,我们其他

---

① 罗琨、张永山:《罗振玉评传》,南昌:百花洲文艺出版社,1996年版,第113页。
② 李维东、冯春萍主编:《国学常识一点通》,北京:中国纺织出版社,2012年版,第265页。
③ 王本兴编著:《甲骨趣闻》,北京:北京工艺美术出版社,2014年版,第115页。
④ 范凤书编:《中国著名藏书家与藏书楼》,郑州:大象出版社,2013年版,第336页。
⑤ 王同策:《罗继祖先生在文献学方面的贡献》,《长春文史资料》1993年第1辑。
⑥ 罗琨、张永山:《罗振玉评传》,南昌:百花洲文艺出版社,1996年版,第165—173页。

三家住在山腰新盖的房子田中村中。我家住东首第一家,罗子经(罗弟)四外公住第二家,中间有两间空房,王家住西头第一家。住了些时候,生活问题就来了。罗、董两家,能自己盖房;四外公淮安有田地可以接济;我家也还是百足之虫,死而不僵;只有王先生家没办法,就想回国。罗劝他说:'回去也不见得有办法。我正在写《殷墟书契考释》,要找一个字写得好的人抄,请你帮忙写,送你200元作润笔,先付给你。'实际上就是变相接济他。王实际是罗的学生,考虑了很久,也没有别的办法,就接受了罗的好意,开始抄写起来,所以后来在书跋上面说'既任写官'云云。我其时才三四岁,但也知道200块钱很多……听说王先生写字这样值钱,也总想看看。"他回忆王国维抄写这本书的情景时说:"王先生的四儿子,乳名继继(王继明),和我同庚,两人是小朋友,下午都在门口一起玩,有时两人跑到王家楼上偷看王先生写字。日本是席地而坐,王先生在离窗不远放一个矮腿的桌子,王先生坐在椅垫上,在一张大纸上写小字,旁边一个烟盘上放半段烟,还有那方仿宋天成凤字砚,用的是鼠须笔,几乎每次去都是这样。""有时,王先生在外公书房中一张高腿桌上写。……有时,我一个人偷偷爬上去,被外公轰下了,常看见王先生在那张小书桌上抄书。"

接着,回忆了王国维从文学转向朴学研究的情景:"他从日本留学回国,在学部图书局时,最初是研究西洋哲学,翻译了尼采的《超人》,出版了《静安文集》。据罗说,他当时是要革中国思想的命。此道不通,又学南唐二主的词、吴梅村的诗,写了《人间词话》,罗也没有管他。此时,拟作的研究搞不出东西来,罗劝他改行研究朴学,搞金石文字。王先生犹豫不定,第二天说:'我家里没有书,想搞朴学也不行。'罗说:'书不要紧,必要的书,我大概都有复本。你若需要,下了决心后,一同到我大云书库去,该用的书,或你想要的书,只要有两部,就送你一部。'据说这样一次送了二百多部书。罗又说:'你的出路,我也给你想办法。'王先生感动了,又考虑了一天一夜,对罗表示说:'我已下了决心,改弦易辙。'就把剩余的三百本《静安文集》当罗的面,在永观堂院子里烧了。后在罗指导下,写《国朝经文著录表》和《宋代经文著录表》,转而研究朴学。大概又过了几个月,英人哈同在上海办昌圣明智大学,托人聘罗振玉去主持古文研究。罗辞不就,而推荐王先生。王就去主编《国学论丛》,写出《观堂集林》,成了举世闻名的国学大师,全家生活安定地住在上海十年。罗福颐说,在抄《殷墟书契考释》时,王还没有开始研究甲骨,实情确是如此。"

他还谈到原书手稿的"漂流"和他们不做申辩的原因:"原稿发现在'文革'中,我去北京听人说,是陈梦家同志在旧书店买到的。其时梦家已去世。后来陈夫人赵罗蕤也逝世了,稿子归了社科院。当时,我很怀疑,原稿应在东北,如何会在北京书店发现?去信问表妹罗琨,回信说:原件已由表妹婿张永山复制了来,又寄了几张给我看,确是罗先生的手稿。我又写信问原在吉林大学的表弟罗继祖教授,他函复说,原稿在他四叔罗君羽先生手中。君羽名福葆,是罗家子弟唯一在伪满洲国做行政官的,其他都是搞学术的。抗日胜利后,君羽搬到北京住。此稿是'文革'抄家时从他家中抄出来的,辗转落到陈梦家手中。当传说《考释》系罗买王稿,郭老同意其说时,罗家知道事实并不如此,原稿尚在罗家,也有人知道,只是不便申辩。罗琨曾建议历史所对此有所说明,回答说'要等机会'。我想原稿既在,铁证如山,并非罗振玉买王国维的稿子,而是罗作王抄,已无疑问。罗继祖并说,有人已在文章中公开提出,原稿已经发现,近数十年中,虽有罗买王稿的议论,但并未作为定论,在书目中《殷墟书契考释》的作者,还是写作罗振玉。没有适当机会,专文说明,确无必要。"①

陈梦家、商承祚、胡厚宣、刘蕙孙所说的《殷墟书契考释》的原稿本确实存在,2008年文物出版社已经出版,名为《殷墟书契考释(原稿信札)》。刘蕙孙说的应该是事实,因为它与上述各种论点相吻合。

现在,经过以上梳理,我们可以明确地说《殷墟书契考释》的作者就是罗振玉一个人。笔者总结的理由有10条:

1.罗振玉原书手稿还存在,已经出版,确实是罗振玉的笔迹。

2.王国维自己在5篇文章中承认是罗振玉写的、王国维抄的。

3.罗振玉也在3篇诗文中说是自己写的、王国维抄的。

4.这本书中引用了少量的王国维的观点并且标明是引自王国维的。王国维

---

① 以上均引自刘蕙孙:《关于〈殷墟书契考释〉成书经过的回忆》,刘蕙孙:《刘蕙孙论学文集》,福州:福建教育出版社,2000年版,第388—391页。

自己的书不会这么做。

5.当时的王国维还没有能力写这部书,也没兴趣研究甲骨文。他还没有研究甲骨文,正是在校对和抄写过程中才入门的。

6.罗振玉当时有能力(学识)写出这部书。

7.罗振玉有时间写这部书,而王国维没有时间写。

8.这部书是罗振玉《殷商贞卜文字考》的修改和补充。二书有继承关系,不是突然冒出的。

9.罗振玉的外孙刘蕙孙亲眼看到王国维帮罗振玉抄这本书的情景,也亲耳听到是罗振玉给了王国维200银元抄写费。

10.罗振玉著作等身、财力充足,不需求名逐利,所以不需要购买这部书的著作权。

这个谣言的出现时间如果从1945年算,澄清的时间按1993年算,足足传播了48年,现在终于真相大白了。谣言最容易传播,但是证明是谣言很不容易,阻止它传播更不容易。因为前面那几位大师的文章的影响,这个谣言还可能在一定范围内流传下去。所以我们要总结尊重事实的学者的考证,把真相告诉更多的人。

这则公案给我们的启示很多,笔者认为在教育和治学方面的启示有:

一、无论从事教育教学,还是进行学术研究,我们都不能盲目相信某一位权威专家或大师的观点,而应该实事求是地对待问题,这才是应该具有的正确的态度。罗振玉在古文字学方面是专家,而王国维跟随罗振玉学习的过程中并不盲从他,而是以实事求是的态度进行研究,才最终成为古文字学大家。相反,郭沫若虽是考古界大师级的人物,但是在《殷墟书契考释》的作者问题上因为轻信一些人的传言才冤枉了罗振玉。皇帝溥仪虽是"金口玉言",然而最终也无法长久地掩盖事实真相。

二、在评价一个人的学术成就时,不能因为他的政治立场有问题,而忽视或否定他的成就和应有的地位。正如张舜徽先生针对此事所说的:"凡是评价一个人的学术成就,首先有必要平心静气地从其全部著述中看出他的治学途径、发展过程、功力深浅、成绩大小,才能客观、公正地得出比较符合实际的结论。断不可人云亦云,随声附和,以致与事实真相不合,因而缩小、湮没了某些人在学术研究工作上所取得的贡献和作用,这是学术界应该注意的问题。"①

三、作为教育工作者或研究者,对于越是有名、有地位的人越要谨慎说话、写文章,尤其是不应该随便传播对别人不利的话或文字,否则不但有可能助长谰言②而伤害无辜的人,而且自己的品行也可能会受到影响。

四、在写文章的时候,尤其是在引用别人的观点时,我们要像罗振玉那样注明是谁的观点,更不能抄袭他人的文章。否则,不但侵犯了他人的著作权,而且会严重影响自己的声誉。

---

①张舜徽:《王国维与罗振玉在学术研究上的关系》,吴泽主编、袁英光选编:《王国维学术研究论集》(一),上海:华东师范大学出版社,1983年版,第418页。

②谰言:指诬妄不实、无根据的话。

第九节　流沙坠简释而发

流沙坠简是20世纪初在我国甘肃敦煌汉代烽火台遗址、新疆罗布卓尔西北的楼兰遗址和尼雅河岸边的尼雅遗址发现的木简的简称。这个名字是罗振玉和王国维确定的,二人合著有《流沙坠简》一书,后来人们就沿用了书中的名称指代这些木简。"流沙"是古代的人对我国西北沙漠地带的称呼,因为那里的风大,可以把沙土吹走,所以叫流沙。"坠简"是烽火台、楼兰、尼雅三处遗址里的木简,这个"坠"是丧失的意思,因为它们长年被埋在沙漠中。从字面意思看,"流沙坠简"就是被我国西北的流沙所掩埋的木简。这些木简后来还有一个称呼,即"汉晋木简"。

那么,这些被掩埋的木简是怎么被发现和整理出版的呢？这是与20世纪初西方学者在我国西北沙漠地区的"探险"活动分不开的。

1890年,瑞典的探险家斯文·赫定①在塔克拉玛干大沙漠"探险"时,偶然发现了新疆罗布卓尔西北的楼兰遗址。他在这个遗址上收集了大量的文物,如弓箭、玻璃杯、狮头碗碟、丝织品、毛织品、钱币等。其中有大量的汉文和其他民族文字的木简和纸片。这样,他就第一次打开了这个被埋葬了一千多年的沙漠宝藏,他还绘制了详细的地图。

1901年,英国考古学家斯坦因②在塔里木盆地南缘于田"探险",在尼雅遗址

---

①斯文·赫定(Hedin Sven Anders,1865—1952):瑞典人,著名地理学家、探险家,1893年到1935年多次到中国西部沙漠高远地区考察,1899—1902年发现古楼兰遗址,并绘制了500多幅地图。那时这里还没有人探索过。著有《穿过亚洲》《1899—1902年中亚考察报告》等。

②斯坦因(Mark Aurel Stein,1862—1943):英国人,考古学家。1889年任拉合尔东方学院院长等职。1900年至1901年、1906年至1908年、1913年至1916年共3次到中国新疆、甘肃进行大规模的地理测量和考古调查,盗走了大量珍贵文物和文献资料。著有《古代和田》《西域》《斯坦因西域考古记》等。

发现了大批文书。1906年,斯坦因带着斯文·赫定的地图来到塔克拉玛干大沙漠,在楼兰遗址进行了发掘,发现了楼兰的古城、官署、住宅、墓地等遗址,获得了大量文物,其中有大批汉文文书。并在1907年进入玉门关,在敦煌北的长城碉楼的废墟里找到了704枚汉简。后来又在新疆罗布卓尔以北的北海头古城和田东北的尼雅古城等地发掘了木简115枚。这些木简被运回伦敦,被大英博物馆收藏。之后,斯坦因委托法国汉学家沙畹①博士整理那些木简。

我国的文化遗产被大量掠夺的消息引起了学术界的极大震动。1908年,罗振玉得知斯坦因把我国的木简盗走的消息,感到非常惋惜,也为国宝的流失感到伤心。于是开始搜求这些被掠走的木简。1909年罗振玉终于通过伯希和跟沙畹取得联系,沙畹还把他的《河朔访古图志》赠给罗振玉,这样两人就成了朋友。1910年一位从欧洲回国的人告诉罗振玉,沙畹正在巴黎与吴勤训、魏怀两位中国学者进行整理和考释,并且准备出版。罗振玉觉得终于有希望见到这些宝物了,感到非常高兴。但是直到1912年,沙畹的书还没有出版。于是罗振玉给沙畹写信请他帮忙摹写这些木简文字寄给自己。在1913年沙畹发表了《斯坦因在东土耳其斯坦所获汉文文献》,并把法文写本邮寄给了罗振玉。这样,罗振玉用5年时间终于得到了这些木简的法文摹写本。②

因为罗振玉的儿子罗福苌精通法语,于是罗振玉就让他翻译成中文。但是罗振玉用了几个晚上把这个沙畹等人考释的汉译本看完,认为有必要重新编排这些简牍的图片,这样才能体现它们之间的内在联系,所以就把其中的588枚木简分为小学术数方技书、屯戍丛残、简牍遗文三类,又因为对原书的考释不满意,于是决定自己考释,修订其中的错误。为了让这本书尽早出版以让学界受益,就请王国维考释"屯戍丛残"部分,他自己考释另外两部分,这样他们二人用了两个月的时间写成了《流沙坠简》,1914年在日本东京出版。全书除了上面三部分之

---

① 沙畹(Edouard Chavannes,1865—1918):法国人,19世纪末20世纪初的欧洲汉学泰斗。曾任职于法国驻中国公使馆。返国后在1893年任法兰西学院教授,后又曾主编东方学杂志《通报》。研究领域有中国历史、宗教、考古、碑铭、边疆和民族等。主要著译有《司马迁史记》《西突厥史料》等。

② 以上内容参考朱乃诚:《考古学史话》,北京:社会科学文献出版社,2011年版,第19—21页;罗琨、张永山:《罗振玉评传》,南昌:百花洲文艺出版社,2015年版,第134—140页。

外,还有补遗、附录和表,以供进一步研究。这本书的考释比沙畹等人的更精细、更可信。

这是一部划时代的名著,开辟了我国简牍整理和研究的先河,所以出版后就引起了学术界的震动。鲁迅先生给予了高度评价:"中国有一部《流沙坠简》,印了将有十年了。要谈国学,那才是算一种研究国学的书。"①2016年,笔者因为研究汉代简牍的音韵情况而专门购买了上海古籍出版社2013年版的《流沙坠简(外七种)》,在写作《汉简〈苍颉篇〉异文所反映的西汉声母研究——兼论北京大学藏西汉竹书的真实性》②中也参考了这部书中的《苍颉篇》部分材料。梁静在《出土〈苍颉篇〉研究》一书中也大量参考并引用了这部书。由此可见,这部名著至今还有重要的参考价值。

此书不但在国内享有很高的声誉,而且在国际上也产生了巨大影响。出版后,西方学者纷纷请罗振玉前去讲学。而罗振玉正打算到欧洲搜集被掠去的文献资料,沙畹听说后就联合英国、德国、法国的学者聘请罗振玉到欧洲鉴定那些文物,罗振玉也请王国维一起去,可惜的是,第一次世界大战在1914年7月爆发,罗、王二人无法前去,罗氏搜集新资料的愿望就无法实现了。

《流沙坠简》的出版带给我们的治学启示有:一、要取得重大成就,就必须通过自己的努力、想方设法搜集新材料,参与国际学术前沿研究。二、要开阔眼界,多与国内、国际相关领域的学者进行深入而广泛的交流,吸取最新研究成果。三、要敢于在新领域投入力量、进行刻苦钻研,这样才有可能开辟新天地。

---

① 肖振鸣:《鲁迅评点中外名著》,福州:福建教育出版社,2010年版,第46页。
② 笔者的这篇论文已经在2016年首届"古文字与出土文献语言研究国际学术研讨会"上宣读,在《出土文献语言研究》第三辑(暨南大学出版社2017年出版)发表。

参考文献

[1]爱新觉罗·溥仪.我的前半生[M].北京:东方出版社,2007.

[2]曹树明.中国哲学史史料学史论[M].北京:社会科学文献出版社,2014.

[3]陈鼓应.老子今注今译[M].北京:商务印书馆,2003.

[4]陈鸿祥.王国维全传[M].北京:人民出版社,2007.

[5]陈梦家.殷虚卜辞综述[M].北京:中华书局,1988.

[6]陈平原,王风.追忆王国维[M].北京:生活·读书·新知三联书店,2009.

[7]陈元晖主编;璩鑫圭,唐良炎编.中国近代教育史资料汇编·学制演变[M].上海:上海教育出版社,2007.

[8]程俊英.诗经译注[M].上海:上海古籍出版社,1985.

[9]傅斯年.傅斯年集[M].广州:花城出版社,2010.

[10]高明.中国古文字学通论[M].北京:北京大学出版社,1996.

[11]顾音海.甲骨文发现与研究[M].上海:上海书店出版社,2002.

[12]郭象注.庄子注疏[M].北京:中华书局,2010.

[13]韩鉴堂.图说殷墟甲骨文[M].北京:文物出版社,2009.

[14]贺根民.读懂王国维[M].南宁:广西人民出版社,2014.

[15]黄裳.黄裳文集(春夜卷)[M].上海:上海书店出版社,1998.

[16]来新夏等.中国近代图书事业史[M].上海:上海人民出版社,2000.

[17]李并成.敦煌学教程[M].北京:商务印书馆,2007.

[18]刘蕙孙.刘蕙孙论学文集[M].福州:福建教育出版社,2000.

[19]刘琅编.精读王国维[M].厦门:鹭江出版社,2007.

[20]罗继祖.蜉寄留痕[M].上海:上海古籍出版社,1999.

[21]罗继祖.庭闻忆略——回忆祖父罗振玉的一生[M].长春:吉林文史出版社,1987.

[22]罗继祖.我的祖父罗振玉[M].天津:百花文艺出版社,2007.

[23]罗继祖.雪堂类稿·永丰乡人行年录[M].沈阳:辽宁教育出版社,2003.

[24]罗继祖.王国维之死[M].广州:广东教育出版社,1999.

[25]罗琨,张永山.罗振玉评传[M].南昌:百花洲文艺出版社,2015.

[26]罗振玉.罗振玉校刊群书叙录[M].扬州:江苏广陵古籍印刻社,1998.

[27]罗振玉著,文明国编.罗振玉自述[M].合肥:安徽文艺出版社,2014.

[28]钱曼倩,金林祥.中国近代学制比较研究[M].广州:广东教育出版社,1996.

[29]万建中.中国历代葬礼[M].北京:北京图书馆出版社,1998.

[30]王本兴.甲骨文诠释与辨异[M].沈阳:辽宁美术出版社,2014.

[31]王国维.观堂集林(外二种)[M].石家庄:河北教育出版社,2003.

[32]王国维.王国维自述[M].合肥:安徽文艺出版社,2014.

[33]王国维.古史新证[M].长沙:湖南人民出版社,2010.

[34]王国轩,张燕婴.论语·大学·中庸[M].北京:中华书局,2010.

[35]王新龙.中华家训[M].北京:中国戏剧出版社,2009.

[36]吴浩坤,潘悠.中国甲骨学史[M].台北:贯雅文化事业有限公司,1990.

[37]吴泽主编,袁英光选编.王国维学术研究论集[M].上海:华东师范大学出版社,1983.

[38]徐朝东.蒋藏本《唐韵》研究[M].北京:北京大学出版社,2012.

[39]徐林旗.四书五经:大学·中庸·孟子[M].北京:北京大学出版社,2013.

[40]许嘉璐.传统语言学辞典[Z].石家庄:河北教育出版社,1990

[41]杨东平.中国教育发展报告(2015)[M].北京:社会科学文献出版社,2015.

[42]杨树达.积微居金文说(增订本)[M].北京:中华书局,1997.

[43]袁咏秋,曾季光.中国历代国家藏书机构及名家藏读叙传选[M].北京:北京大学出版社,1997.

[44]张连科.王国维与罗振玉[M].天津:天津人民出版社,2002.

[45]张岂之等.史学概论文献与资料选编[M].北京:高等教育出版社,2009.

[46]张舜徽.文献学论著辑要[M].西安:陕西人民出版社,1985.

［47］张舜徽.中国文献学［M］.上海:上海古籍出版社,2005.

［48］张松辉,张景.论语译注与解析［M］.长沙:岳麓书社,2014.

［49］张锡勤.戊戌思潮论稿［M］.北京:中国财富出版社,2012.

［50］赵畅.上虞文史资料选粹［M］.北京:中国广播电视出版社,2008.

［51］朱彦民.巫史重光——殷墟甲骨发现记［M］.天津:百花文艺出版社,2001.

后 记

我生长在河北省大名县金滩镇的村子里,由于那里贫困落后,我也像罗振玉那样经历过各种苦难,这些经历使我认识到道德教育和文化教育的重要,所以从小立志要做一名教师,好好教育那些不讲理的人、犯错误的人。所以我的求学经历与师范类大学密不可分,学士学位是在河北师范大学攻读的,硕士学位、博士学位都是在陕西师范大学攻读的。目的都是为了实现儿时的梦想。

但从事了两年高中教育的我,逐渐认识到那个梦想依然远在天边,不可触及,所以我辞职了。现在,我也像罗振玉那样,由教育工作转向了国学研究。然而,那个梦想总是时时浮现在我的脑海,我总想为教育做些事情。

这个时候,山西出版传媒集团"教育薪火"书系项目组的乔彦鹏先生联系上了我,并向我约稿。我看到这套丛书的策划非常好,对于各学科的教育家都有约稿计划,尤其是当我看到罗振玉的名字时,深感该项目组的人员颇具远见卓识,这个人物是被很多教育工作者忽视的大师,但是他在教育领域的贡献非常大,不可忽视,而我又和罗振玉有相同的振兴国学的想法,还从事着他所做过的语言文字学的研究,所以很快就选定了这个题目。

写作过程中,我备尝艰辛,但有陕西师范大学文学院胡安顺教授、党怀兴教授、赵学清教授的大力指导和支持,这个为教育而做的事情才得以顺利做成,所以非常感谢他们!我还想请三位先生写个序言,但是由于本人能力有限,先生们都很忙,时间上也不允许,所以没有实现这个想法。我衷心感谢乔彦鹏先生,他诚挚相约,工作认真负责,才成全了我的一个夙愿。感谢我的母亲张书敏和父亲黄复卿,他们的关心和支持使我走到了现在。感谢我的妻子乔玲艳,没有她的默默奉献,我是写不出这部书的。感谢山西人民出版社的编辑同志,他们的负责编校使本书增色不少。最后,我由衷感谢罗振玉大师的后人罗继祖教授、罗琨研究员以及王国维大师的后人,他们的研究成果为本书的写作提供了丰富的素材,为我正确认识这位大师提供了有益的帮助。

由于时间和学识的关系,书中难免有错误,恳请各位读者批评指正。

黄耀明
于陕西师范大学